W0192124

»DAS LEBEN IST ZU KURZ,
UM SCHLECHTEN WEIN ZU TRINKEN.«

– Anonymous

MADELINE PUCKETTE &
JUSTIN HAMMACK

DER ULTIMATIVE WEIN-GUIDE

ZUM KENNER IN ÜBER 333 GRAFIKEN

AUS DEM AMERIKANISCHEN VON
BRIGITTE RÜSSMANN UND WOLFGANG BEUCHELT

WILHELM HEYNE VERLAG
MÜNCHEN

Die Originalausgabe erschien 2015 unter dem Titel Wine Folly. The Essential Guide to Wine bei Avery, an imprint of Penguin House LLC, New York.

Verlagsgruppe Random House FSC® N001967

4. Auflage

Deutsche Erstausgabe 10/2016

© 2015 by Wine Folly LLC
This edition published by arrangement with Avery,
an imprint of Penguin Publishing Group, a division of Penguin Random House LLC.
All rights reserved including the right of reproduction in whole or in part in any form.
© der deutschsprachigen Ausgabe 2016 by Wilhelm Heyne Verlag, München,
in der Verlagsgruppe Random House GmbH, Neumarkter Straße 28, 81673 München
Redaktion: Ute Daenschel
Umschlaggestaltung: Hauptmann & Kompanie Werbeagentur, München – Zürich
Satz: Satzwerk Huber, Germering
Druck: DZS Grafik d.o.o., Ljubljana
Printed in Slovenia
ISBN: 978-3-453-60399-8

www.heyne.de

Inhalt

EINLEITUNG

Sie mögen Wein und wollen mehr darüber erfahren? Dieses Buch ist ein Leitfaden für all diejenigen, die die ersten Schritte in die Welt des Weins wagen wollen. Hier finden Sie praktische Informationen, die Ihnen beim Finden und Genießen großer Weine helfen werden.

Wir haben dieses Buch absichtlich klein gestaltet, weil wir es als praktischen Begleiter für den ganz normalen Weingenießer verstehen. Hier finden Sie alles Wichtige zu:

› Grundlagen des Weinwissens

› Verkostung, Umgang und Lagerung von Weinen

› Ein Kompendium der 55 unterschiedlichen Weintypen

› 20 detaillierte Karten der Anbaugebiete

Das reicht noch nicht? Dann gehen Sie doch online: http://winefolly.com/book

› Hunderte von Artikeln

› Informative Videos

› Detaillierte Informationen

› Infoposter und Landkarten

Unser englischsprachiges Online-Angebot steht Ihnen kostenlos zur Verfügung. Die Website hat Hunderttausende Abonnenten und wird sowohl von Kunden als auch von Profis genutzt.

WARUM WEINWISSEN?

Vielleicht möchten Sie Ihren eigenen Weinkeller anlegen oder auch nur im Restaurant gezielter einen Wein aussuchen können, der Ihnen wirklich schmeckt. Der erste Schritt in die Welt des Weins ist die Erkenntnis, dass sie viel größer ist, als wir oft denken.

Es gibt über Tausend Weinsorten …

Es gibt Tausende von Weinanbaugebieten mit einzigartigen Weinen …

Tag für Tag kommen im Durchschnitt 600 neue Weine auf den Markt …

Zum Glück ist das alles nicht mehr so verwirrend, wenn man erst einmal eine solide Wissensgrundlage besitzt. Dann machen auch der Einkauf und die Verkostung wesentlich mehr Spaß.

DIE AUFGABE

Bewältigen Sie die folgenden Aufgaben und Sie werden sich sehr viel sicherer in der Welt der Weine bewegen.

Verkosten Sie mindestens 34 der in diesem Buch genannten 55 Weine (nur nicht alle auf einmal!). Machen Sie sich **Verkostungs-notizen** (siehe S. 21).

Probieren Sie mindestens einen Wein aus jedem der **zwölf Länder** auf S. 176–217.

Lernen Sie, Ihren bevorzugten sortenreinen Wein **blind zu verkosten** (siehe S. 12–21).

Die Grundlagen

Wein-Grundwissen

WAS IST WEIN? Definition, Traubensorten, Anbauregionen und was so in die Flasche kommt.

FLASCHENWISSEN Trinken, Sulfite, Flaschengrößen und die Etikettensprache.

EIGENSCHAFTEN Definition der 5 Grundeigenschaften eines Weins: Alkohol, Säure, Tannin, Süße und Körper.

WAS IST IN DER
FLASCHE?

5 GLÄSER
à 150 ML

WASSER

ALKOHOL

SÄUREN, MINERALIEN
GLYCERIN, ZUCKER

1 GLAS
TROCKENER WEIN

10% ——— 11% ——— 12% ——— 13% ——— 14% ——— 15% ——— 16%   VOL.-%
105   120   135   150   165   180   195   KCAL

WAS IST WEIN?

Wein ist ein alkoholisches Getränk aus vergorenen Weintrauben. Im Prinzip kann man aus jedem Obst Wein machen, aber die meisten Weine entstehen aus Trauben.

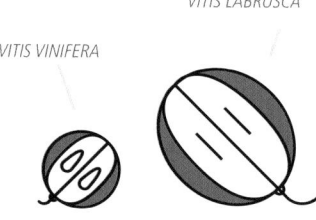

VITIS LABRUSCA

VITIS VINIFERA

Weintrauben für die Weinbereitung sind viel kleiner, haben Kerne und sind süßer als handelsübliche Tafeltrauben.

x365

Weinreben tragen nach einem Jahr Trauben, die auf der Nordhalbkugel zwischen August und Oktober und auf der Südhalbkugel zwischen Februar und April geerntet werden.

Jahrgang bezeichnet das Jahr der Ernte (Lese) der Trauben. Es gibt aber auch Weine ohne Jahrgangsangabe auf dem Etikett.

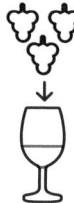

Ein **sortenreiner Wein** ist aus einer einzigen Rebsorte (z.B. Pinot Noir, S. 100) gemacht.

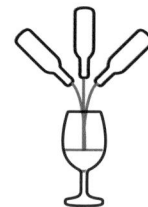

Eine **Cuvée** entsteht durch das Mischen (Verschneiden) mehrerer Weine (z.B. Bordeaux-Cuvée, S. 134).

Ein **gemäßigtes Klima** ist ideal für den Weinbau. In Europa gedeiht Wein von der Iberischen Halbinsel bis nach Südengland.

Wein aus **kühlen Regionen** schmeckt meist etwas herber.

Wein aus **warmen Regionen** schmeckt meist etwas reifer.

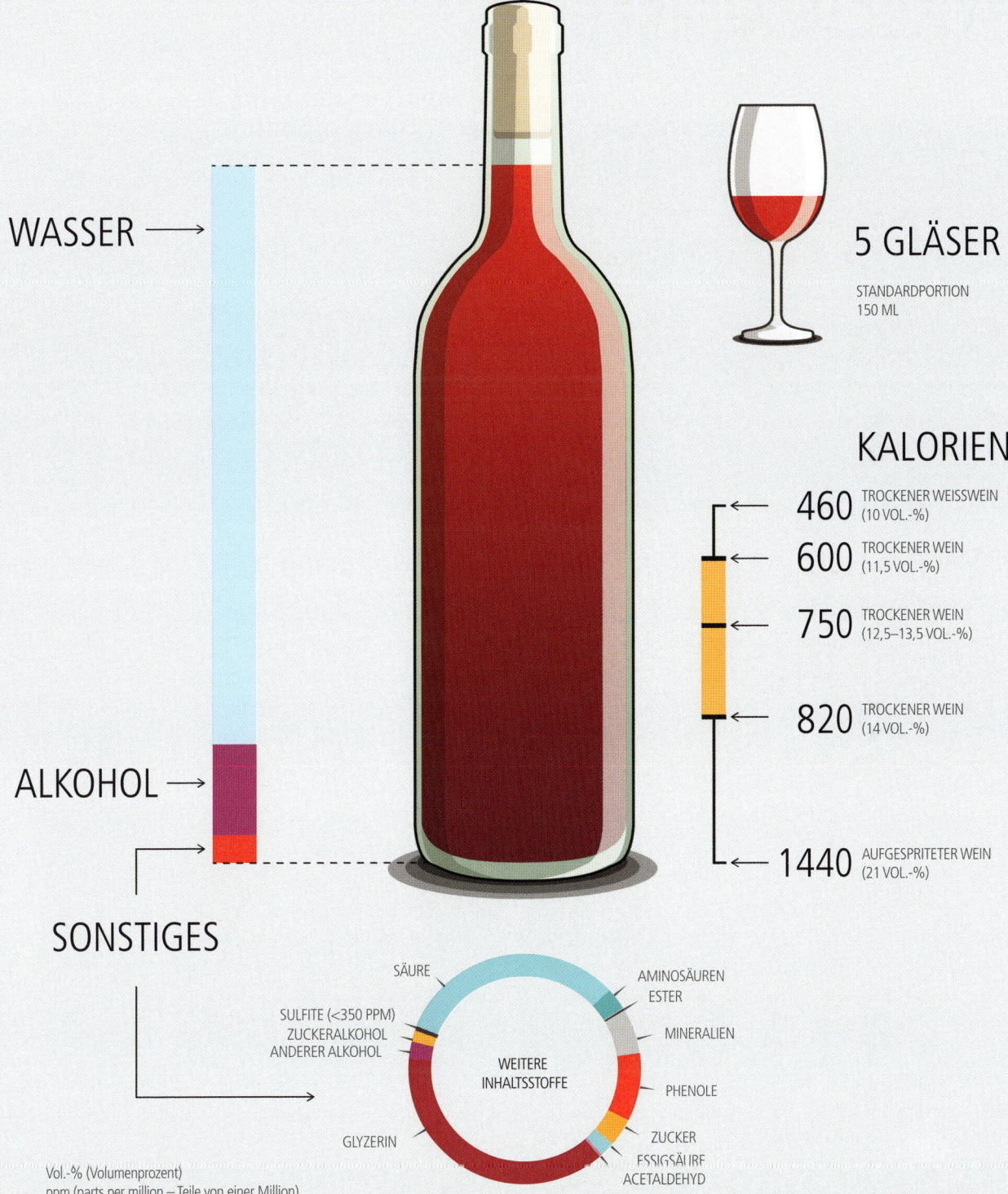

WASSER →

ALKOHOL →

SONSTIGES

5 GLÄSER

STANDARDPORTION
150 ML

KALORIEN

460 ← TROCKENER WEISSWEIN
(10 VOL.-%)

600 ← TROCKENER WEIN
(11,5 VOL.-%)

750 ← TROCKENER WEIN
(12,5–13,5 VOL.-%)

820 ← TROCKENER WEIN
(14 VOL.-%)

1440 ← AUFGESPRITETER WEIN
(21 VOL.-%)

SÄURE

AMINOSÄUREN
ESTER

SULFITE (<350 PPM)
ZUCKERALKOHOL
ANDERER ALKOHOL

MINERALIEN

WEITERE
INHALTSSTOFFE

PHENOLE

GLYZERIN

ZUCKER

ESSIGSÄURE
ACETALDEHYD

Vol.-% (Volumenprozent)
ppm (parts per million – Teile von einer Million)

5

FLASCHENWISSEN

WEIN-FAKTEN

⌂ STANDARDGRÖSSE

Eine Normalflasche (750 ml) enthält 5 Gläser Wein.

♀ STANDARDPORTION

Die Standardportion von 150 ml Wein enthält im Schnitt 150 kcal und 0–2 g Kohlenhydrate.

♡ DIE »VERNÜNFTIGE« DOSIS

Das amerikanische National Cancer Institute empfiehlt, dass Frauen maximal 1 Glas und Männer nicht mehr als 2 Gläser pro Tag trinken.

♀ EIN GLAS AM TAG

Wenn Sie jeden Abend Ihres Erwachsenenlebens ein Glas Wein trinken, summiert sich das auf mehr als 4000 Flaschen.

Eine Flasche Wein enthält den Saft vergorener Trauben der *Vitis vinifera*. Dazu kommt noch eine kleine Menge Schwefeldioxid (die sogenannten »Sulfite«) als Konservierungsmittel.

SULFITE

Etwa 1% aller Menschen leiden an einer Sulfit-Unverträglichkeit, deshalb müssen die Winzer Weine kennzeichnen, die mehr als 10 ppm Sulfite enthalten. In den USA enthält Wein maximal 350 ppm und Bio-Wein nicht mehr als 100 ppm. Im Vergleich dazu findet man in einer Dose Cola 350 ppm Sulfite, Pommes frites 1900 ppm und Trockenobst kommt auf ungefähr 3500 ppm.

FLASCHENGRÖSSEN

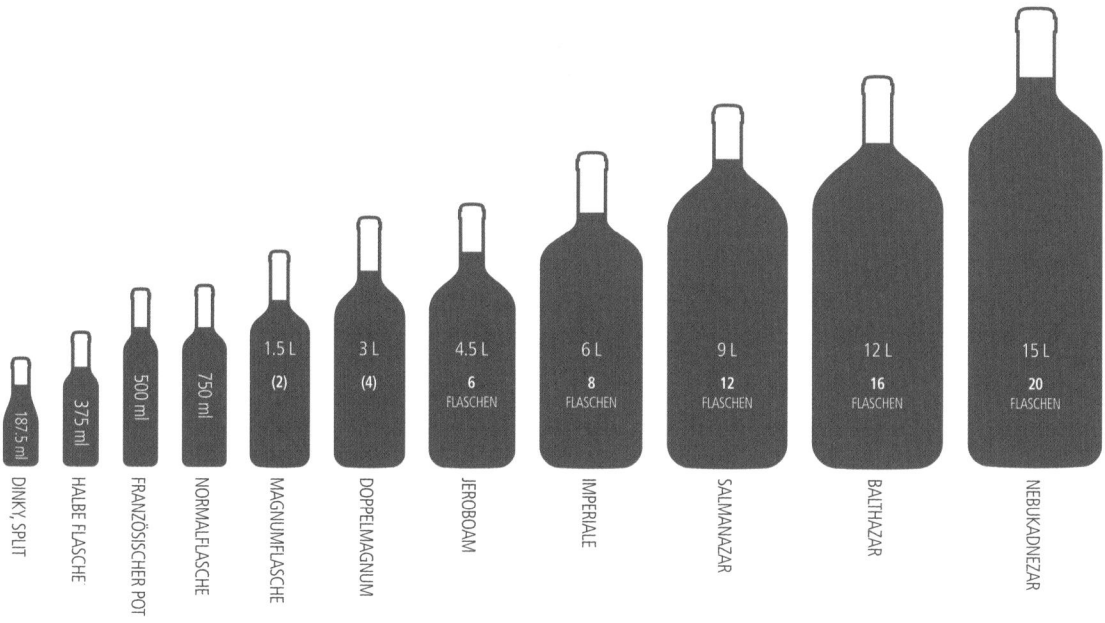

187,5 ml — DINKY SPLIT

375 ml — HALBE FLASCHE

500 ml — FRANZÖSISCHER POT

750 ml — NORMALFLASCHE

1,5 L (2) — MAGNUMFLASCHE

3 L (4) — DOPPELMAGNUM

4,5 L 6 FLASCHEN — JEROBOAM

6 L 8 FLASCHEN — IMPERIALE

9 L 12 FLASCHEN — SALMANAZAR

12 L 16 FLASCHEN — BALTHAZAR

15 L 20 FLASCHEN — NEBUKADNEZAR

3 Beispiele für die Etikettierung

NACH SORTE

Manche Weine sind nach der Rebsorte etikettiert, wie dieser deutsche Wein, der auf seinem Etikett Riesling als Sorte nennt.

Verschiedene Länder haben unterschiedliche Regelungen zum Mindestgehalt der auf dem Etikett genannten Sorte:

75% USA, CHILE, NEUSEELAND, SÜDAFRIKA, AUSTRALIEN

80% ARGENTINIEN

85% ITALIEN, FRANKREICH, DEUTSCHLAND, ÖSTERREICH, PORTUGAL

NACH REGION UND LAGE

Manche Etiketten nennen die Herkunftsregion und/oder Lage des Weins, wie hier Bordeaux Supérieur. Im Bordeaux werden vorwiegend Merlot und Cabernet Sauvignon angebaut und Cuvées aus diesen Weinen produziert. Nach Region etikettierte Weine findet man vor allem in:

FRANKREICH

ITALIEN

SPANIEN

PORTUGAL

NACH NAME

Manche Weine tragen einen Markennamen auf dem Etikett. Dabei handelt es sich meist um individuelle Verschnitte eines Produzenten, wobei man gelegentlich auch sortenreine Weine findet, die ihren Namen zur besseren Unterscheidung der einzelnen Weine eines Herstellers tragen.

7

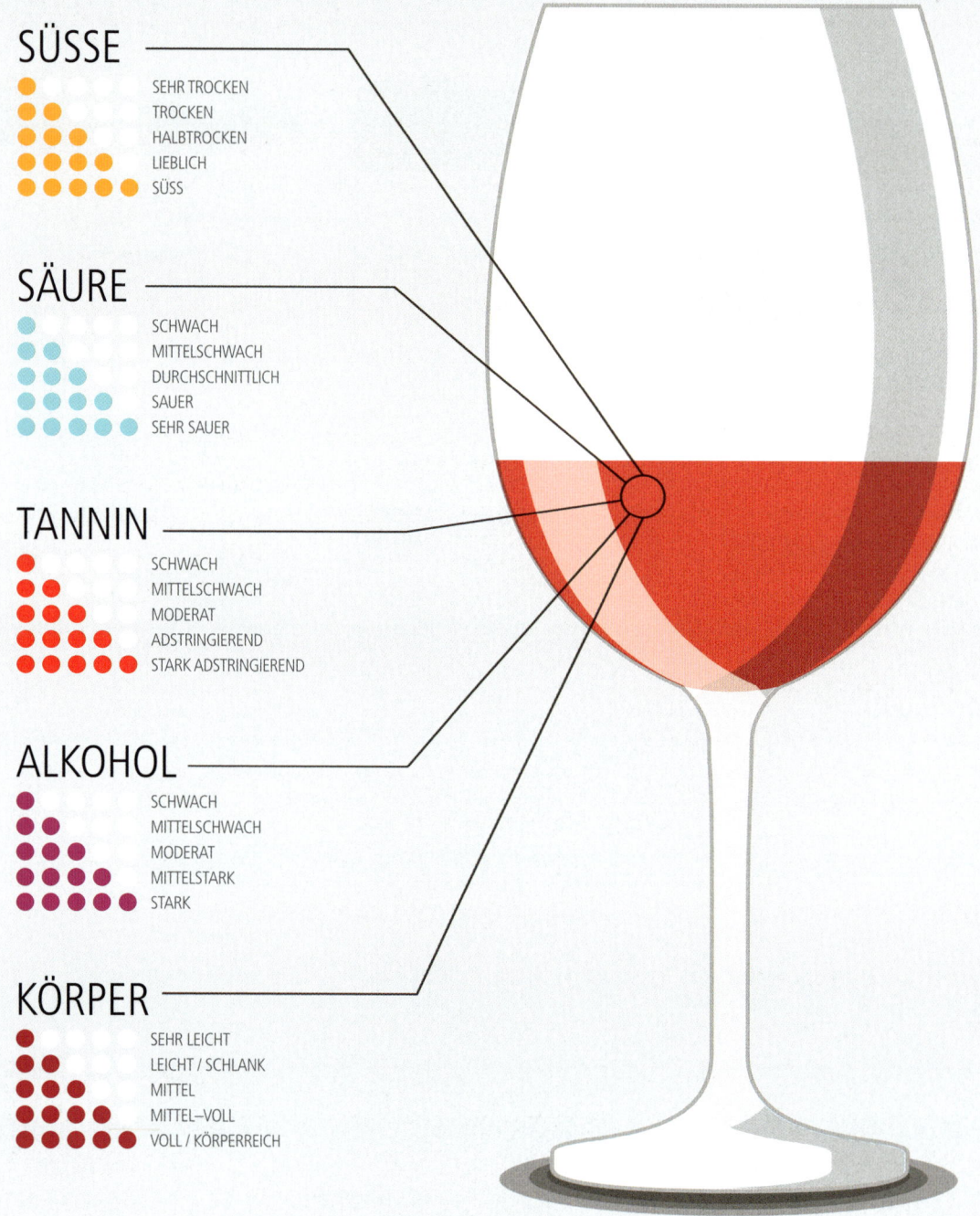

SÜSSE

- SEHR TROCKEN
- TROCKEN
- HALBTROCKEN
- LIEBLICH
- SÜSS

SÄURE

- SCHWACH
- MITTELSCHWACH
- DURCHSCHNITTLICH
- SAUER
- SEHR SAUER

TANNIN

- SCHWACH
- MITTELSCHWACH
- MODERAT
- ADSTRINGIEREND
- STARK ADSTRINGIEREND

ALKOHOL

- SCHWACH
- MITTELSCHWACH
- MODERAT
- MITTELSTARK
- STARK

KÖRPER

- SEHR LEICHT
- LEICHT / SCHLANK
- MITTEL
- MITTEL–VOLL
- VOLL / KÖRPERREICH

GRUNDEIGENSCHAFTEN EINES WEINS

Es gibt fünf Grundeigenschaften, die das Profil eines Weins bestimmen: Süße, Säure, Tannin, Alkohol und Körper.

SÜSSE

Die Süße eines Weins wird durch seine Restsüße (RS) bestimmt. Die Restsüße ist der Zucker im Traubenmost, der nicht vollständig zu Alkohol vergoren wurde.

Wir beschreiben die Süße mit einer Skala (siehe unten), die von sehr trocken bis süß reicht. Interessanterweise kann auch ein als trocken etikettierter Wein bis zu einen halben Teelöffel Zucker pro Glas enthalten.

GERINGERE SÄURE   STÄRKERE SÄURE

EMPFUNDENE SÜSSE: Bei gleichem Restsüßegehalt schmecken Weine mit weniger Säure süßer als Weine mit mehr Säure.

SÜSSEGRADE

Bei Stillweinen kann die Süße zu zusätzlichen Kalorien pro Glas führen:

SEHR TROCKEN	TROCKEN	HALBTROCKEN	LIEBLICH	SEHR SÜSS
0 kcal	0–6 kcal	10–21 kcal	21–72 kcal	72–130 kcal
weniger als 1 g/l RS	*1–10 g/l RS*	*17–35 g/l RS*	*35–120 g/l RS*	*120–220 g/l RS*

Bei Schaumwein beschreiben wir die Süße in Teelöffeln Zucker und Kalorien pro 150-ml-Glas:

NATURHERB	EXTRA-HERB	HERB	EXTRA TROCKEN	TROCKEN	HALBTROCKEN	MILD
0–2 kcal	0–5 kcal	0–7 kcal	7–10 kcal	10–20 kcal	20–30 kcal	30+ kcal
0–3 g/l RS	*0–6 g/l RS*	*0–12 g/l RS*	*12–17 g/l RS*	*17–32 g/l RS*	*32–50 g/l RS*	*über 50 g/l RS*

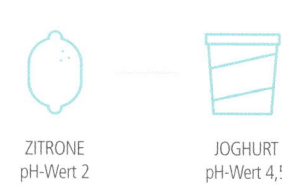

ZITRONE
pH-Wert 2

JOGHURT
pH-Wert 4,5

SÄURE VON WEINEN: Weine rangieren im pH-Wert zwischen 2,5 und 4,5. Ein Wein mit einem pH-Wert von 3 hat zehn Mal mehr Säure als ein Wein mit einem pH-Wert von 4..

STIELE
SCHALEN
KERNE

TRAUBENTANNIN: Tannin findet sich in Schalen, Kernen und Stielen. Es ist bitter und adstringierend, enthält aber auch große Mengen an Antioxidantien.

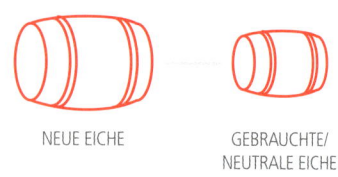

NEUE EICHE

GEBRAUCHTE/
NEUTRALE EICHE

EICHENTANNIN: Neue Eichenfässer geben mehr Tannin an den Wein ab als gebrauchte.

SÄURE

Säure trägt am stärksten zu einem herben und sauren Geschmack bei. Die meisten Säuren im Wein, wie Wein-, Apfel- und Zitronensäure, stammen von den Trauben. Deshalb liegt Wein wie viele Früchte mit Werten von 2,5–4,5 am sauren Ende der pH-Skala (7 ist neutral).

Es ist gut zu wissen, dass Trauben mit zunehmender Reife an Säure verlieren. Daraus folgt, dass ein Wein aus kühlen Regionen, wo die Trauben nur mühsam reifen, meist eine kräftigere Säure besitzt.

TANNIN

Tannin ist ein natürlich in Pflanzen vorkommendes Polyphenol. Es findet sich ausschließlich in Rotwein, da Weißweine ohne Schale vergären. Man kann Tannin nicht riechen, sondern nur schmecken.

Es gibt zwei Quellen für Tannin: Traubenschalen und -kerne und neue Eichenfässer.

Konzentrieren Sie sich auf das Gefühl auf der Zunge, um Tannin zu entdecken: Ein tanninreicher Wein entfernt die Proteine auf der Zunge und führt zu einem ledrigen, trockenen Gefühl. Tanninreiche Weine dienen nach reichhaltigen, fettigen Mahlzeiten, Käse und Nudelgerichten zum Neutralisieren des Gaumens, deshalb serviert man sie gerne zu Speisen.

ALKOHOL

Der Alkohol im Wein ist das Ergebnis der Umwandlung des Zuckers im Traubenmost in Äthanol. Er kann aber auch im Rahmen der Aufspritung nachträglich hinzugegeben werden.

Er spielt eine wichtige Rolle für die Wahrnehmung der Aromen, da er die Geruchsstoffe von der Weinoberfläche zur Nase transportiert. Außerdem verleiht er dem Wein Viskosität und Körper. Sie erkennen Alkohol an einem leichten Brennen im Rachen.

EIN »HEISSER« WEIN: Manche beschreiben den Alkoholgehalt eines Weins in Temperaturbegriffen, weil Alkohol im Rachen brennt.

SCHWACH	MITTELSCHWACH	MITTEL	MITTELSTARK	STARK
unter 10 Vol.-%	11,5–13,5 Vol.-%	11,5–13,5 Vol.-%	13,5–15 Vol.-%	über 15 Vol.-%

KÖRPER

Körper ist keine wissenschaftliche Größe, sondern eine Einstufung des Stils von leicht bis schwer und wird durch Süße, Säure, Tannin und Alkoholgehalt des Weins bestimmt.

TIPP: Sie können sich den Unterschied zwischen leichten und schweren Weinen wie den zwischen Mager- und Vollmilch vorstellen.

LEICHTERE WEINE
MEHR SÄURE
WENIGER ALKOHOL
WENIGER TANNIN
WENIGER SÜSSE

SCHWERERE WEINE
WENIGER SÄURE
MEHR ALKOHOL
MEHR TANNIN
MEHR SÜSSE

Sie können Ihren Wein mit Begriffen, wie »leicht«, »schlank« oder »körperreich« beschreiben.

11

Wein verkosten

SEHEN

RIECHEN

SCHMECKEN

FOLGERN

Die vierstufige Verkostung ist eine professionelle Technik, die darauf beruht, dass der Verkoster die Schlüsseleigenschaften eines Weins voneinander unterscheiden und identifizieren kann und beständig sein Gedächtnis für Aromen und Noten schult.

EINEN WEIN
VERKOSTEN

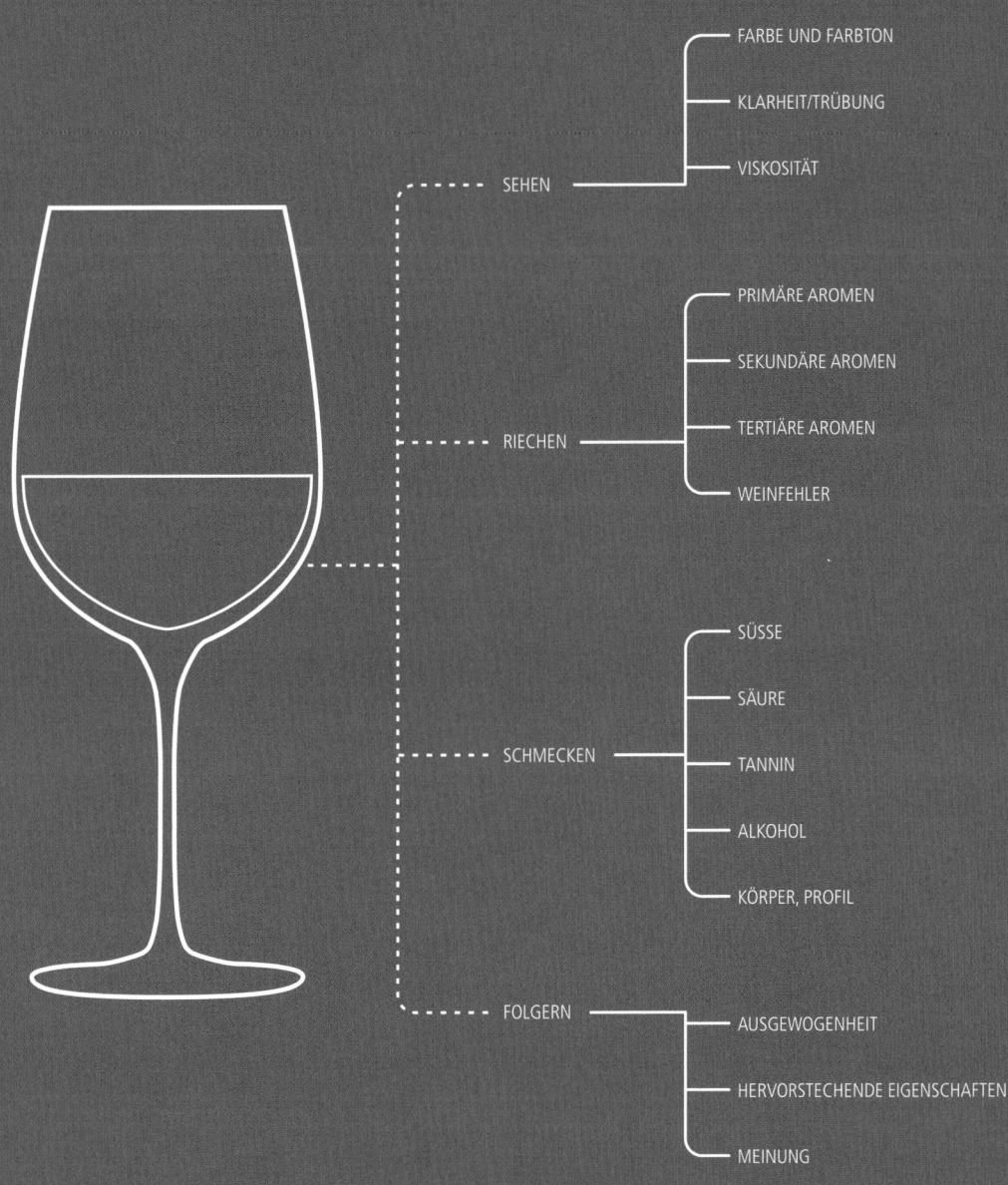

SEHEN
- FARBE UND FARBTON
- KLARHEIT/TRÜBUNG
- VISKOSITÄT

RIECHEN
- PRIMÄRE AROMEN
- SEKUNDÄRE AROMEN
- TERTIÄRE AROMEN
- WEINFEHLER

SCHMECKEN
- SÜSSE
- SÄURE
- TANNIN
- ALKOHOL
- KÖRPER, PROFIL

FOLGERN
- AUSGEWOGENHEIT
- HERVORSTECHENDE EIGENSCHAFTEN
- MEINUNG

VERKOSTEN: SEHEN

Die vier Stadien einer Weinverkostung sind: **Sehen, Riechen, Schmecken** und **Folgern**.

Verkosten: Sehen

Die Farbe eines Weins ist ein komplexes Thema, aber ein erfahrener Verkoster kann lernen, Informationen über einen Wein aus **Farbton** und **-intensität**, **Klarheit** und **Viskosität** zu gewinnen.

Schenken Sie 75 ml Wein in ein Glas ein. Betrachten Sie den Wein bei neutraler Beleuchtung über einer weißen Fläche, z.B. einer Serviette oder einem Blatt Papier.

BETRACHTEN: Halten Sie das Glas schräg über einen weißen Hintergrund und achten Sie auf Farbe, Farbintensität und Tönung des Randes.

SCHWENKEN: Schwenken Sie das Glas. Viskosere Weine besitzen mehr Alkohol und/oder Restsüße.

FARBE: Wir vergleichen die Tönung nicht unbedingt mit anderen Weinen, sondern mit Proben des gleichen Weins, um zu sehen, wie sich diese Rebsorte und Bereitungsmethode farblich von anderen unterscheidet.

INTENSITÄT: Beobachten Sie den Rand des Weins im Unterschied zur Mitte. Die kleinen Unterschiede in Farbe und Klarheit beruhen unter anderem auf Sorte, Herstellung und Alter.

TRÄNEN: Die »Tränen« oder »Beine« entstehen durch die Oberflächenspannung des Weins. Langsam laufende Tränen deuten auf einen höheren Alkoholgehalt hin, sind aber kein Ausdruck von Qualität.

Die Farbe eines Weins

KLAR: NICHT GEEICHT UND
AUS KÜHLEM KLIMA

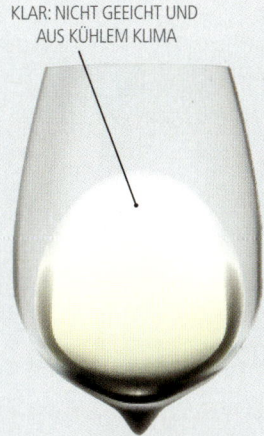

TÖNUNG: GRÜN BIS KUPFERFARBEN

TIEFGOLDEN: IN EICHE AUSGEBAUTE
WEINE UND SPÄTLESEN

BLASSES PLATIN: Ein fast klarer Weißwein, der das Licht reflektiert, ist meist jung und nicht in Eiche ausgebaut.

MITTLERES ZITRONENGELB: Manche Weißweine, wie Grüner Veltliner und Sauvignon Blanc, zeigen eine Grüntönung.

TIEFES GOLD: Der Ausbau in Eiche verleiht einem Weißwein dank der natürlichen Oxidation im Fass häufig eine tiefgoldene Tönung.

BLASSE FARBE:
WENIGER PIGMENTE

ROTSTICH:
STÄRKERE SÄURE

BLAU-VIOLETTER STICH:
GERINGERE SÄURE

BLASSES GRANATROT: Blasse Rotweine enthalten weniger von dem Pigment Anthocyane. Typische Vertreter sind Pinot Noir, Gamay, Grenache und Zinfandel.

MITTLERES ROT: Weine mit Rotstich, wie Merlot, Sangiovese, Tempranillo und Nebbiolo, besitzen meist eine höhere Säure als Weine mit blau-violetter Tönung.

TIEFES VIOLETT: Trübe Rotweine, wie Aglianico, Malbec, Mourvèdre, Petite Sirah, Syrah und Touriga Nacional, enthalten mehr Anthocyan.

VERKOSTEN: RIECHEN

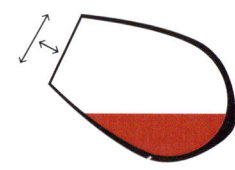

RIECHEN: Heben Sie das Glas bis dicht unter die Nase und atmen Sie ein. Schwenken Sie das Glas einmal und riechen Sie erneut, dieses Mal länger und langsamer, aber sehr bewusst. Wechseln Sie zwischen Riechen und Überlegen.

AROMEN: Bewegen Sie die Nase über dem Glas hin und her. Kräftige Fruchtaromen findet man meist am unteren Rand, florale Aromen und flüchtige Ester sammeln sich am oberen Rand des Glases.

RICHTIG SCHWENKEN: Die Bewegung setzt Geruchsmoleküle in die Luft frei.

ÜBERREIZT? Riechen Sie zum Neutralisieren der Nase an Ihrem Unterarm.

PARFÜM: Tragen Sie beim Verkosten keine starken Düfte.

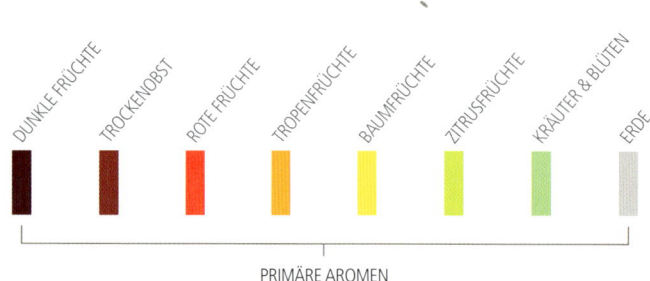

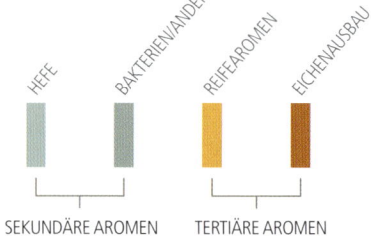

DUNKLE FRÜCHTE · TROCKENOBST · ROTE FRÜCHTE · TROPENFRÜCHTE · BAUMFRÜCHTE · ZITRUSFRÜCHTE · KRÄUTER & BLÜTEN · ERDE

HEFE · BAKTERIEN/ANDERE

REIFEAROMEN · EICHENAUSBAU

PRIMÄRE AROMEN

SEKUNDÄRE AROMEN

TERTIÄRE AROMEN

PRIMÄRE AROMEN: Primäre Aromen stammen von den Trauben. Jede Sorte bietet andere Aromen, so riecht die weiße Sauvignon Blanc oft nach Stachelbeeren oder gemähtem Gras. Die Bandbreite der primären Aromen hängt davon ab, in welchem Klima der Wein entstanden ist, und wie reif er ist.

SEKUNDÄRE AROMEN: Sekundäre Aromen entstehen bei der Herstellung, vor allem durch von Hefen und Bakterien verursachte Reaktionen. Beispielsweise stammt das Butteraroma im Chardonnay von ganz bestimmten Bakterien.

TERTIÄRE AROMEN: Tertiäre Aromen entstehen während des Ausbaus und durch kontrollierte Interaktion mit Sauerstoff. So entwickeln sich die nussigen Aromen in Champagner und Sherry in Jahren der Reifung.

WEINFEHLER: Manche Aromen gelten als Fehler und wir müssen lernen, sie zu erkennen, um gute Weine von schlechten unterscheiden zu können.

WEINFEHLER ERKENNEN

winefolly.com / learn / basics / tasting-wine / wine-faults

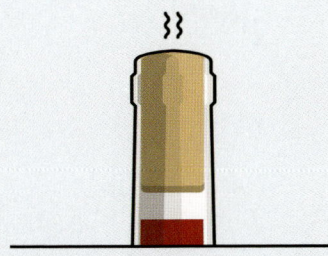

Korkton

auch: Korkengeschmack, Korkeln

Ein korkiger Wein riecht meist stark nach feuchtem Karton, nassem Hund oder muffigem Keller. Manchmal fehlt es ihm aber auch nur an Aromen oder er riecht latent muffig. Einen solchen Wein kann man problemlos zurückgehen lassen.

Schwefel

auch: Böckser

Dieser Fehler entsteht unter anderem durch zu wenig Sauerstoff in der Flasche und zeigt sich in Aromen von gekochtem Knoblauch und Kohl. Abhilfe schafft man durch Dekantieren oder das Umrühren mit einem massiven Silberlöffel.

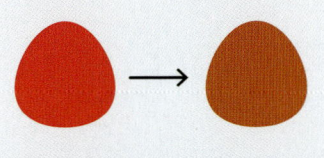

Oxidation

auch: Maderisierung

Oxidierte Weine schmecken schal und sind braun, wie ein angestoßener Apfel. Bei Rotweinen sorgt die Reaktion von Phenolen mit Sauerstoff für einen trockenen, bitteren Geschmack. Oxidierte Weißweine riechen meist nach Apfelwein.

Käseln

auch: Lichtgeschmack

Der Lichtgeschmack entsteht, wenn Weine zu lange unter UV-Strahlung durch Kunst- oder Tageslicht liegen. Er ähnelt dem Böckser und lässt sich durch die Lagerung des Weins im Dunkeln vermeiden.

Hitzeschaden

auch: Maderisierung

Wein nimmt bei 28 °C Schaden und kocht bei rund 32 °C. Gekochte Weine können angenehm nach Karamell und gekochten Früchten riechen, schmecken aber schal und konturlos. Darüber hinaus färben sie sich meist braun.

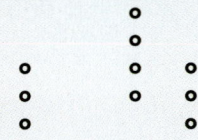

Perlen

(in einem Stillwein)

Gelegentlich gären Weine in der Flasche weiter. Das erkennt man bei einem Stillwein leicht am Aufsteigen von Perlen (Moussieren). Solche Weine sind dank Eiweiß- und Hefeteilchen in der Regel auch leicht trüb.

VERKOSTEN: SCHMECKEN

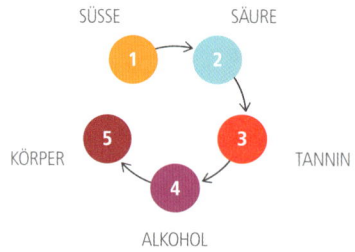

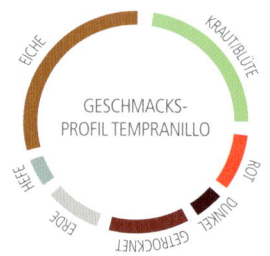

SCHMECKEN: Benetzen Sie den ganzen Mund mit einem großen Schluck, gefolgt von mehreren kleinen, um alle Geschmacksnoten entdecken zu können.

Versuchen Sie, mindestens drei Frucht- und drei weitere Noten zu identifizieren.

TIPP: Profi-Verkoster spucken den Wein anschließend wieder aus.

ERKENNEN: Die Grundnoten werden an verschiedenen Stellen der Zunge erkannt:

Süße schmeckt man an der Zungenspitze.

Säure macht den Mund wässrig.

Tannin trocknet den Mund aus wie Löschpapier.

Alkohol brennt hinten im Rachen.

PROFIL: Entwerfen Sie nach dem Schmecken ein mentales Profil des Weins (oder schreiben Sie es auf). Organisieren Sie die Geschmacks-noten und Aromen nach ihrer Kategorie. So kann z.B. eine Vanillenote vom Eichenfass stammen.

TIPP: Das Kapitel über die Rebsorten hilft Ihnen bei der Kategorisierung der Geschmacksnoten.

WEIN ENTWICKELT SICH AUF DER ZUNGE

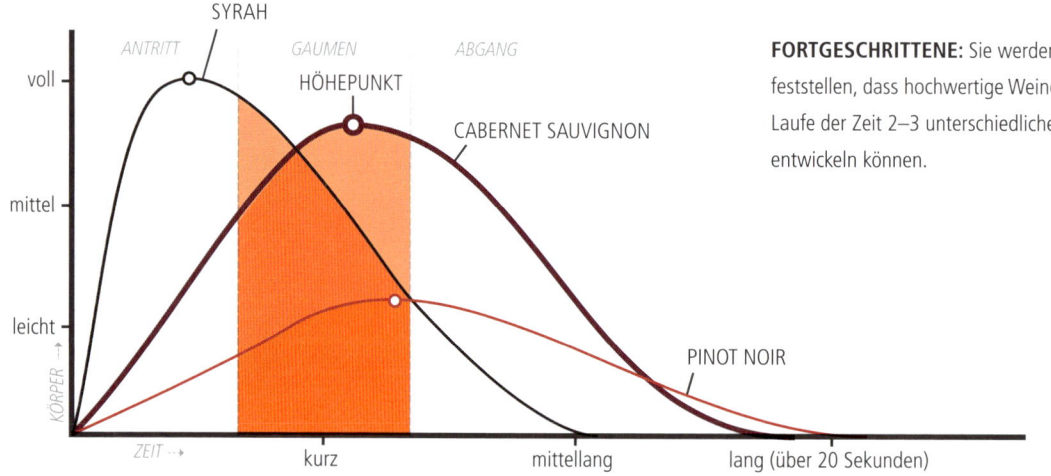

FORTGESCHRITTENE: Sie werden feststellen, dass hochwertige Weine im Laufe der Zeit 2–3 unterschiedliche Profile entwickeln können.

GESCHMACKLICHE VORLIEBEN SIND GENETISCH BEDINGT

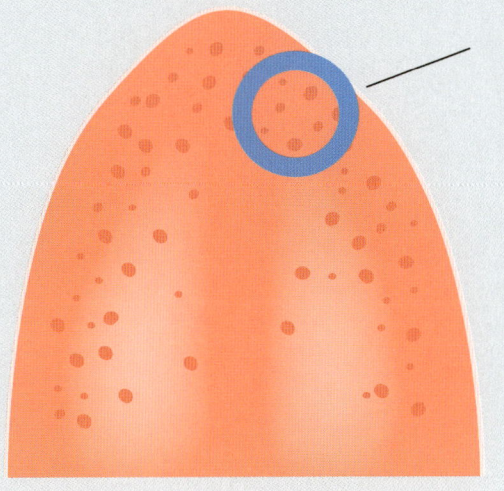

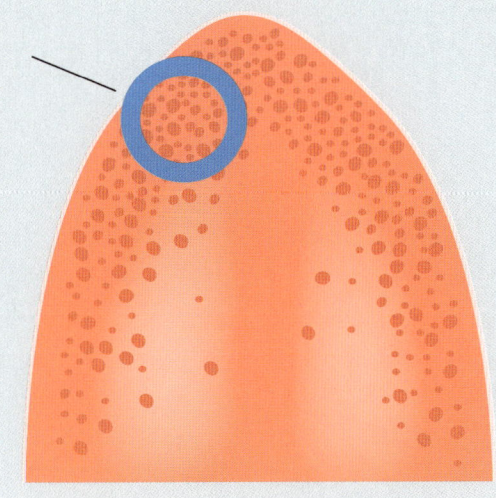

Wie viele Geschmacksknospen besitzen Sie pro Quadratzentimeter?

NICHTSCHMECKER

SUPERSCHMECKER

Nichtschmecker

10–25% aller Menschen

etwa 100 Geschmacksknospen. Sie vertragen ordentlich Schärfe und lieben kräftige Geschmacksnoten. Bitterkeit macht Ihnen nichts aus, da Sie sie nicht schmecken. Sie können die intensivsten Weine der Welt trinken.

Normalschmecker

50–75% aller Menschen

etwa 180 Geschmacksknospen. Sie schmecken Bitterstoffe wie Tannin, aber es macht Ihnen nichts aus. Sie kommen mit den meisten Weinen zurecht. Schulen Sie Ihren Gaumen durch Aufmerksamkeit für alle Nuancen.

Superschmecker

10–25% aller Menschen

mindestens 425 Geschmacksknospen. Alles schmeckt intensiv: salzig, süß, sauer, ölig und bitter. Sie mögen keine Bitterstoffe. Das macht Sie aber auch zu einem bewussteren Esser. Sie bevorzugen eher feingliedrige, weiche Weine.

FAKT: Unter Asiaten, Afrikanern und Südamerikanern finden sich mehr Superschmecker als unter Kaukasiern.

FAKT: Frauen haben eine doppelt so hohe Wahrscheinlichkeit, Superschmecker zu sein, wie Männer.

IDEE: Der beste Weg, Ihren Geschmackssinn zu schulen, ist, mehr Zeit in das Riechen und Erkennen von Aromen zu investieren.

winefolly.com / learn / basics / tasting-wine / palate-test

VERKOSTEN: FOLGERN

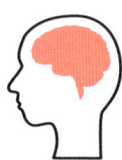

Bah!   Naja…   Ja!   Super!

AUSGEWOGENHEIT: Nach dem Probieren bewerten Sie den Wein. Sind seine Eigenschaften ausgewogen verteilt?

TIPP: Bei einem unausgewogenen Wein drängen manche Eigenschaften die anderen in den Hintergrund, wie z.B. ein alles dominierender saurer Geschmack

SCHULEN SIE IHR GEDÄCHTNIS: Prägen Sie sich ein paar Schlüsseleigenschaften des Weins ein:

Für die Rebsorte typische Charakteristika oder Noten.

Für die Region, den Jahrgang oder den Winzer typische Charakteristika.

IHRE MEINUNG: Lassen Sie sich bei Weinen, die Ihnen gefallen, Zeit. Stellen Sie fest, was sie von anderen Weinen abhebt. Auf diese Weise schulen Sie Ihr Vokabular bei der Beschreibung unbekannter Weine.

Wir verwenden hier ein einfaches 4-stufiges Bewertungssystem für die Trinkbarkeit, d.h. »Super!« ist so gut, dass man anschließend glücklich sterben könnte.

BLINDVERKOSTUNG

Üben Sie gemeinsam mit Freunden Blindverkostungen: Jeder bringt eine in Alufolie eingeschlagene Flasche Wein mit und dann verkosten Sie nacheinander alle Weine und diskutieren in der Runde Ihre Feststellungen.

TIPP: Am einfachsten beginnt man mit sortenreinen Weinen und arbeitet sich langsam zu den Cuvées vor.

TIPP: Verkosten Sie am besten in einem gut und neutral ausgeleuchteten Raum.

VERKOSTUNGSIDEEN

REGIONALVERGLEICHE: Verkosten Sie die gleiche Rebsorte aus unterschiedlichen Anbaugebieten.

JAHRGANGSVERGLEICHE: Verkosten Sie eine Reihe unterschiedlicher Jahrgänge desselben Weins eines Winzers und vergleichen Sie sie.

QUALITÄTSVERGLEICHE: Verkosten Sie eine Auswahl ähnlicher, aber unterschiedlich teurer Weine im Hinblick auf die Qualität.

EINE VERKOSTUNGSNOTIZ SCHREIBEN

winefolly.com / learn / basics / tasting-wine / wine-tasting-notes

DUNN VINEYARDS CABERNET
HOWELL MOUNTAIN 2002,
VERKOSTET 2009 MIT J. & D.

TRÜBER RUBIN- BIS GRANATROTER
RAND.
SEHR HELL. MITTLERE VISKOSITÄT
MIT FARBIGEN TRÄNEN.

KRÄFTIGE AROMEN: GETROCKNETE
SCHWARZE JOHANNISBEERE, ROTE
PFLAUME, BUNTE PAPRIKA, SALBEI,
KIES, ZEDERNBRETT & LAKRITZ, ALLES
VERPACKT IN WINTERGRÜN.

SCHMECKTE LEICHTER ALS ERWARTET.

MODERATE SÄURE, MODERATES TANNIN.
SCHMECKTE NACH SCHWARZKIRSCHE,
WINTERGRÜN & BLUTIGEM STEAK.
RAUCHIGER, SÜSSER ABGANG.

VERKOSTUNG WÄHREND DER
TAGUNDNACHTGLEICHE, KEINE AHNUNG,
OB DAS AUSWIRKUNGEN HAT. DER
KELLNER HAT BEIM ÖFFNEN DIE KAPSEL
MASSAKRIERT, WAR GANZ PUTZIG
ANZUSCHAUEN.

VERSUCHE, DIE NÄCHSTE FLASCHE BIS
2016 AUFZUHEBEN!

WAS WURDE VERKOSTET?
Winzer, Anbaugebiet, Sorte, Jahrgang,
Bezeichnung.

WANN WURDE VERKOSTET?
Wein entwickelt sich weiter.

IHRE MEINUNG
Darauf kommt es letztlich an.

ANBLICK
Hilft bei zukünftigen Entscheidungen.

GERUCH
Seien Sie präzise.

TIPP: Notieren Sie die vordergründigen
Noten zuerst, um eine Hierarchie
aufzustellen.

GESCHMACK
Da wir hauptsächlich mit der Nase
»schmecken«, geht es hier um Strukturen
und um alles Bemerkenswerte, das Sie nicht
schon riechen konnten.

UMSTÄNDE
Weil Wein eine Erfahrung ist.

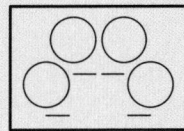

TISCHSETS: Hier bekommen Sie unsere Tasting
Place Mats in englischer Sprache online:
http://winefolly.com/resources/tasting-mats

Umgang mit Wein

WEINGLÄSER — Unterschiedliche Glasformen und Tipps für die richtige Wahl.

AUSSCHENKEN — Wie man Still- und Schaumweine öffnet und dekantiert.

TEMPERATUR — Die besten Temperaturen für Wein.

LAGERUNG — Tipps zur kurz- und langfristigen Aufbewahrung.

WÜRZIGER ROTER
(SYRAH)

LEICHTER WEISSER
(SAUVIGNON BLANC)

TULPE
(SCHAUMWEIN)

DESSERTWEIN
(PORTWEIN)

KRÄFTIGER ROTER
(BORDEAUX)

KRÄFTIGER WEISSER
(MONTRACHET)

FLÖTE
(SCHAUMWEIN)

DESSERTWEIN
(SAUTERNES)

AROMATISCHER ROTER
(BURGUNDER)

ROSÉ & AROMATISCHER WEISSER

COUPE
(SCHAUMWEIN)

TROCKEN & AUFGESPRITET
(SHERRY)

ROTWEIN
(OHNE STIEL)

WEISSWEIN
(OHNE STIEL)

SCHAUMWEIN
(OHNE STIEL)

WEINGLÄSER

Die Auswahl an Weingläsern ist riesig. Hier ein paar Fakten, die Ihnen bei der Entscheidung helfen sollen, welche Gläser die richtigen für Sie sind.

Fassen Sie Stielgläser dicht über dem Fuß am Stiel.

Bleifreie Kristallgläser sind spülmaschinen-geeignet.

Bleikristall enthält zwischen 1 und 30% Bleioxid, edle Gläser enthalten mindestens 24%. Bleikristall ist gesundheitlich unbedenklich, solange der Wein nicht tagelang im Glas bleibt.

Beschränken Sie sich bei der Anschaffung auf zwei Sorten von Gläsern, die zu Ihren Trinkgewohnheiten passen.

Mit oder ohne? Der Stiel hat keinen Einfluss auf Aroma oder Geschmack.

KRISTALL ODER GLAS?

Kristallglas bricht dank seines Mineralgehalts das Licht. Die Mineralien verstärken es zudem, sodass es sehr dünn sein kann. Traditionell enthielt Kristallglas Blei, aber heute verwenden zahlreiche Hersteller lieber Magnesium und Zink. Die meisten bleifreien Kristallgläser sind spülmaschinenfest, während Bleikristallglas porös ist und besser mit parfümfreier Seife von Hand gespült werden sollte.

Normales Glas ist technisch gesehen brüchiger als Kristall, aber dicker und dadurch stabiler. Zudem ist es spülmaschinengeeignet.

FORM UND GESCHMACK

Die Form eines Glases beeinflusst die Intensität der Aromen, der Rand die Weinmenge, die an den Gaumen gelangt.

PERFEKT FÜR DELIKATE, AROMATISCHE WEINE

EIN GROSSER, RUNDER KELCH sammelt dank der größeren Weinoberfläche mehr Aromen.

PERFEKT FÜR WÜRZIGE, KRÄFTIGE WEINE

EIN ENGER KELCH sammelt weniger Aromen, weil der Wein weniger Luftkontakt bekommt.

DAS RICHTIGE GLAS

winefolly.com / learn / basics / handling / wine glasses

STIELLOS	BALLONGLAS	WEITER KELCH	ROTWEINGLAS	SEKTGLAS	WEISSWEINGLAS	SÜSSWEINGLAS
150 ml	150 ml	150 ml	150 ml	150 ml	150 ml	90 ml
Zwanglose Verkostungen	Mittelschwere bis schwere tanninreiche Rotweine	Leichte Rote, körperreiche Weiße und Rosés	Würzige Rotweine, Jahrgangs-Schaumweine und Rosés	Hält die Mousse von Schaumweinen besser	Weißweine, Rosés und Schaumweine	Aufgespritete Weine und Dessertweine

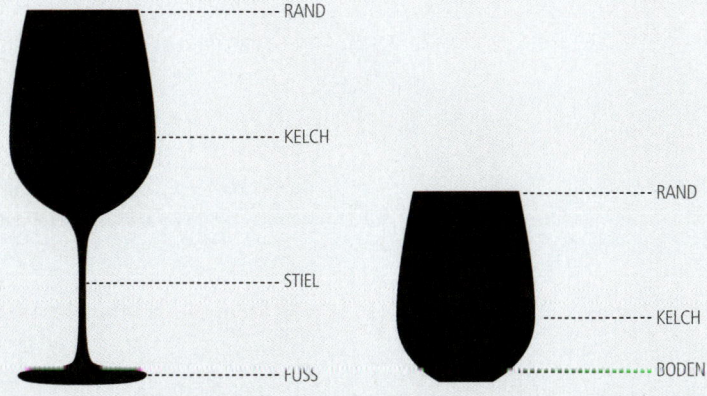

RAND

KELCH

STIEL

FUSS

RAND

KELCH

BODEN

AUSSCHENKEN

Die Grundlagen des Öffnens, Dekantierens, Ausschenkens und Servierens:

STILLWEINE ÖFFNEN

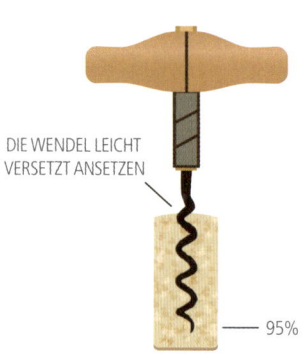

DIE WENDEL LEICHT VERSETZT ANSETZEN

95%

150 ML

DIE FOLIE ENTFERNEN: Es spielt keine Rolle, ob Sie die Kapsel ober- oder unterhalb der Lippe aufschneiden. Traditionell schneidet man unterhalb der Lippe.

DIE WENDEL: Die Wendel nicht ganz mittig ansetzen und in den Korken drehen, ohne ihn zu durchstoßen. Den Korken vorsichtig herausziehen, damit er nicht bröselt.

STANDARDPORTION: Üblicherweise schenkt man eine Weinportion von 150–180 ml aus. Trockene Weißweine haben je nach Alkoholgehalt zwischen 130 und 175 kcal pro Glas.

SCHAUMWEINE ÖFFNEN

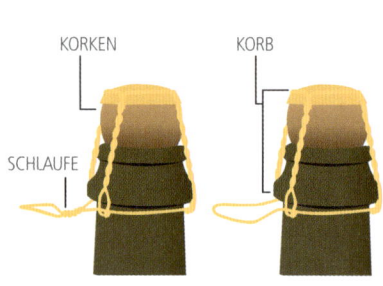

KORKEN

KORB

SCHLAUFE

FESTHALTEN

AM BODEN DREHEN

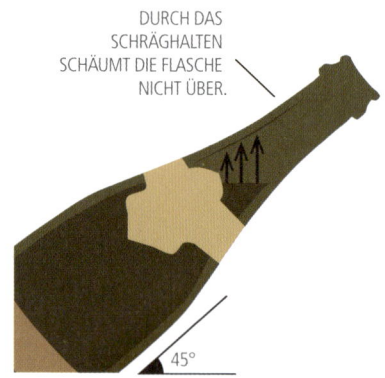

DURCH DAS SCHRÄGHALTEN SCHÄUMT DIE FLASCHE NICHT ÜBER.

45°

DER KORB: Die Folie entfernen und die Schlaufe sechs Mal aufdrehen. Drahtkorb und Korken mit dem Daumen am Herausschießen hindern.

DREHEN: Korken und Korb mit einer Hand festhalten und die Flasche mit der anderen Hand am Boden fassen und drehen.

ÖFFNEN: Den herausdrängenden Korken langsam kommen lassen. Die Flasche nach dem Öffnen eine oder zwei Sekunden lang schräg halten.

LUFT VERBESSERT DEN GESCHMACK

Das Dekantieren mischt Sauerstoff in den Wein und mildert dadurch übelriechende Geruchsstoffe ab. Außerdem reduziert man so die Konzentration bestimmter Säuren und Tannine, sodass der Wein weicher schmeckt – kurzum: Zauberei.

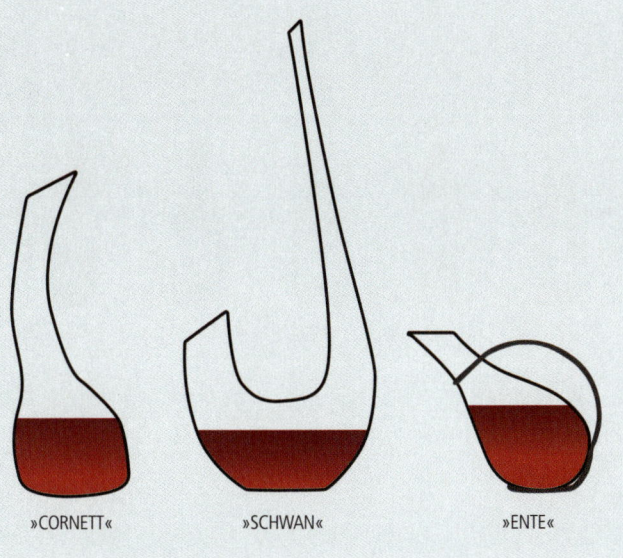

WELCHE KARAFFE? Wichtig ist, dass sie Ihnen gefällt und leicht zu füllen, zu verwenden und zu reinigen ist. Ein Belüfter erfüllt die gleiche Funktion, ist aber längst nicht so schick.

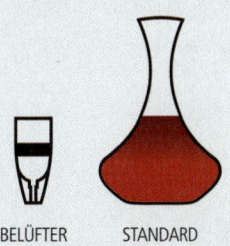

»CORNETT«   »SCHWAN«   »ENTE«   BELÜFTER   STANDARD

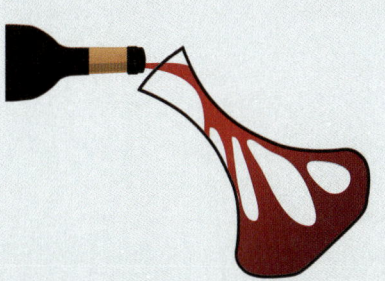

EINFÜLLEN: Lassen Sie den Wein für maximalen Luftkontakt an der Wand der Karaffe herablaufen.

WARTEN: Je kräftiger und konzentrierter der Wein, desto länger sollte man warten. Ein guter Ausgangswert sind 15–30 Minuten.

WAS SOLLTE MAN DEKANTIEREN? Man kann alle Rotweine belüften. Ein dekantierter Wein hält sich nicht so lange, man sollte also nur die benötigte Menge dekantieren.

TIPP: Schwefelgeruch? Keine Sorge, das sind keine Sulfite, sondern Böckser (siehe Weinfehler, S. 17). Durch Dekantieren oder Umrühren mit einem Silberlöffel lässt sich der Geruch verbessern.

TEMPERATUR

TRINKTEMPERATUR

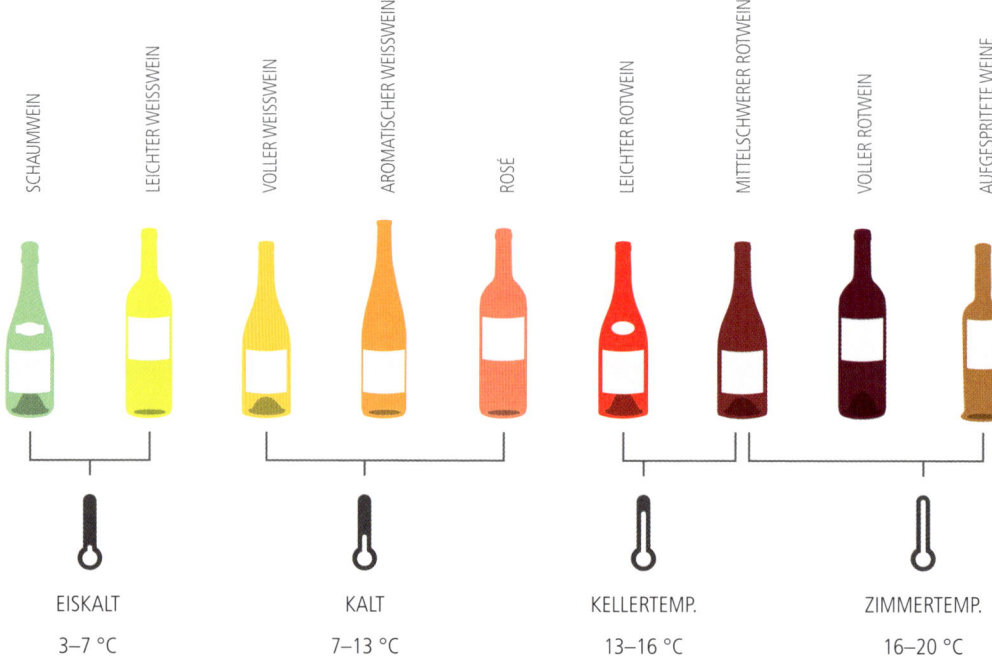

SCHAUMWEIN
LEICHTER WEISSWEIN
VOLLER WEISSWEIN
AROMATISCHER WEISSWEIN
ROSÉ
LEICHTER ROTWEIN
MITTELSCHWERER ROTWEIN
VOLLER ROTWEIN
AUFGESPRITETE WEINE

EISKALT
3–7 °C

KALT
7–13 °C

KELLERTEMP.
13–16 °C

ZIMMERTEMP.
16–20 °C

Mit »Zimmertemperatur« ist bei Wein eine Temperatur von 16–20 °C gemeint, was kühler ist, als die meisten Wohnräume.

ZU KALT: Wenn dem Wein Aroma fehlt und er sauer schmeckt, ist er vielleicht zu kalt. Das passiert schnell bei Weißweinen aus dem Kühlschrank. Wärmen Sie den Wein im Glas zwischen den Händen an.

ZU WARM: Wenn das Aroma in der Nase brennt und medizinisch riecht, ist der Wein vielleicht zu warm. Das passiert gerne bei alkoholstarken Rotweinen, die in Wohnräumen lagern. Stellen Sie die Flasche 15 Minuten lang kalt.

LAGERUNG

OFFENEN WEIN AUFBEWAHREN

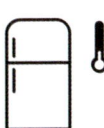

Wein verliert bei Luftkontakt und Wohn-
raumtemperatur schnell an Geschmack.
Bewahren Sie offene Flaschen bei 10–13 °C
im Weinkühlschrank oder im normalen
Kühlschrank auf und lassen den Wein in
letzterem Fall vor dem Servieren eine
Stunde Temperatur gewinnen.

VAKUUMVERSCHLUSS

Das Wiederverkorken sperrt zwar neuen
Sauerstoff aus, entfernt aber vorhandenen
Sauerstoff nicht. Ein Weinkonservierer mit
Vakuumpumpe oder Schutzgas hält den
Wein länger frisch.

	1–3 TAGE
	1 WOCHE
	3–5 TAGE
	1 WOCHE
	1 WOCHE
	3–5 TAGE
	3–5 TAGE
	3–5 TAGE
	1 MONAT

WEIN EINKELLERN

**Ideal ist eine Lagertemperatur von
10–13 °C und 75% Luftfeuchtigkeit.**

Im Küchenschrank altert Wein vier Mal
schneller und entwickelt bei schwankenden
Temperaturen mit größerer Wahrscheinlichkeit Fehltöne. Wenn Sie Ihren Wein also
länger als ein Jahr aufbewahren wollen,
kaufen Sie am besten einen Weinkühlschrank.

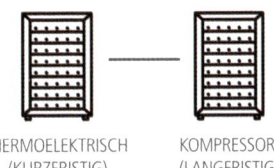

THERMOELEKTRISCH
(KURZFRISTIG)

KOMPRESSOR
(LANGFRISTIG)

Es gibt thermoelektrische und Kompressor-
Kühlschränke. Die thermoelektrische Kühlung
bietet schwankende Temperaturen, ist aber
ruhiger. Kompressor-Kühlschränke sind lauter,
halten die Temperatur aber besser konstant.

✕	28 °C	Wein kocht
⚠	21 °C	gefährlicher Bereich beginnt
✓	10–13 °C	ideale Lagertemperatur
⚠	8 °C	gefährlicher Bereich beginnt
✕	0 °C	Wein gefriert

Wein & Speisen

»FLAVOUR PAIRING«

WEIN & KÄSE

WEIN & FLEISCH

WEIN & GEMÜSE

WEIN, KRÄUTER & GEWÜRZE

Weine mit Speisen zu kombinieren, bietet eine ganz neue Möglichkeit, sie zu entdecken und zu genießen. Die Kunst ist es dabei, harmonische Verbindungen von Geschmack, Textur, Aroma und Intensität zu finden.

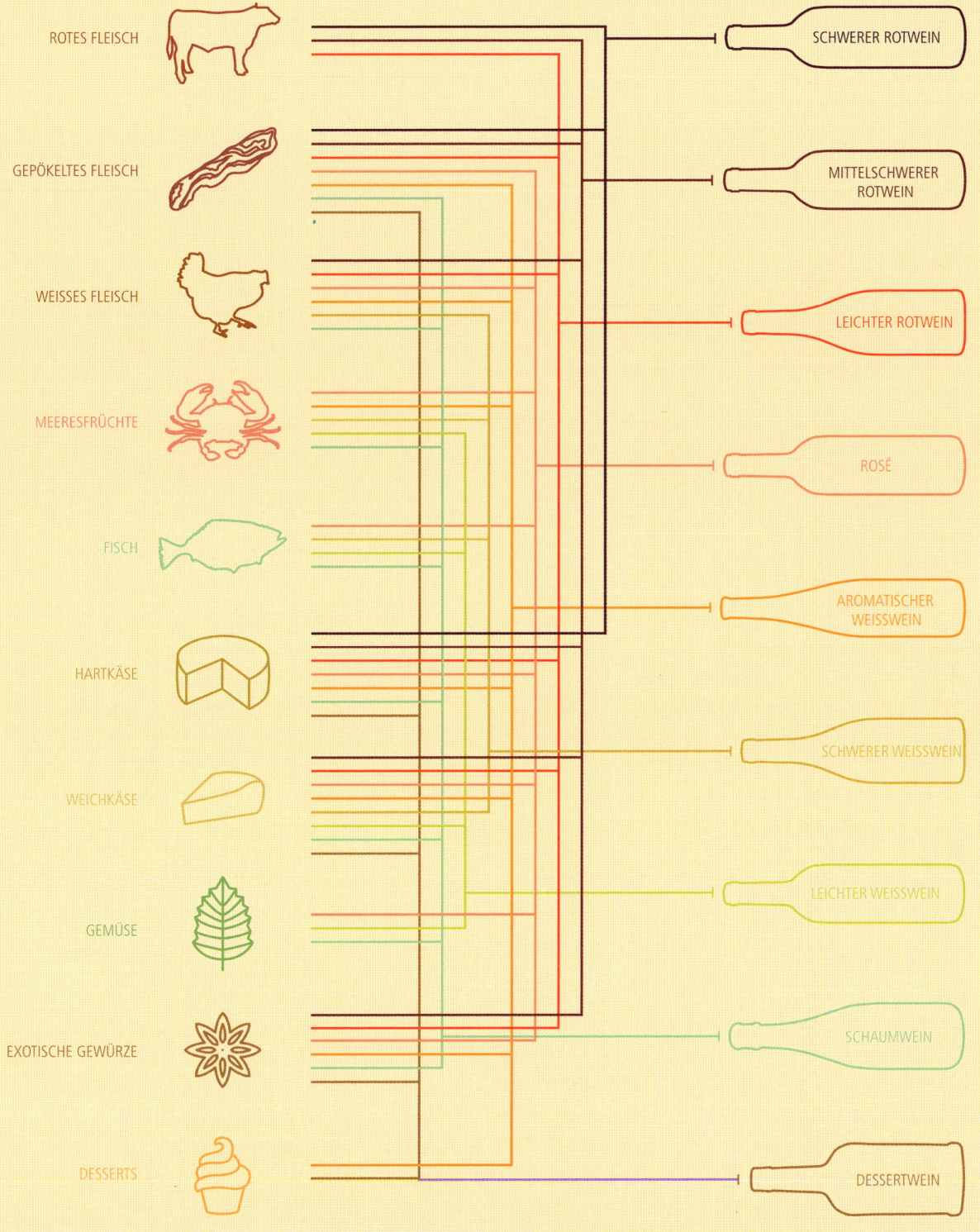

ROTES FLEISCH

GEPÖKELTES FLEISCH

WEISSES FLEISCH

MEERESFRÜCHTE

FISCH

HARTKÄSE

WEICHKÄSE

GEMÜSE

EXOTISCHE GEWÜRZE

DESSERTS

SCHWERER ROTWEIN

MITTELSCHWERER ROTWEIN

LEICHTER ROTWEIN

ROSÉ

AROMATISCHER WEISSWEIN

SCHWERER WEISSWEIN

LEICHTER WEISSWEIN

SCHAUMWEIN

DESSERTWEIN

DIE THEORIE VOM »FLAVOUR PAIRING«

Beim Flavour Pairing geht es darum herauszufinden, welche Lebensmittel im Hinblick auf Geschmack, Aroma, Textur, Farbe, Temperatur und Intensität gut zusammenpassen.

VIELE GEMEINSAME INHALTSSTOFFE

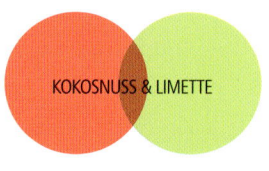

WENIGE GEMEINSAME ELEMENTE

KONGRUENT ODER KOMPLEMENTÄR

Geschmacksnoten können übereinstimmen oder sich ergänzen. Kongruente Paarungen haben viele gemeinsame Inhaltsstoffe, die sich gegenseitig verstärken. Komplementäre Paarungen schaffen durch ihre Wechselwirkung eine geschmackliche Balance.

Verblüffende Kombinationen können sich ergeben, wenn Sie mit kongruenten Paarungen die harmonisierenden Noten verstärken oder durch komplementäre Paarungen unerwünschte Noten eliminieren.

KOMBINATIONEN VON SPEISEN UND WEINEN

SAURE SPEISEN: Saure Speisen lassen säureschwache Weine schal schmecken. Greifen Sie lieber zu einem säurestarken Wein.

FETTE SPEISEN: Ein tanninreicher Rotwein reinigt den Gaumen nach fettigem Essen.

PIKANTE SPEISEN: Ein kalter, lieblicher Weißwein mit wenig Alkohol mildert das Brennen scharfer Gewürze.

KRÄFTIGE AROMEN: Stark riechende Speisen, wie Gorgonzola, brauchen Weine mit kräftiger Säure und Süße.

BITTERE SPEISEN: Bittere Speisen verstärken die Bitterkeit des Tannins, deshalb braucht es hier tanninarme Weine mit reichlich Salzigkeit und Süße.

SÜSSE SPEISEN: Süße Speisen lassen trockene Weine bitter schmecken. Wählen Sie lieber einen süßen Wein als Begleiter.

HARMONISCH ODER DISSONANT

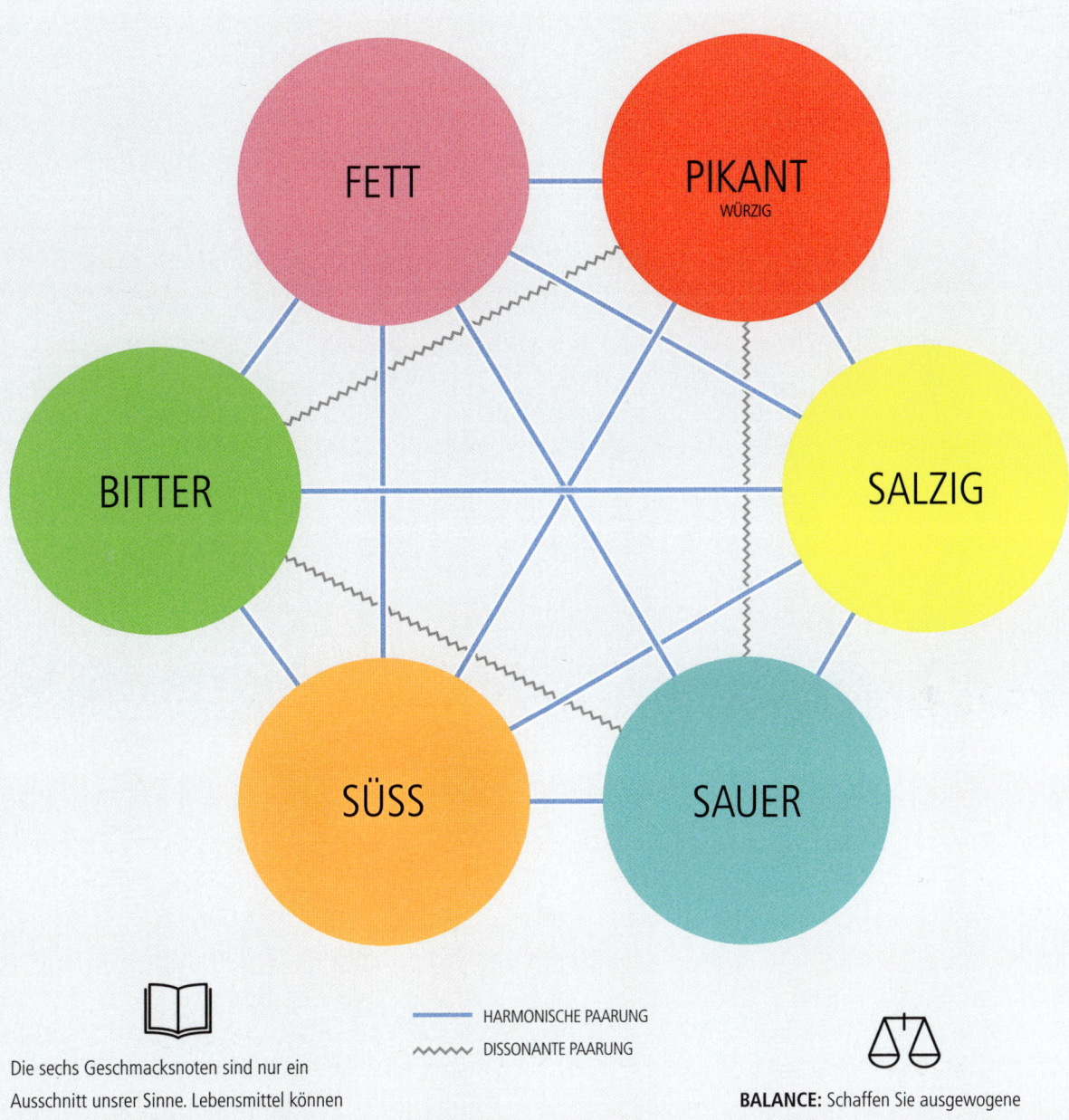

FETT

PIKANT
WÜRZIG

BITTER

SALZIG

SÜSS

SAUER

—— HARMONISCHE PAARUNG
〰〰 DISSONANTE PAARUNG

Die sechs Geschmacksnoten sind nur ein Ausschnitt unsrer Sinne. Lebensmittel können auch prickelnd, umami (fleischig), betäubend, elektrisierend, seifig, kühlend oder nach Kalzium schmecken.

BALANCE: Schaffen Sie ausgewogene Kombinationen, bei denen die Intensität des Weins zu der der Speisen passt.

winefolly.com / learn / basics / food-and-wine / flavor-pairing

33

WEIN & KÄSE

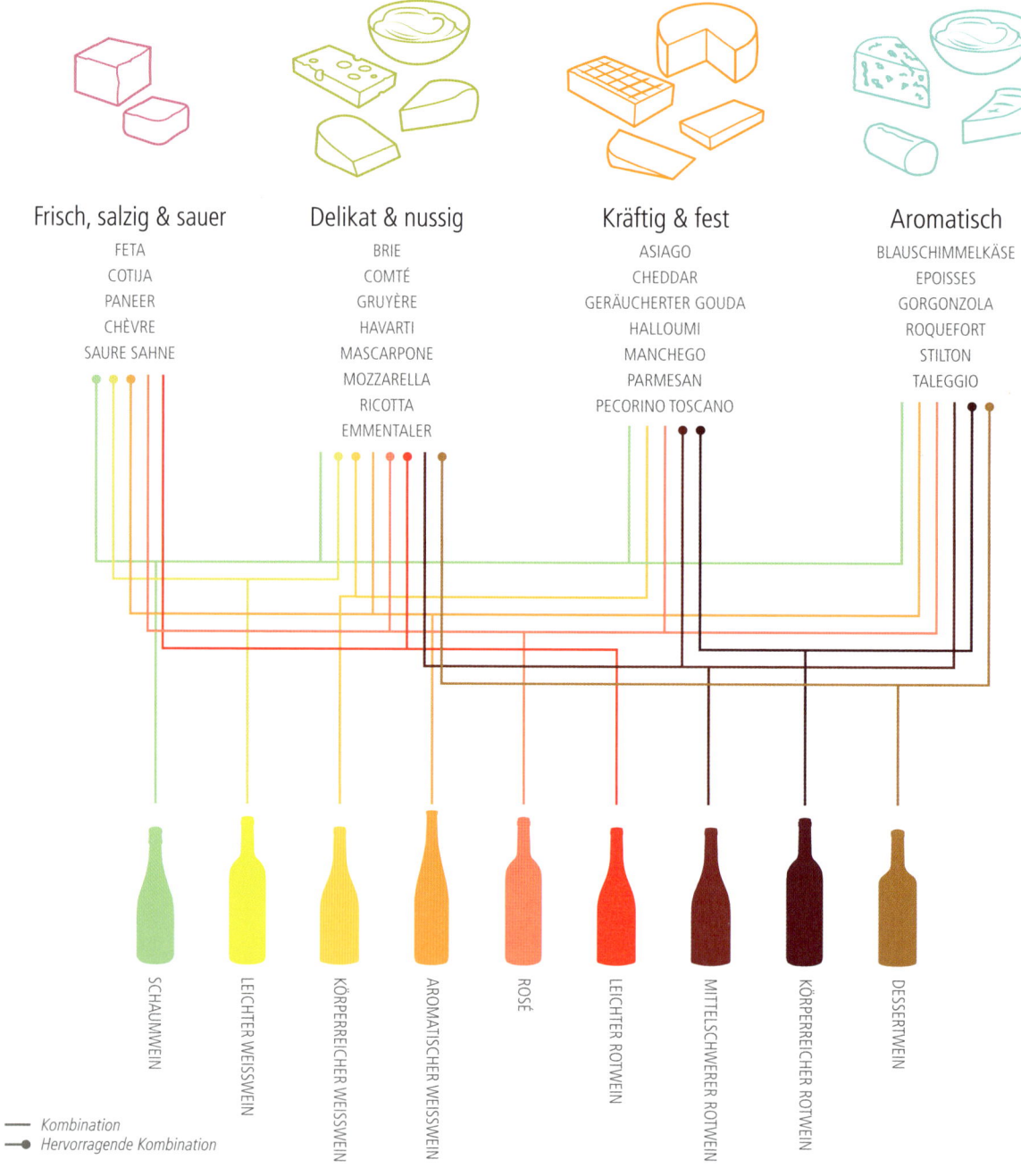

Frisch, salzig & sauer
FETA
COTIJA
PANEER
CHÈVRE
SAURE SAHNE

Delikat & nussig
BRIE
COMTÉ
GRUYÈRE
HAVARTI
MASCARPONE
MOZZARELLA
RICOTTA
EMMENTALER

Kräftig & fest
ASIAGO
CHEDDAR
GERÄUCHERTER GOUDA
HALLOUMI
MANCHEGO
PARMESAN
PECORINO TOSCANO

Aromatisch
BLAUSCHIMMELKÄSE
EPOISSES
GORGONZOLA
ROQUEFORT
STILTON
TALEGGIO

SCHAUMWEIN
LEICHTER WEISSWEIN
KÖRPERREICHER WEISSWEIN
AROMATISCHER WEISSWEIN
ROSÉ
LEICHTER ROTWEIN
MITTELSCHWERER ROTWEIN
KÖRPERREICHER ROTWEIN
DESSERTWEIN

— Kombination
—● Hervorragende Kombination

WEIN & FLEISCH

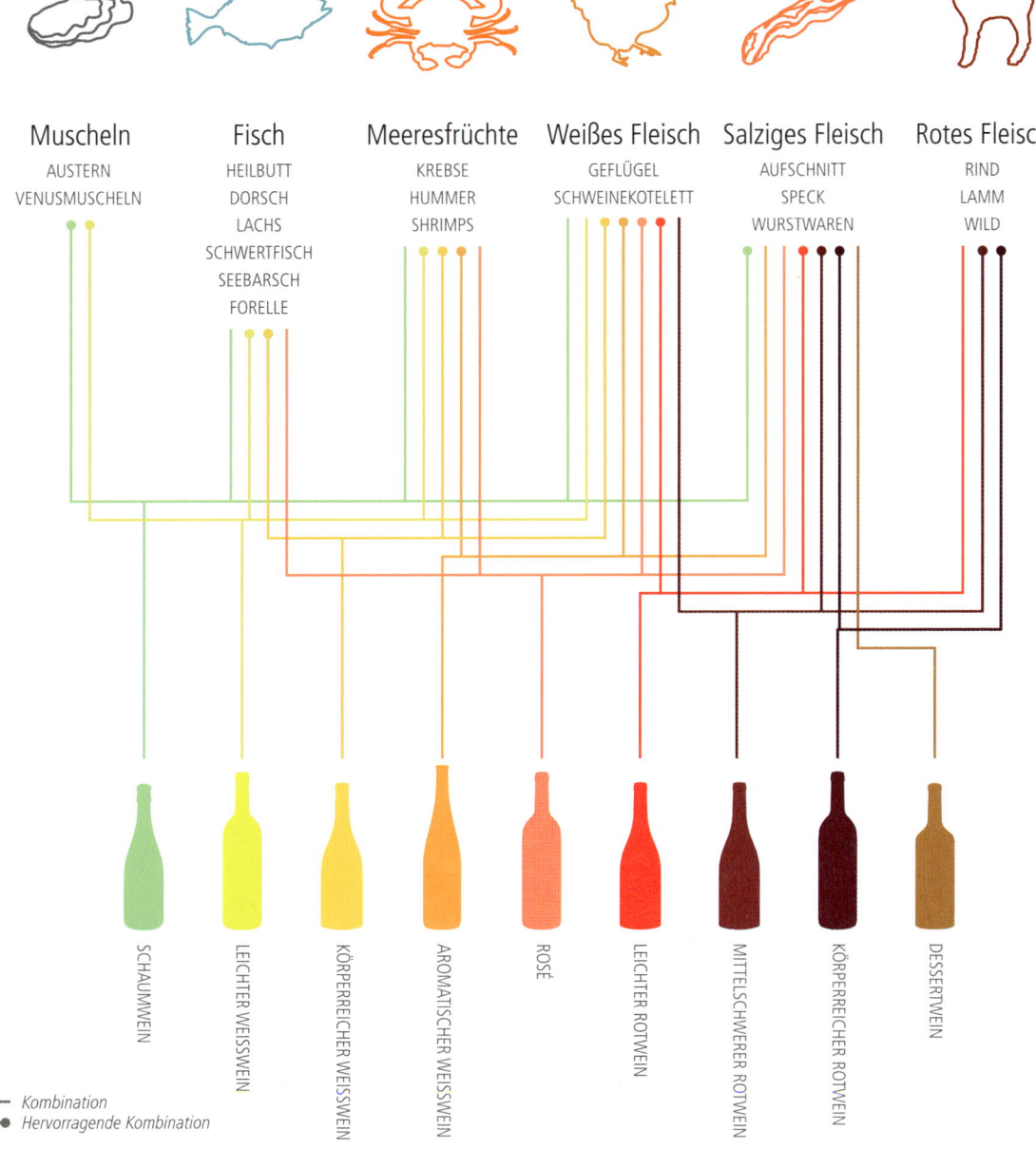

Muscheln
AUSTERN
VENUSMUSCHELN

Fisch
HEILBUTT
DORSCH
LACHS
SCHWERTFISCH
SEEBARSCH
FORELLE

Meeresfrüchte
KREBSE
HUMMER
SHRIMPS

Weißes Fleisch
GEFLÜGEL
SCHWEINEKOTELETT

Salziges Fleisch
AUFSCHNITT
SPECK
WURSTWAREN

Rotes Fleisch
RIND
LAMM
WILD

SCHAUMWEIN

LEICHTER WEISSWEIN

KÖRPERREICHER WEISSWEIN

AROMATISCHER WEISSWEIN

ROSÉ

LEICHTER ROTWEIN

MITTELSCHWERER ROTWEIN

KÖRPERREICHER ROTWEIN

DESSERTWEIN

— Kombination
—● Hervorragende Kombination

35

WEIN & GEMÜSE

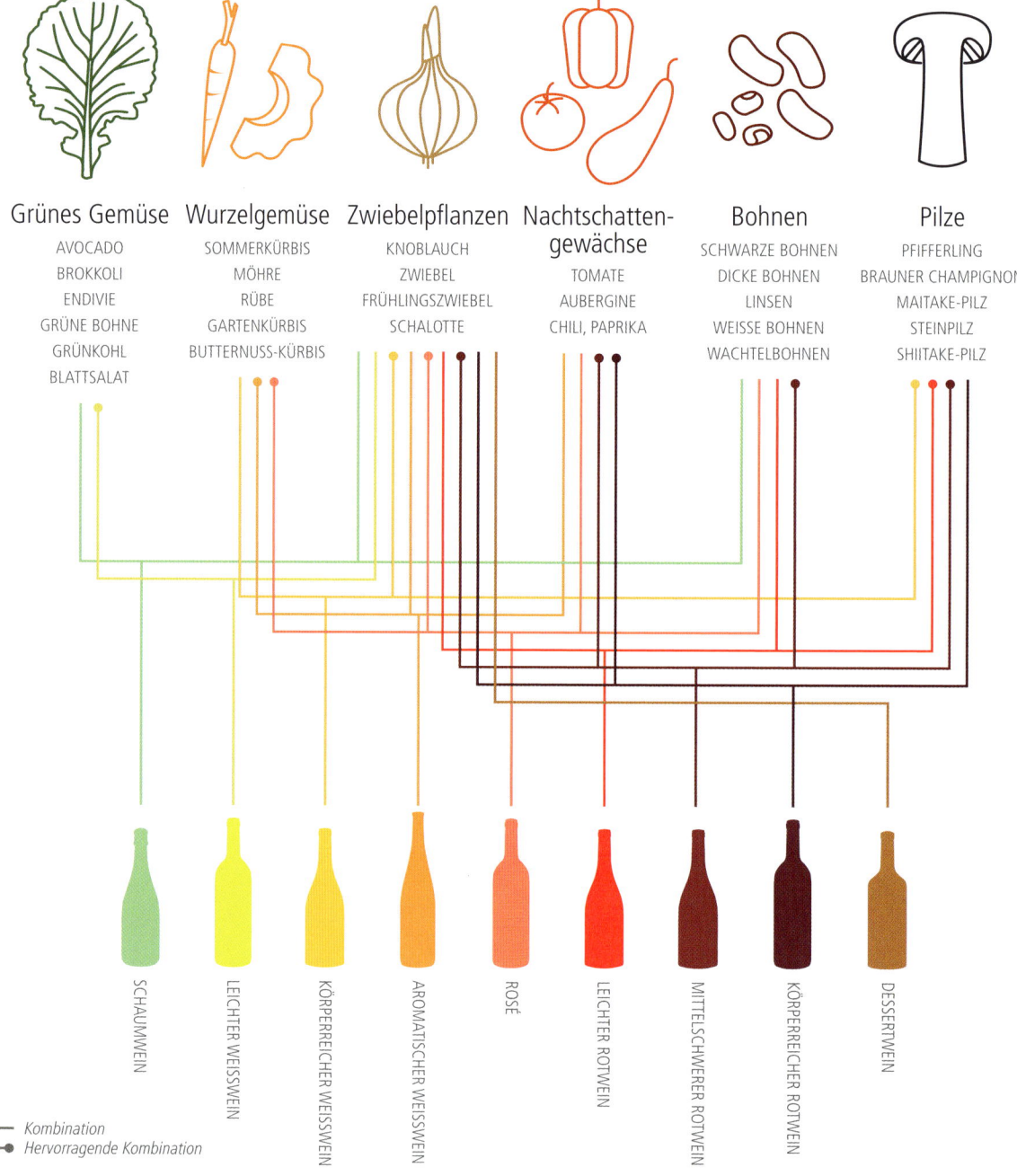

Grünes Gemüse
AVOCADO
BROKKOLI
ENDIVIE
GRÜNE BOHNE
GRÜNKOHL
BLATTSALAT

Wurzelgemüse
SOMMERKÜRBIS
MÖHRE
RÜBE
GARTENKÜRBIS
BUTTERNUSS-KÜRBIS

Zwiebelpflanzen
KNOBLAUCH
ZWIEBEL
FRÜHLINGSZWIEBEL
SCHALOTTE

**Nachtschatten-
gewächse**
TOMATE
AUBERGINE
CHILI, PAPRIKA

Bohnen
SCHWARZE BOHNEN
DICKE BOHNEN
LINSEN
WEISSE BOHNEN
WACHTELBOHNEN

Pilze
PFIFFERLING
BRAUNER CHAMPIGNON
MAITAKE-PILZ
STEINPILZ
SHIITAKE-PILZ

SCHAUMWEIN
LEICHTER WEISSWEIN
KÖRPERREICHER WEISSWEIN
AROMATISCHER WEISSWEIN
ROSÉ
LEICHTER ROTWEIN
MITTELSCHWERER ROTWEIN
KÖRPERREICHER ROTWEIN
DESSERTWEIN

— Kombination
—● Hervorragende Kombination

36

WEIN, KRÄUTER & GEWÜRZE

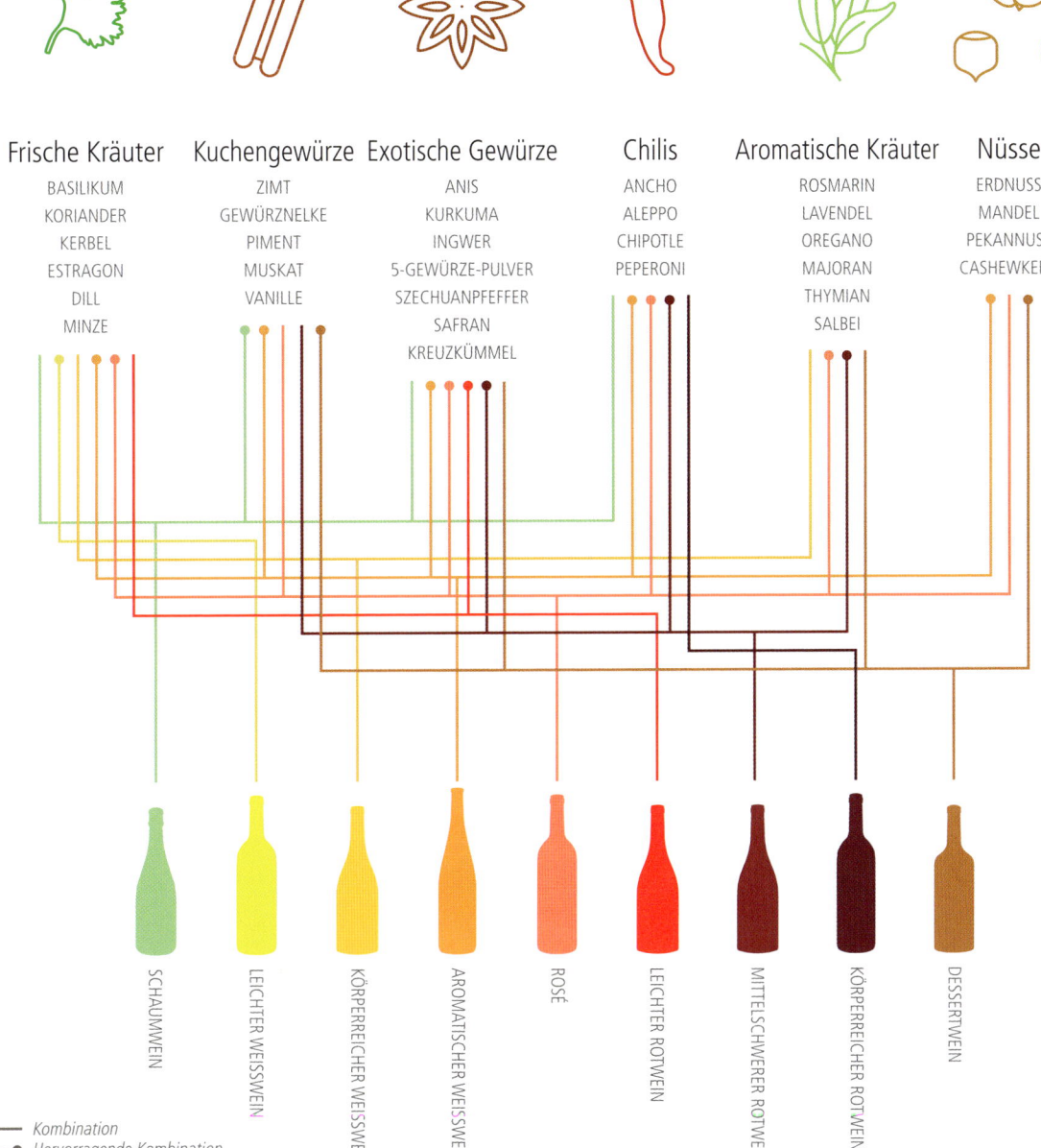

Frische Kräuter
BASILIKUM
KORIANDER
KERBEL
ESTRAGON
DILL
MINZE

Kuchengewürze
ZIMT
GEWÜRZNELKE
PIMENT
MUSKAT
VANILLE

Exotische Gewürze
ANIS
KURKUMA
INGWER
5-GEWÜRZE-PULVER
SZECHUANPFEFFER
SAFRAN
KREUZKÜMMEL

Chilis
ANCHO
ALEPPO
CHIPOTLE
PEPERONI

Aromatische Kräuter
ROSMARIN
LAVENDEL
OREGANO
MAJORAN
THYMIAN
SALBEI

Nüsse
ERDNUSS
MANDEL
PEKANNUSS
CASHEWKERN

SCHAUMWEIN
LEICHTER WEISSWEIN
KÖRPERREICHER WEISSWEIN
AROMATISCHER WEISSWEIN
ROSÉ
LEICHTER ROTWEIN
MITTELSCHWERER ROTWEIN
KÖRPERREICHER ROTWEIN
DESSERTWEIN

— Kombination
—● Hervorragende Kombination

Weinstile

Weinstile

SCHAUMWEIN

LEICHTER WEISSWEIN

KÖRPERREICHER
WEISSWEIN

AROMATISCHER
WEISSWEIN

ROSÉ

LEICHTER ROTWEIN

MITTELSCHWERER
ROTWEIN

KÖRPERREICHER
ROTWEIN

DESSERTWEIN

Wir haben die Weine in diesem Buch in neun
Stile unterschieden und jeweils vom leichtesten
zum schwersten sortiert, damit Sie möglichst
schnell erkennen können, wie ein Wein
schmeckt, ohne ihn erst verkosten zu müssen.
Es finden sich natürlich immer auch Ausnahmen
von der Regel, die sich einer strengen
Kategorisierung entziehen.

WAS STEHT WO?

Alias:

Alternative Sortenbezeichnungen und regionale Namen für diesen Wein.

NAME | PRIMÄRE GESCHMACKSNOTEN

AUSSPRACHE

SANGIOVESE

🔊 »Sahn-dscho-veh-se«
Alias: Chianti, Brunello, Nielluccio, Morellino

EIGENSCHAFTEN
Siehe auch S. 8–11.

🌿 REBSORTE
🍷 WEIN/CUVÉE

winefolly.com / learn / variety / sangiovese

PROFIL

FRUCHT	● ● ● ● ●
KÖRPER	● ● ● ●
TANNIN	● ● ● ● ●
SÄURE	● ● ● ● ●
ALKOHOL	● ● ● ●

DOMINIERENDE NOTEN

ROTE JOHANNISBEERE	GEBACKENE TOMATE	HIMBEERE	POTPOURRI	TONTOPF

WINE FOLLY-LINK
Die Webadresse für mehr Informationen.

WEITERE NOTEN
Siehe auch S. 16.

MÖGLICHE NOTEN

Mehr zu Geschmacksnoten und Aromen erfahren Sie auf S. 16.

PRIMÄR
- ■ DUNKLE FRÜCHTE
- ■ TROCKENOBST
- ■ ROTE FRÜCHTE
- ■ TROPENFRÜCHTE
- ■ BAUMFRÜCHTE
- ■ ZITRUSFRÜCHTE
- ■ KRÄUTER/BLÜTEN
- ■ ERDE/ANDERE

SEKUNDÄR
- ■ HEFE
- ■ BAKTERIEN/ANDERE

TERTIÄR
- ■ EICHE
- ■ ANDERE TERTIÄRE AROMEN

MÖGLICHE NOTEN

(Aromarad:)
TERTIÄR · Getrocknete Feige · Geröstete Mandel · Sandelholz · Tabak · Zimt · Gewürznelke · Mokka · Espresso · Pökelfleisch · Lagerfeuer · Balsamico · Tontopf · Leder · Brombeere · Pflaume · Schwarzkirsche · Himbeere · Gebackene Tomate · Sonnengetrocknete Tomate · Erdbeere · Kirsche · Rote Johannisbeere · Tomatenlaub · Schwarzer Pfeffer · Potpourri · Getrocknete Blüten · Majoran · Thymian

EICHE · KRÄUTER/BLÜTEN · ROTE FRUCHT · DUNKLE FRUCHT · ERDE/ANDERE · SEKUNDÄRE NOTEN

124

42

Länder und weltweite Anbaufläche in Hektar (ha),

auf Basis von Statistiken aus den Jahren 2010–2014.

HERKUNFT

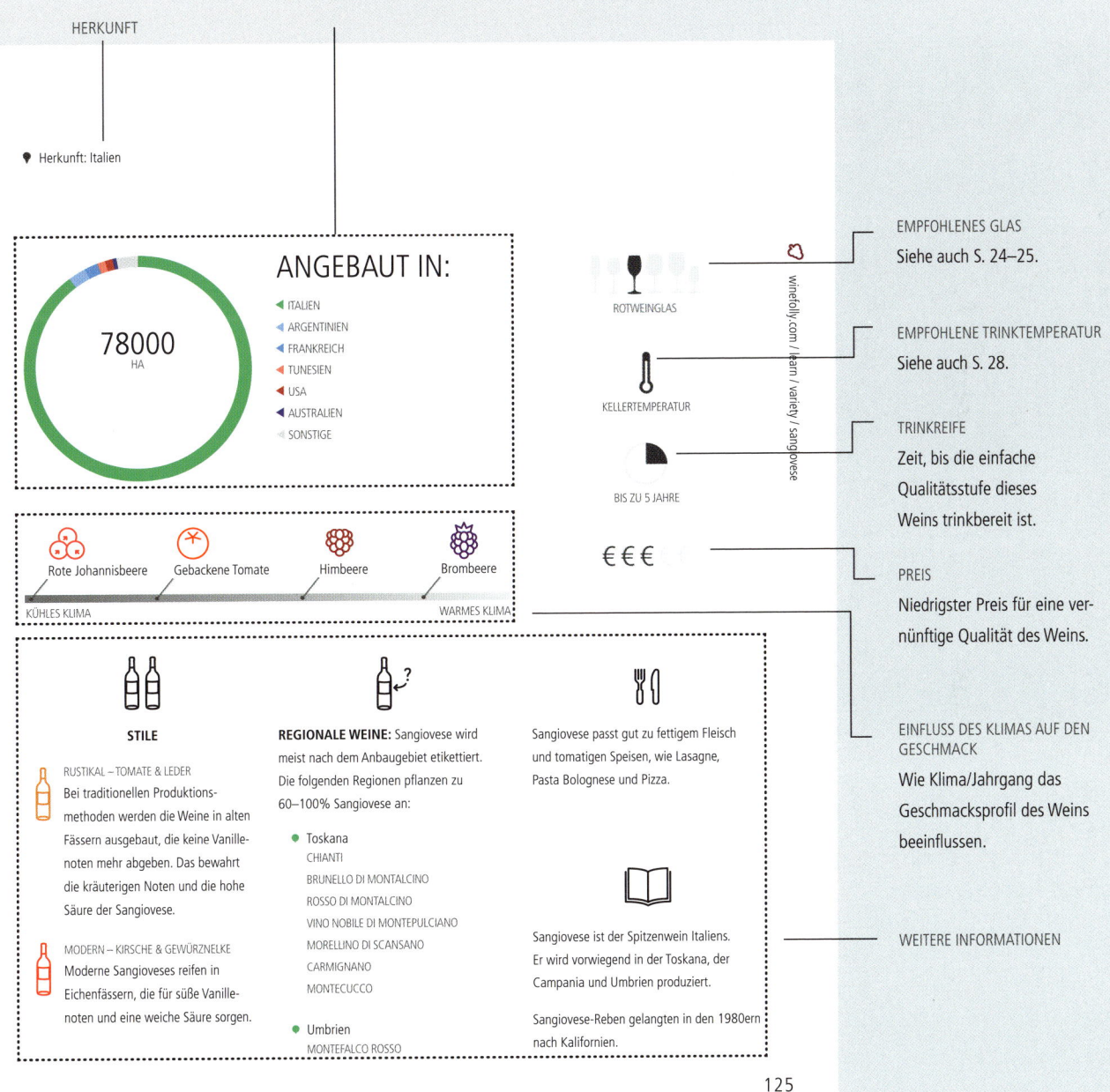

Herkunft: Italien

ANGEBAUT IN:

78000
HA

◄ ITALIEN
◄ ARGENTINIEN
◄ FRANKREICH
◄ TUNESIEN
◄ USA
◄ AUSTRALIEN
◄ SONSTIGE

Rote Johannisbeere   Gebackene Tomate   Himbeere   Brombeere

KÜHLES KLIMA   WARMES KLIMA

EMPFOHLENES GLAS
Siehe auch S. 24–25.

ROTWEINGLAS

winefolly.com / learn / variety / sangiovese

EMPFOHLENE TRINKTEMPERATUR
Siehe auch S. 28.

KELLERTEMPERATUR

TRINKREIFE
Zeit, bis die einfache
Qualitätsstufe dieses
Weins trinkbereit ist.

BIS ZU 5 JAHRE

€ € €

PREIS
Niedrigster Preis für eine vernünftige Qualität des Weins.

STILE

RUSTIKAL – TOMATE & LEDER
Bei traditionellen Produktions-
methoden werden die Weine in alten
Fässern ausgebaut, die keine Vanillenoten mehr abgeben. Das bewahrt
die kräuterigen Noten und die hohe
Säure der Sangiovese.

MODERN – KIRSCHE & GEWÜRZNELKE
Moderne Sangioveses reifen in
Eichenfässern, die für süße Vanille-
noten und eine weiche Säure sorgen.

REGIONALE WEINE: Sangiovese wird
meist nach dem Anbaugebiet etikettiert.
Die folgenden Regionen pflanzen zu
60–100% Sangiovese an:

● Toskana
CHIANTI
BRUNELLO DI MONTALCINO
ROSSO DI MONTALCINO
VINO NOBILE DI MONTEPULCIANO
MORELLINO DI SCANSANO
CARMIGNANO
MONTECUCCO

● Umbrien
MONTEFALCO ROSSO

Sangiovese passt gut zu fettigem Fleisch
und tomatigen Speisen, wie Lasagne,
Pasta Bolognese und Pizza.

Sangiovese ist der Spitzenwein Italiens.
Er wird vorwiegend in der Toskana, der
Campania und Umbrien produziert.

Sangiovese-Reben gelangten in den 1980ern
nach Kalifornien.

EINFLUSS DES KLIMAS AUF DEN
GESCHMACK
Wie Klima/Jahrgang das
Geschmacksprofil des Weins
beeinflussen.

WEITERE INFORMATIONEN

125

Schaumwein

CAVA

CHAMPAGNER

LAMBRUSCO

PROSECCO

Schaumwein moussiert dank einer Gärung in einem verschlossenen Behälter. Die beiden wichtigsten Herstellungsmethoden sind die »traditionelle Methode« und die »Charmat-Methode«. Schaumwein wird in aller Welt produziert, in der Regel mit den gleichen Methoden und aus den gleichen Rebsorten wie in der Champagne.

ZWEI HERSTELLUNGSMETHODEN

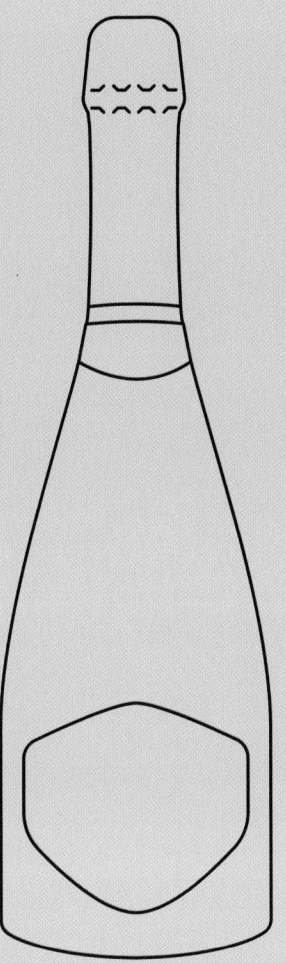

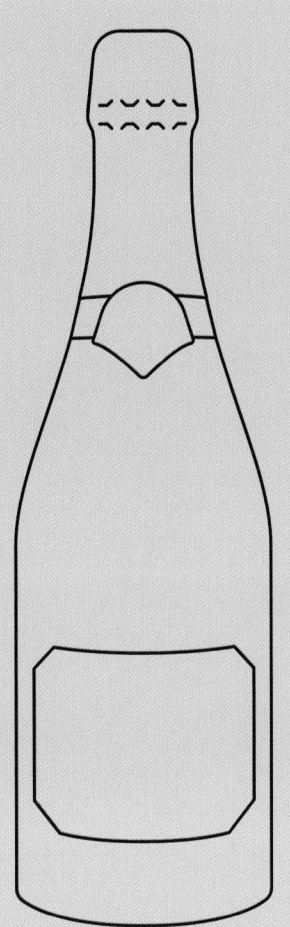

Tank- oder »Charmat«-Methode

BEISPIELE: Prosecco, Lambrusco

MOUSSE: Mittelgroße, lebhafte Perlen und
2–4 bar Druck.

Traditionelle Methode

BEISPIELE: Champagner, Cava, Crémant,
Sekt, Metodo Classico (Italien),
Cap Classique (Südafrika)

MOUSSE: Kleine, stabile Perlen und
6–7 bar Druck.

CAVA

🔊 »Kah-wa«

🛢 Traditionelle Methode

PROFIL

FRUCHT	●●●○○
KÖRPER	●●○○○
TROCKEN	●●○○○
SÄURE	●●●○○
ALKOHOL	●●○○○

DOMINIERENDE NOTEN

QUITTE · LIMETTE · GELBER APFEL · BIRNE · MANDEL

MÖGLICHE NOTEN

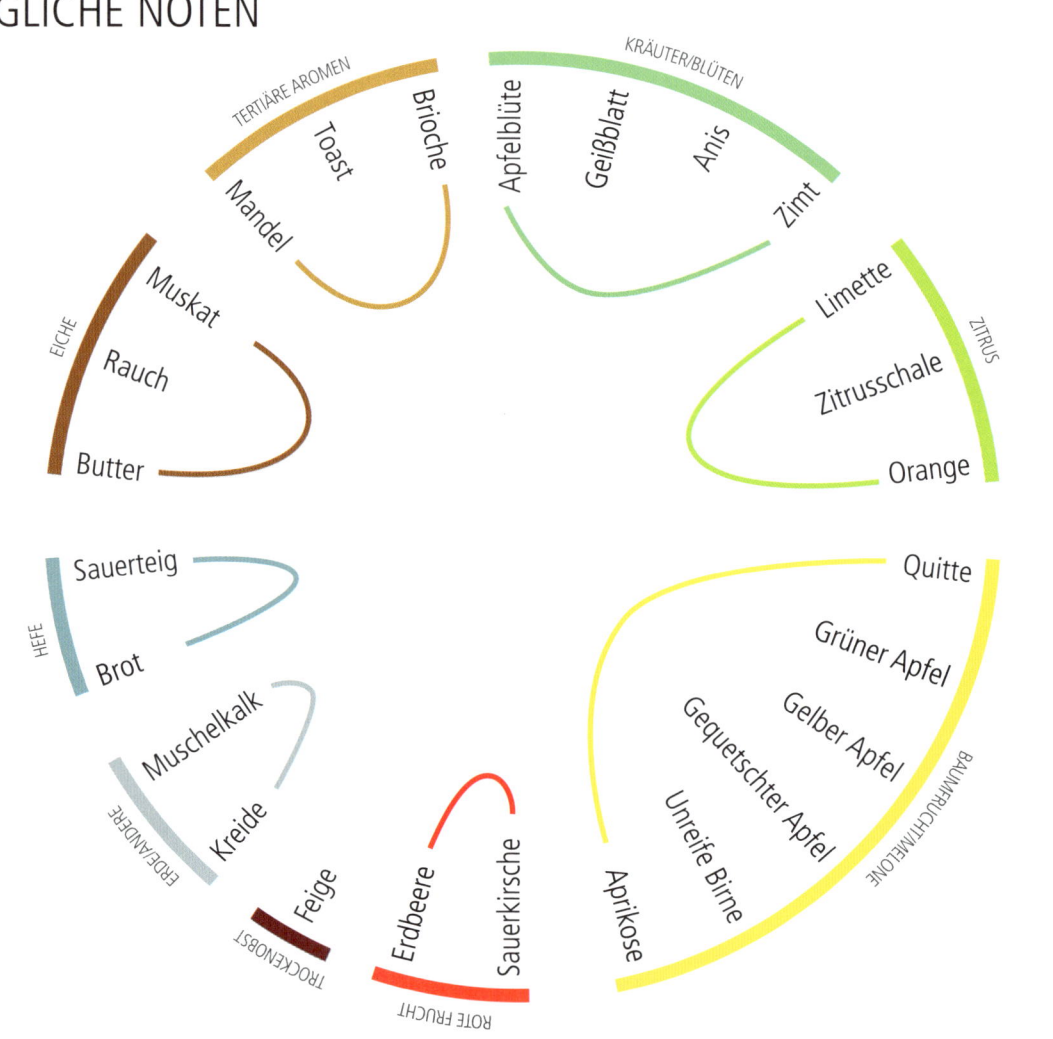

TERTIÄRE AROMEN: Brioche, Toast, Mandel

KRÄUTER/BLÜTEN: Apfelblüte, Geißblatt, Anis, Zimt

ZITRUS: Limette, Zitrusschale, Orange

EICHE: Muskat, Rauch, Butter

HEFE: Sauerteig, Brot

ERDE/ANDERE: Muschelkalk, Kreide

TROCKENOBST: Feige

ROTE FRUCHT: Erdbeere, Sauerkirsche

BAUMFRUCHT/MELONE: Quitte, Grüner Apfel, Gelber Apfel, Gequetschter Apfel, Unreife Birne, Aprikose

46

♥ Herkunft: Spanien

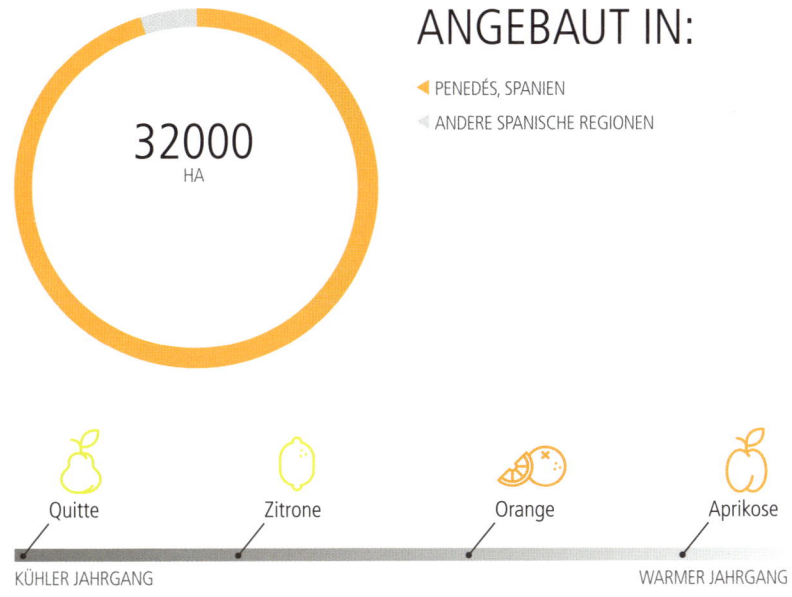

ANGEBAUT IN:

◀ PENEDÉS, SPANIEN
◀ ANDERE SPANISCHE REGIONEN

32000 HA

SEKTGLAS

EISKALT

BIS ZU 2 JAHRE

€ € € € €

Quitte   Zitrone   Orange   Aprikose

KÜHLER JAHRGANG   WARMER JAHRGANG

REBSORTEN: Cava wird aus 3 Rebsorten hergestellt:

MACABEO
(alias Viura, Macabeu) gibt florale, Aprikosen- und Beerennoten.

XARELLO
gibt Säure.

PARELLADA
gibt Quitten-, Apfel- und Zitrusnoten.

QUALITÄTEN: Es gibt 3 Qualitätsstufen, mit denen die Flaschen ausgezeichnet werden:

CAVA (STANDARD)
mind. 9 Monate gereift

RESERVA
mind. 15 Monate gereift

GRAN RESERVA
mind. 30 Monate gereift und mit Jahrgangsangabe

Cava reinigt den Gaumen und passt daher zu vielen Speisen, wie Chili, Huevos Rancheros, Nachos, Tacos und Polenta.

Cava DO (Denominación de Origen) ist die einzige spanische Weinklassifizierung für einen Stil, statt für eine Region. Allerdings kommen 95% der Produktion aus der Region Penedès.

CHAMPAGNER

🔊 »Scham-pan-jer«
🛢 Traditionelle Methode

PROFIL

FRUCHT	
KÖRPER	
SEHR TROCKEN	
SÄURE	
ALKOHOL	

DOMINIERENDE NOTEN

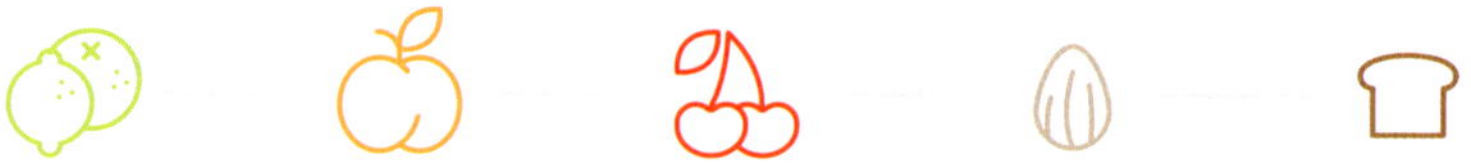

ZITRUS	PFIRSICH	RAINIER-KIRSCHE	MANDEL	TOAST

MÖGLICHE NOTEN

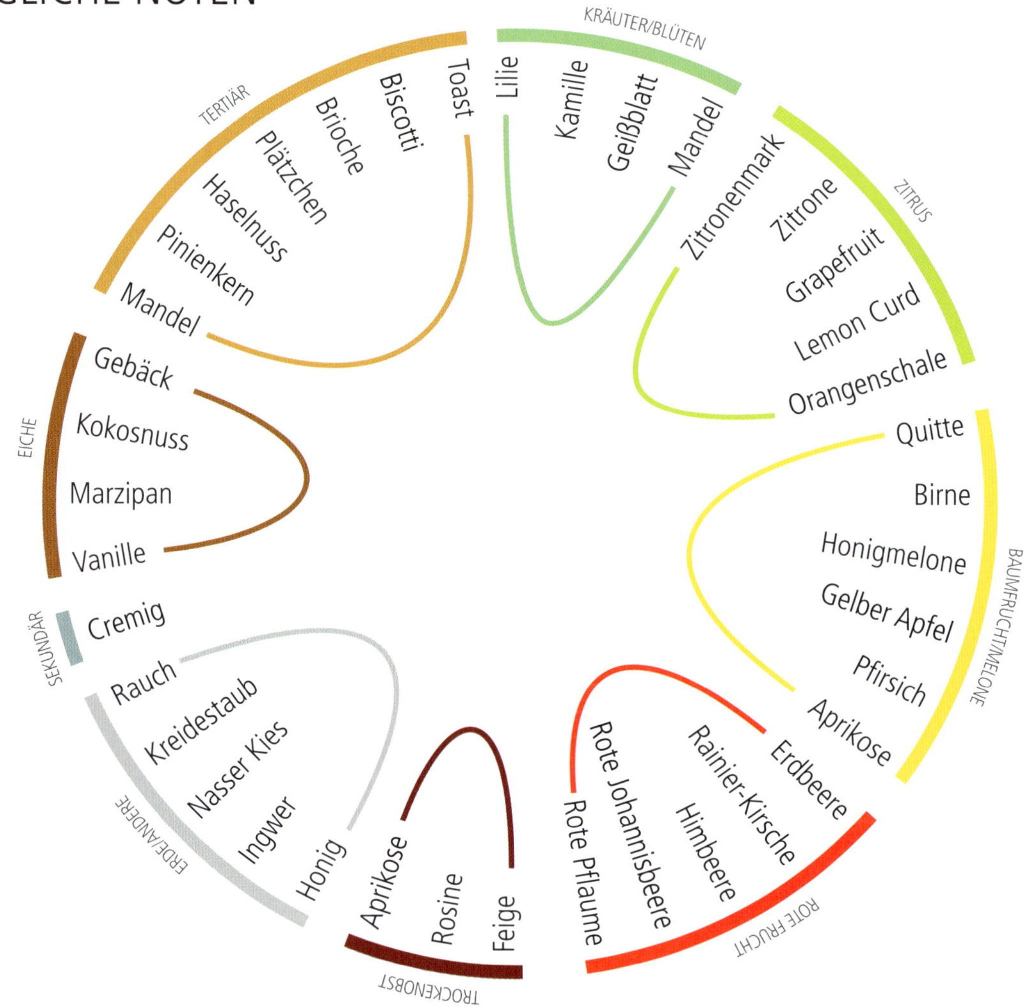

KRÄUTER/BLÜTEN

- Lilie
- Kamille
- Geißblatt
- Mandel

TERTIÄR
- Toast
- Biscotti
- Brioche
- Plätzchen
- Haselnuss
- Pinienkern
- Mandel

ZITRUS
- Zitronenmark
- Zitrone
- Grapefruit
- Lemon Curd
- Orangenschale

BAUMFRUCHT/MELONE
- Quitte
- Birne
- Honigmelone
- Gelber Apfel
- Pfirsich
- Aprikose
- Erdbeere

EICHE
- Gebäck
- Kokosnuss
- Marzipan
- Vanille

SEKUNDÄR
- Cremig

ERDE/ANDERE
- Rauch
- Kreidestaub
- Nasser Kies
- Ingwer
- Honig

TROCKENOBST
- Aprikose
- Rosine
- Feige

ROTE FRUCHT
- Rote Pflaume
- Rote Johannisbeere
- Himbeere
- Rainier-Kirsche

📍 Herkunft: Champagne, Frankreich

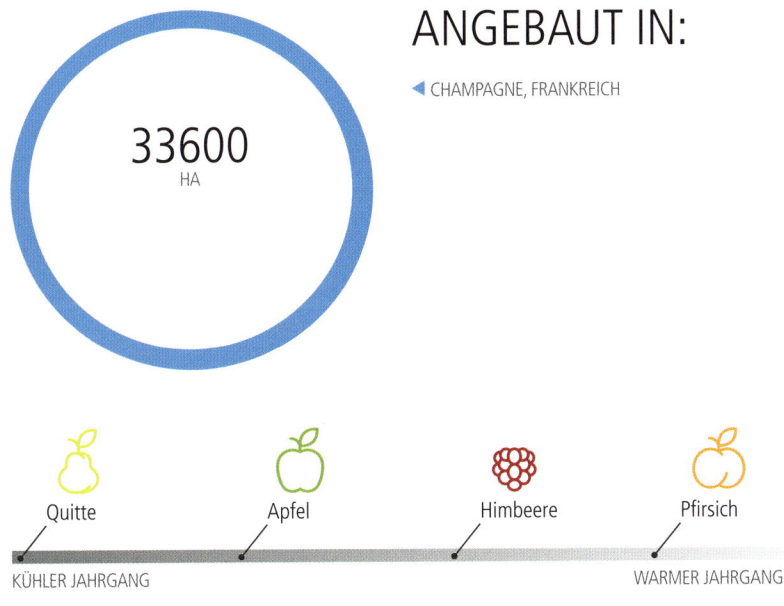

ANGEBAUT IN:

◀ CHAMPAGNE, FRANKREICH

33600
HA

FLÖTE ODER WEISSWEINGLAS

EISKALT

10 JAHRE

winefolly.com / learn / wine / champagne

| Quitte | Apfel | Himbeere | Pfirsich |

KÜHLER JAHRGANG   WARMER JAHRGANG

STILE

REBSORTEN: Aller Champagner wird fast ausschließlich aus 3 Rebsorten hergestellt:

PINOT NOIR
Gibt Noten von Orangen und roten Früchten.

PINOT MEUNIER
Gibt Fülle und Noten gelber Äpfel.

CHARDONNAY
Gibt Zitrus- und Marzipannoten.

JAHRGANGSLOS
Konsistente Hausweine

BLANC DE BLANCS
100% Chardonnay

BLANC DE NOIRS
Pino Noir und Pinot Meunier

ROSÉ
Rosés mit roten Fruchtnoten

JAHRGANGSWEIN & CUVÉE SPÉCIALE
Gereifte Champagner

Jahrgangslose Weine reifen mindestens 15 Monate.

Jahrgangs-Champagner reift mindestens 36 Jahre.

Ein Cuvée spéciale reift im Schnitt 6–7 Jahre, um nussige tertiäre Aromen zu entwickeln.

Über 90% aller Champagner sind brut und enthalten weniger als ein halbes Gramm Zucker pro Glas.

LAMBRUSCO

🔊 »Lam-brus-ko«

🛢 Charmat-Methode

PROFIL

FRUCHT	● ● ● ● ○
KÖRPER	● ● ○ ○ ○
HALBTROCKEN	● ● ● ○ ○
SÄURE	● ● ● ● ●
ALKOHOL	● ○ ○ ○ ○

DOMINIERENDE NOTEN

ERDBEERE

KIRSCHE

BOYSENBEERE

RHABARBER

HIBISKUS

MÖGLICHE NOTEN

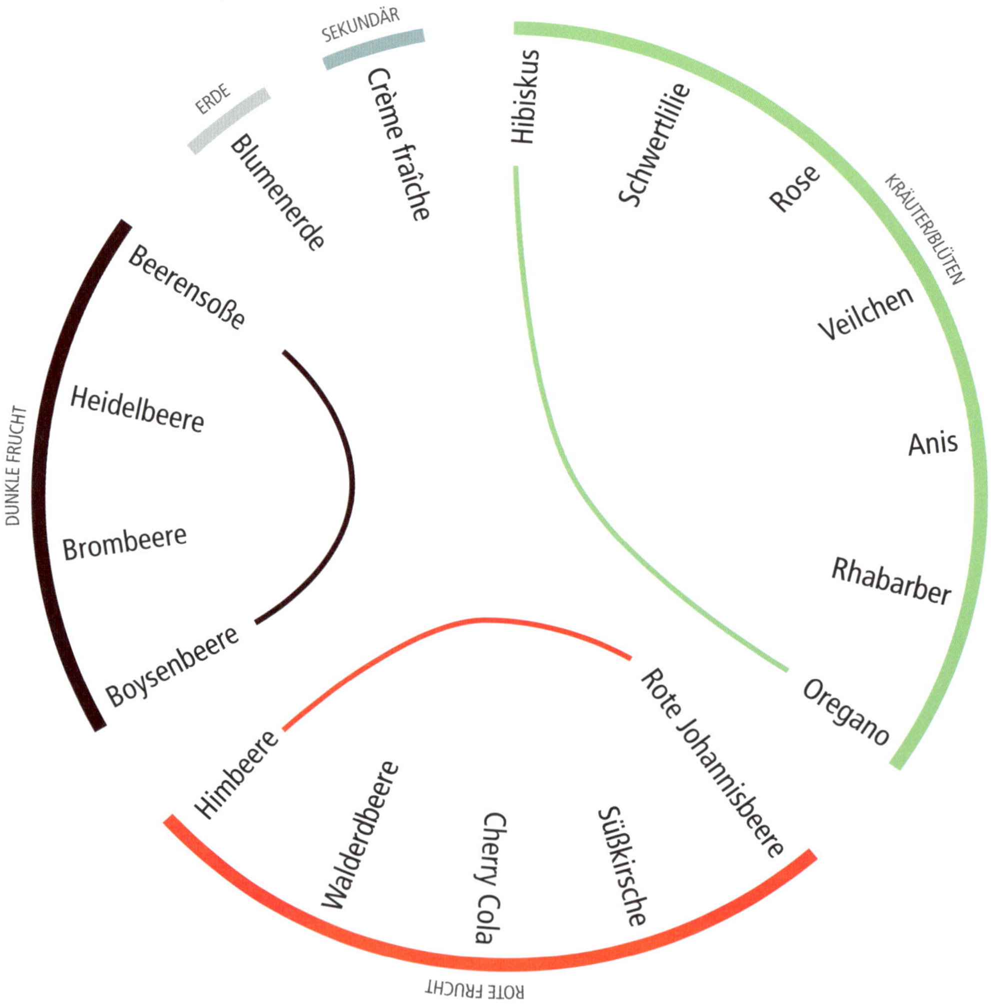

ERDE
Blumenerde

SEKUNDÄR
Crème fraîche

Hibiskus
Schwertlilie
Rose
Veilchen
Anis
Rhabarber
Oregano

KRÄUTERBLÜTEN

DUNKLE FRUCHT
Beerensoße
Heidelbeere
Brombeere
Boysenbeere

Himbeere
Walderdbeere
Cherry Cola
Süßkirsche
Rote Johannisbeere

ROTE FRUCHT

50

● Herkunft: Norditalien

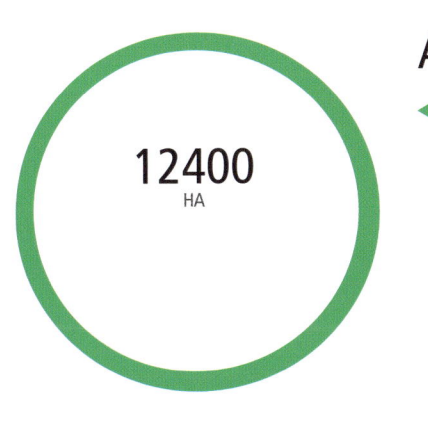

12400
HA

ANGEBAUT IN:

◀ EMILIA-ROMAGNA UND LOMBARDEI, ITALIEN

WEISS- ODER ROTWEINGLAS

KALT

BIS ZU 2 JAHRE

winefolly.com / learn / wine / lambrusco

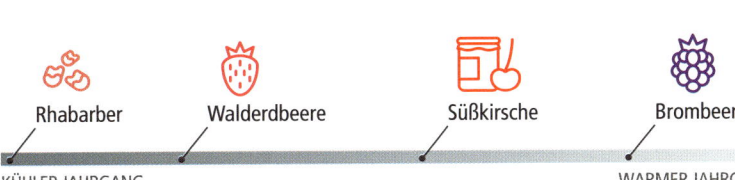

Rhabarber   Walderdbeere   Süßkirsche   Brombeere

KÜHLER JAHRGANG   WARMER JAHRGANG

SÜSSESTUFEN

◇ TROCKENER LAMBRUSCO
Wird auf dem Etikett als »Secco«
bezeichnet.

◇ HALBTROCKENER LAMBRUSCO
Wird auf dem Etikett als
»Semisecco« bezeichnet.

◇ LIEBLICHER LAMBRUSCO
Wird auf dem Etikett als »Dolce«
oder »Amabile« bezeichnet.

STILE

🍾 ROTE FRUCHT & BLÜTEN
Ein leichter Stil mit
diesen Sorten:

LAMBRUSCO DI SORBARA
LAMBRUSCO ROSATO (ROSÉ)

🍾 DUNKLE FRUCHT & BLUMENERDE
Ein kräftigerer Stil mit
diesen Sorten:

LAMBRUSCO GRASPAROSSA
LAMBRUSCO SALAMINO DI
SANTA CROCE
LAMBRUSCO REGGIANO

Qualitätsweine tragen die Bezeichnung
DOC (Denominazione di Origine
Controllata) oder auch IGT
(Indicazione Geografica Tipica).

Lambrusco ist der Name von mehr als
13 einheimischen Rebsorten mit ganz
eigenen Charakteristiken. Die beiden
meistgepflanzten Sorten sind Lambrusco
Salamino und Lambrusco Grasparossa.

51

PROSECCO

»Pro-sek-ko«

Charmat-Methode

PROFIL

FRUCHT
KÖRPER
TROCKEN
SÄURE
ALKOHOL

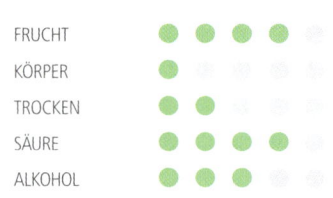

DOMINIERENDE NOTEN

GRÜNER
APFEL

HONIGMELONE

BIRNE

GEISSBLATT

SAHNE

MÖGLICHE NOTEN

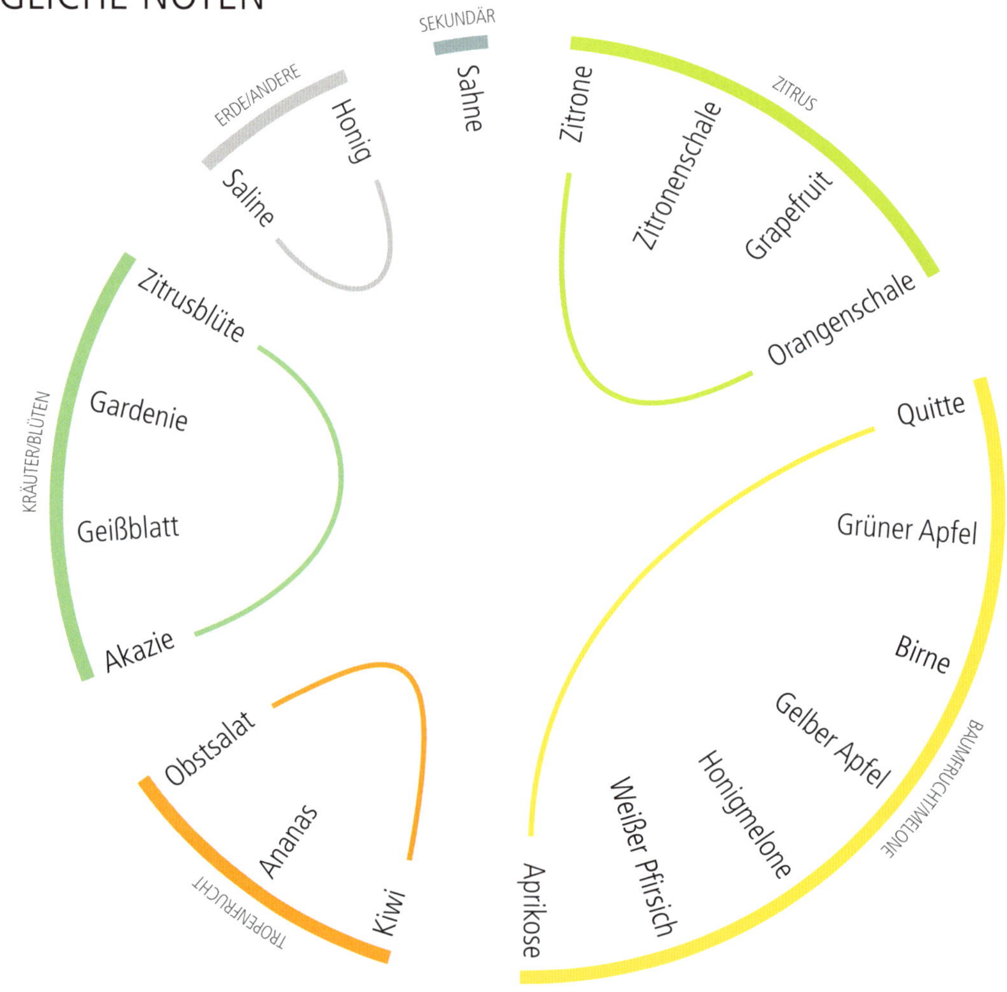

SEKUNDÄR

ERDE/ANDERE

Honig

Saline

Sahne

Zitrone

Zitronenschale

Grapefruit

ZITRUS

Orangenschale

Zitrusblüte

Gardenie

KRÄUTER/BLÜTEN

Geißblatt

Akazie

Quitte

Grüner Apfel

Birne

Gelber Apfel

Honigmelone

BAUMFRUCHT/MELONE

Obstsalat

Ananas

TROPENFRUCHT

Kiwi

Weißer Pfirsich

Aprikose

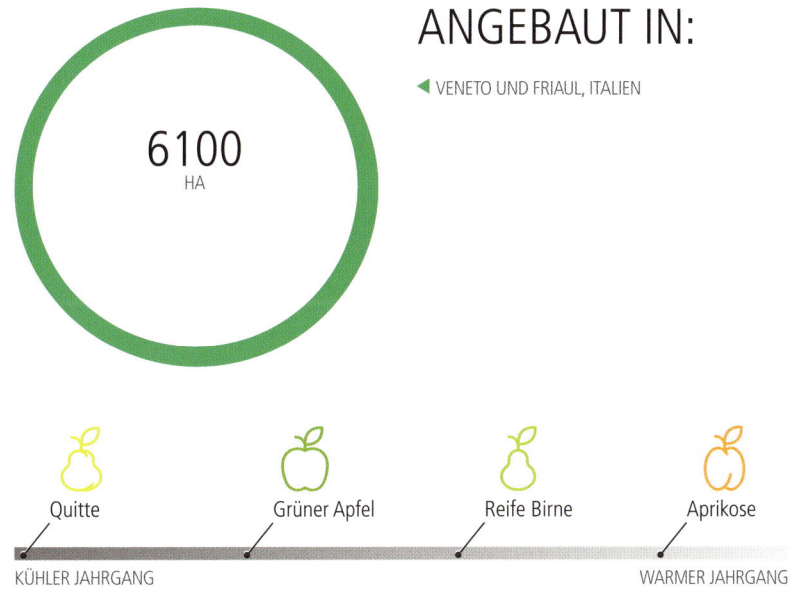

ANGEBAUT IN:

◀ VENETO UND FRIAUL, ITALIEN

6100
HA

Quitte   Grüner Apfel   Reife Birne   Aprikose

KÜHLER JAHRGANG   WARMER JAHRGANG

WEISSWEINGLAS

EISKALT

BIS ZU 2 JAHRE

€ € € € €

winefolly.com / learn / wine / prosecco

SÜSSEGRADE

◇ BRUT: 0–12 G/L RS
Bis zu ½ g Zucker pro Glas.

◇ EXTRA DRY: 12–17 G/L RS
Etwas über ½ g Zucker pro Glas.

◇ DRY: 17–32 G/L RS
Bis zu 1 g Zucker pro Glas.

QUALITÄTSSTUFEN: Für Prosecco gibt es drei Qualitätsstufen:

✪ PROSECCO
Die am häufigsten zu findende Qualität.

✪ PROSECCO SUPERIORE
Eine sorgfältiger produzierte Qualität.

✪ CONEGLIANO VALDOBBIADENE UND COLLI ASOLANI
Zwei geschützte Herkunftsbezeichnungen für hochwertige Jahrgangs-Proseccos.

Prosecco hat rund 3 bar Druck.

Probieren Sie ihn zusammen mit gepökeltem Fleisch und fruchtigen Vorspeisen, wie Melone mit Prosciutto. Prosecco passt auch gut zu asiatischen Gerichten, wie Pad Thai und vietnamesischen Glasnudeln.

Leichter Weißwein

ALBARIÑO

GRÜNER VELTLINER

MUSCADET

PINOT GRIS

SAUVIGNON BLANC

SOAVE

VERMENTINO

Leichte Weißweine besitzen meist einen trockenen und erfrischend herben Geschmack. Die meisten sollten jung getrunken werden, wenn sie noch maximale Säure und kräftige Frucht haben.

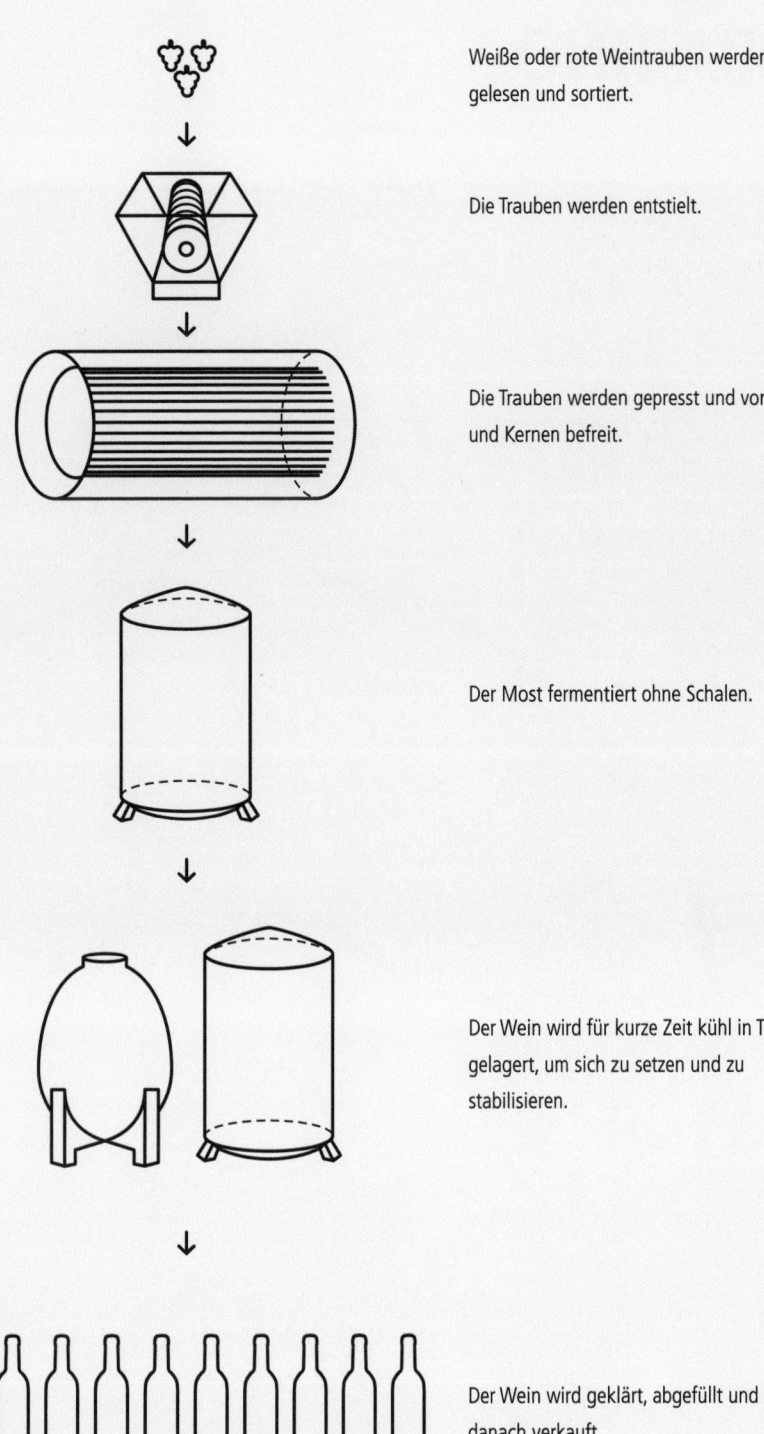

Weiße oder rote Weintrauben werden gelesen und sortiert.

Die Trauben werden entstielt.

Die Trauben werden gepresst und von Schale und Kernen befreit.

Der Most fermentiert ohne Schalen.

Der Wein wird für kurze Zeit kühl in Tanks gelagert, um sich zu setzen und zu stabilisieren.

Der Wein wird geklärt, abgefüllt und kurz danach verkauft.

ALBARIÑO

🔊 »Al-ba-rin-jo«
Alias: Alvarinho

PROFIL

FRUCHT	
KÖRPER	
TROCKEN	
SÄURE	
ALKOHOL	

DOMINIERENDE NOTEN

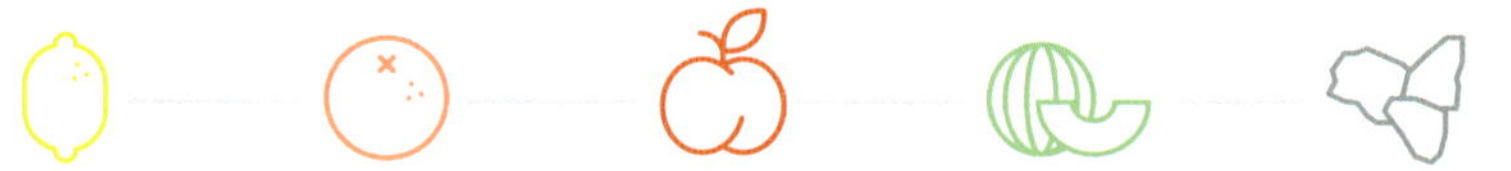

ZITRONE GRAPEFRUIT NEKTARINE MELONE NASSER KIES

MÖGLICHE NOTEN

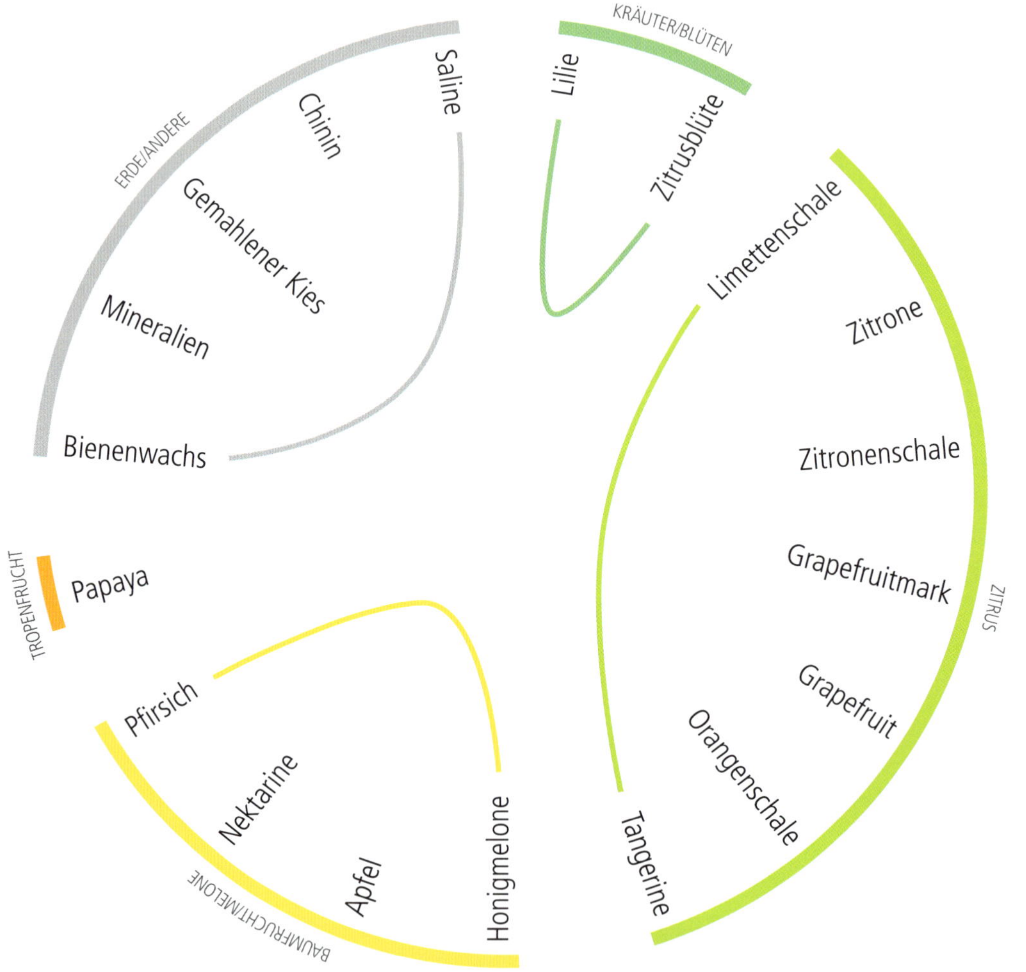

ERDE/ANDERE
- Saline
- Chinin
- Gemahlener Kies
- Mineralien
- Bienenwachs

KRÄUTER/BLÜTEN
- Lilie
- Zitrusblüte

ZITRUS
- Limettenschale
- Zitrone
- Zitronenschale
- Grapefruitmark
- Grapefruit
- Orangenschale
- Tangerine

TROPENFRUCHT
- Papaya

BAUMFRUCHT/MELONE
- Pfirsich
- Nektarine
- Apfel
- Honigmelone

♀ Herkunft: Nordportugal

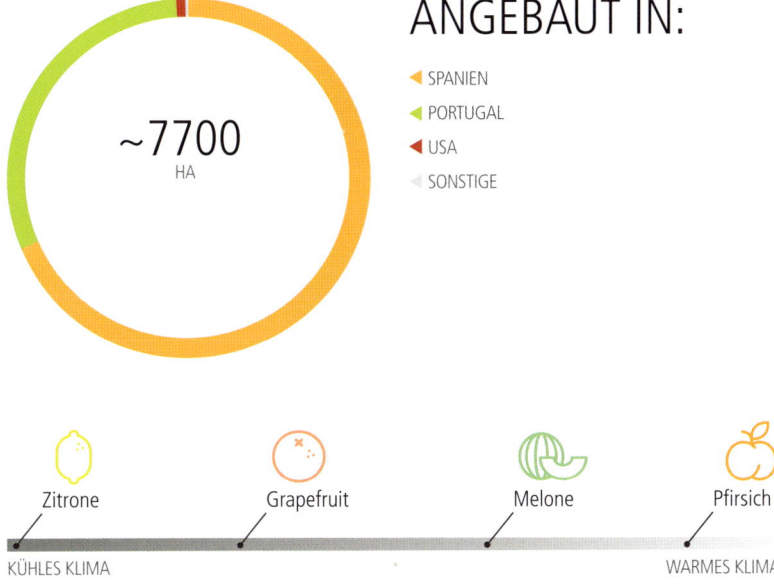

~7700
HA

ANGEBAUT IN:

◄ SPANIEN
◄ PORTUGAL
◄ USA
◄ SONSTIGE

WEISSWEINGLAS

EISKALT

BIS ZU 2 JAHRE

€ € € € €

Zitrone

Grapefruit

Melone

Pfirsich

KÜHLES KLIMA   WARMES KLIMA

ANBAUGEBIETE

RÍAS BAIXAS, SPANIEN
90% der hiesigen Weinberge sind der
Albariño-Traube vorbehalten. Das Val
do Salnés gilt als wahre Heimat der
Albariño.

MINHO, PORTUGAL
Alvarinho ist eine der Trauben im
Vinho Verde, einem knackigen,
aromatischen Weißwein mit leichter
Mousse.

AROMEN

Die Melonen- und Grapefruitaromen des
Albariño rühren von chemischen Verbindungen her, die Thiole heißen. Sie finden
sich meist in leichteren Weißweinen aus
kühleren Regionen, wie Sauvignon Blanc
aus Neuseeland und Frankreich und
Pinot Grigio aus Norditalien.

Albariño passt besonders gut zu thailändischer, marokkanischer und indischer Küche.

THAI

MAROKKANISCH

INDISCH

57

GRÜNER VELTLINER

PROFIL

FRUCHT	●●●●○
KÖRPER	●●●○○
TROCKEN	●●●○○
SÄURE	●●●○○
ALKOHOL	●●○○○

DOMINIERENDE NOTEN

GELBER APFEL · GRÜNE BIRNE · GRÜNE BOHNE · KERBEL · WEISSER PFEFFER

MÖGLICHE NOTEN

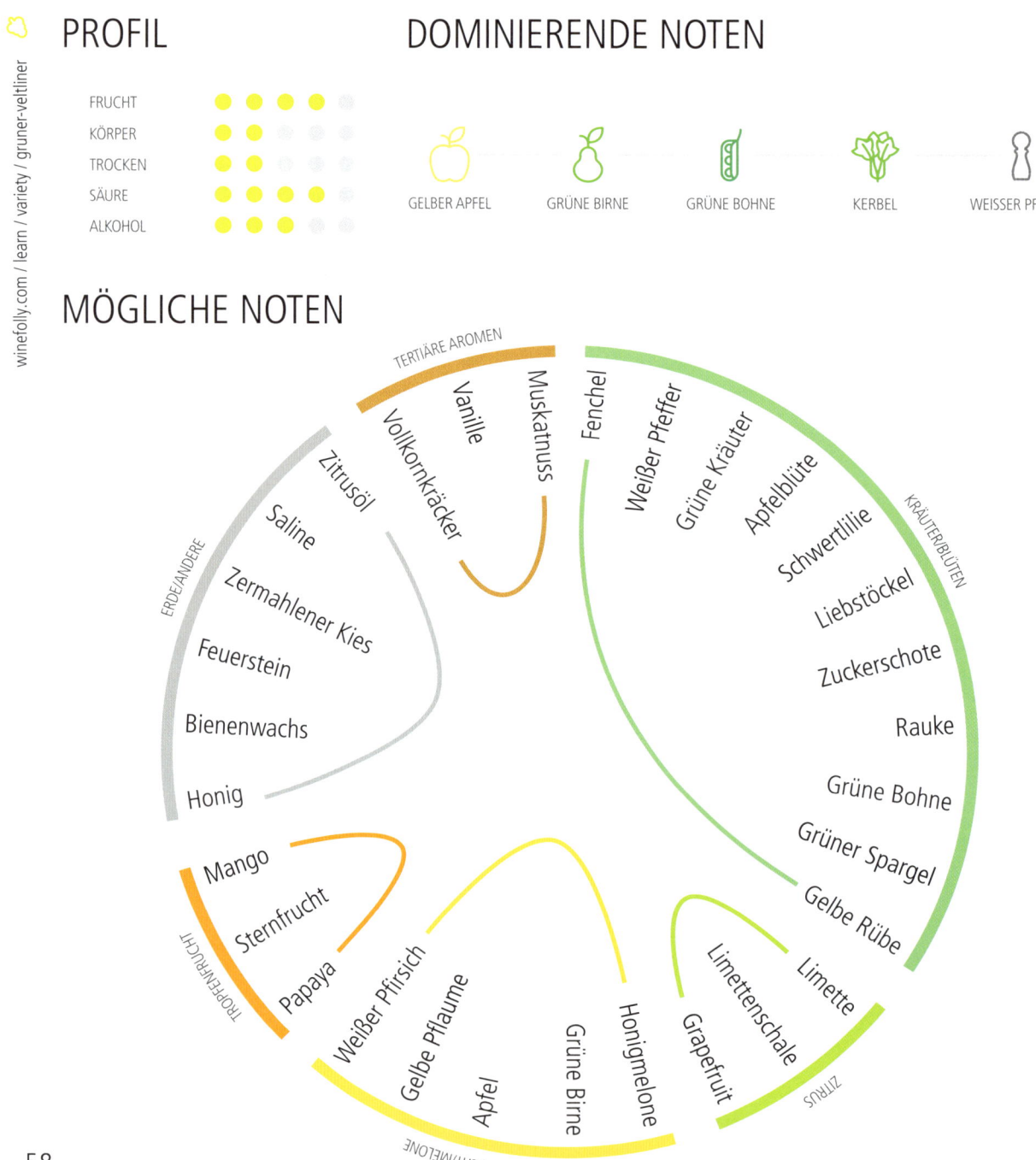

TERTIÄRE AROMEN
Muskatnuss · Vanille · Vollkornkräcker

KRÄUTER/BLÜTEN
Fenchel · Weißer Pfeffer · Grüne Kräuter · Apfelblüte · Schwertlilie · Liebstöckel · Zuckerschote · Rauke · Grüne Bohne · Grüner Spargel · Gelbe Rübe

ERDE/ANDERE
Zitrusöl · Saline · Zermahlener Kies · Feuerstein · Bienenwachs · Honig

ZITRUS
Limette · Limettenschale · Grapefruit

TROPENFRUCHT
Mango · Sternfrucht · Papaya

BAUMFRUCHT/MELONE
Weißer Pfirsich · Gelbe Pflaume · Apfel · Grüne Birne · Honigmelone

58

📍 Herkunft: Österreich

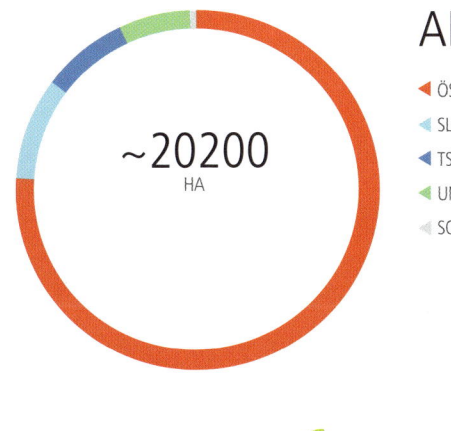

~20200
HA

ANGEBAUT IN:

◀ ÖSTERREICH
◀ SLOWAKEI
◀ TSCHECHISCHE REPUBLIK
◀ UNGARN
◀ SONSTIGE

WEISSWEINGLAS

EISKALT

BIS ZU 2 JAHRE

€ € € € €

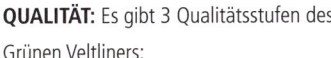

| Limette | Grüne Birne | Gelber Apfel | Pfirsich |

KÜHLES KLIMA   WARMES KLIMA

QUALITÄT: Es gibt 3 Qualitätsstufen des Grünen Veltliners:

LANDWEIN
Einfacher Tafelwein mit geringem Alkoholgehalt.

QUALITÄTSWEIN
Hochwertiger österreichischer Grüner Veltliner.

 DAC
DAC
Regionaltypischer Qualitätswein in leichter (Classic) und schwerer (Reserve) Ausführung.

STILE

 LEICHT & SPRITZIG
Der verbreitetste und preiswerteste Stil mit prickelnder Säure und einfachen Melonen-/Limetten-Noten. DAC-Weine dieses Stils tragen die Bezeichnung »Classic«.

VOLL, FRUCHTIG & PFEFFRIG
Ein vollerer Stil, der oft die Bezeichnung »Reserve (DAC)« oder »Smaragd (Domäne Wachau)« trägt. Trocken und mit Noten von Honig, Apfel, Rauch, Mango und weißem Pfeffer.

Grüner Veltliner passt gut zu aromatischem Gemüse, Tofu und japanischen Gerichten.

INGWER

YUZU

WASABI

FRÜHLINGSZWIEBEL

winefolly.com / learn / variety / gruner-veltliner

59

MUSCADET

»Müs-ka-deh«
Alias: Melon de Bourgogne

PROFIL

FRUCHT	● ○ ○ ○ ○
KÖRPER	● ○ ○ ○ ○
SEHR TROCKEN	● ○ ○ ○ ○
SÄURE	● ● ● ● ●
ALKOHOL	● ● ○ ○ ○

DOMINIERENDE NOTEN

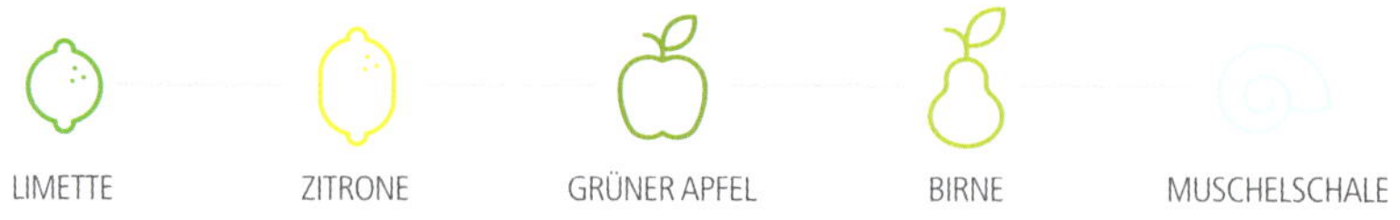

LIMETTE   ZITRONE   GRÜNER APFEL   BIRNE   MUSCHELSCHALE

MÖGLICHE NOTEN

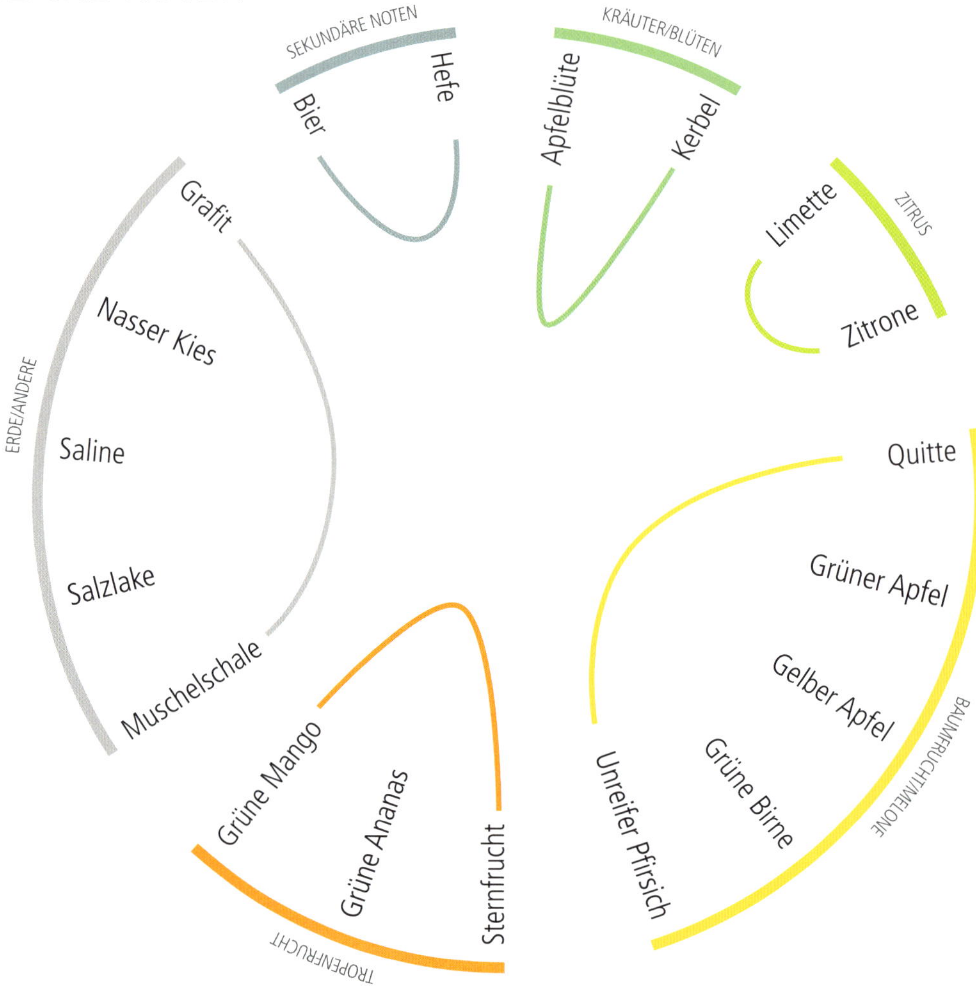

SEKUNDÄRE NOTEN
Bier
Hefe

KRÄUTER/BLÜTEN
Apfelblüte
Kerbel

ZITRUS
Limette
Zitrone

ERDE/ANDERE
Grafit
Nasser Kies
Saline
Salzlake
Muschelschale

Quitte
Grüner Apfel
Gelber Apfel
Grüne Birne
Unreifer Pfirsich
BAUMFRUCHT/MELONE

TROPENFRUCHT
Grüne Mango
Grüne Ananas
Sternfrucht

winefolly.com / learn / wine / muscadet

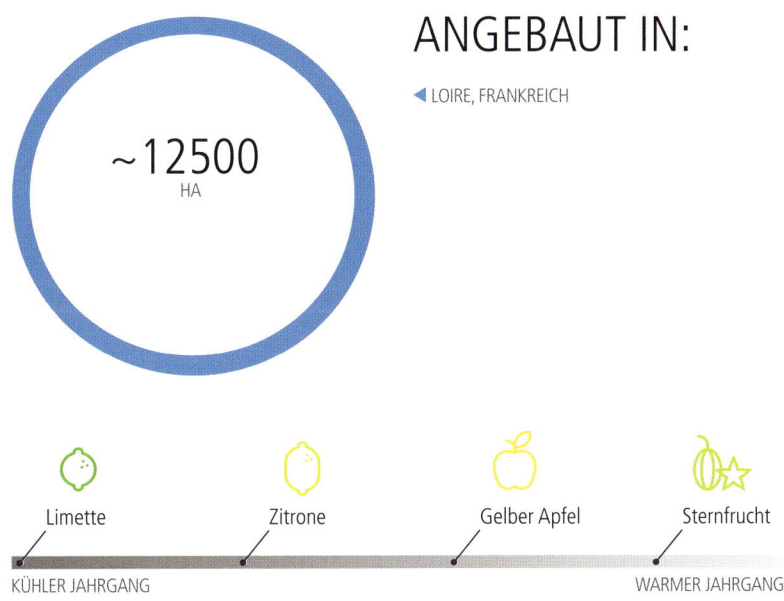

ANGEBAUT IN:

◀ LOIRE, FRANKREICH

~12500
HA

WEISSWEINGLAS

EISKALT

BIS ZU 2 JAHRE

€ € € € €

Limette · Zitrone · Gelber Apfel · Sternfrucht

KÜHLER JAHRGANG — WARMER JAHRGANG

MUSCADET-TRAUBEN: Die Melon de Bourgogne oder Melon ist die Rebsorte des Muscadet im Westen Frankreichs. Zwei Regionen liefern 90% aller Muscadet-Weine:

 MUSCADET SÈVRE ET MAINE
Diese Appellation produziert 70% aller Muscadet-Weine.

 MUSCADET
Diese Appellation hat einen niedrigeren Qualitätsstandard als Muscadet Sèvre et Maine.

DAS ETIKETT: Auf Muscadet-Etiketten liest man häufig die Worte »sur lie«, was »auf dem Geläger«, also »auf der Hefe« bedeutet. Der Wein reift bei dieser Methode eine Zeit lang auf den abgestorbenen Hefezellen.

Das Geläger sorgt für ein öliges Mundgefühl sowie hefige Brotnoten im Wein. Diese Methode wird gerne bei Weißweinen wie Muscadet, Viognier und Marsanne sowie bei vielen Schaumweinen angewendet.

Muscadet ist ein klassischer Begleiter zu Meeresfrüchten, Fish and Chips. Dank seiner hohen Säure passt er gut zu sauer Eingelegtem und Saucen auf Essigbasis.

MEERESFRÜCHTE

ZITRONE

FRITTIERTES

61

PINOT GRIS

PROFIL

FRUCHT	●●○○○
KÖRPER	●●○○○
TROCKEN	●●○○○
SÄURE	●●○○○
ALKOHOL	●●○○

DOMINIERENDE NOTEN

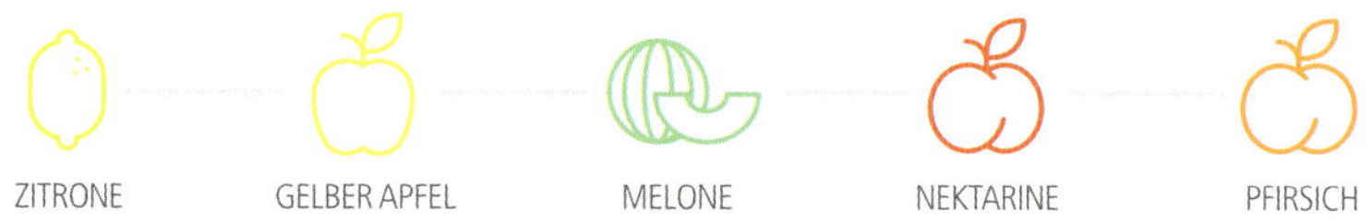

ZITRONE   GELBER APFEL   MELONE   NEKTARINE   PFIRSICH

MÖGLICHE NOTEN

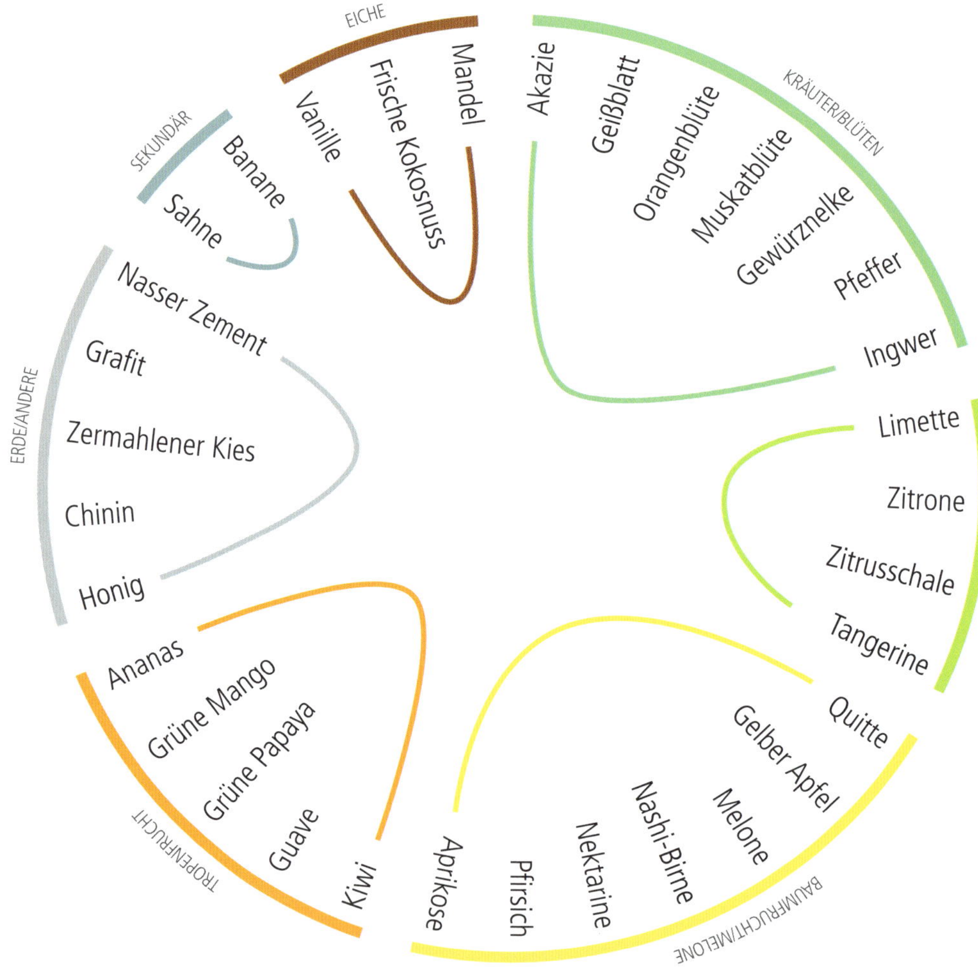

EICHE
- Mandel
- Frische Kokosnuss
- Vanille

SEKUNDÄR
- Banane
- Sahne

ERDE/ANDERE
- Nasser Zement
- Grafit
- Zermahlener Kies
- Chinin
- Honig

TROPENFRUCHT
- Ananas
- Grüne Mango
- Grüne Papaya
- Guave
- Kiwi

KRÄUTER/BLÜTEN
- Akazie
- Geißblatt
- Orangenblüte
- Muskatblüte
- Gewürznelke
- Pfeffer
- Ingwer

ZITRUS
- Limette
- Zitrone
- Zitrusschale
- Tangerine
- Quitte

BAUMFRUCHT/MELONE
- Gelber Apfel
- Melone
- Nashi-Birne
- Nektarine
- Pfirsich
- Aprikose

62

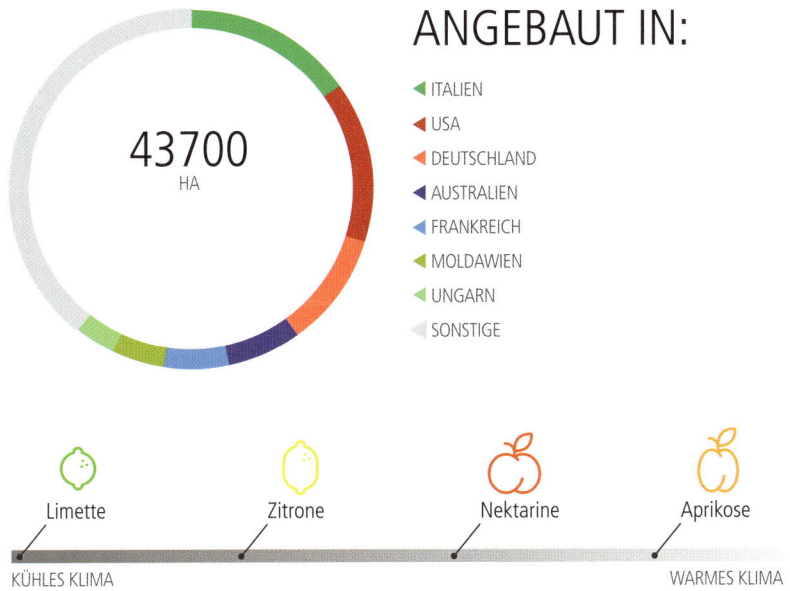

43700
HA

ANGEBAUT IN:

◄ ITALIEN
◄ USA
◄ DEUTSCHLAND
◄ AUSTRALIEN
◄ FRANKREICH
◄ MOLDAWIEN
◄ UNGARN
◄ SONSTIGE

WEISSWEINGLAS

EISKALT

BIS ZU 5 JAHRE

€ €

winefolly.com / learn / variety / pinot-gris

Limette · Zitrone · Nektarine · Aprikose

KÜHLES KLIMA   WARMES KLIMA

PINOT GRIS: Eine von vier verbreiteten Pinot-Sorten:

 PINOT BLANC
Eine Weißweintraube

 PINOT GRIS
Eine grau-violette Traube für Weißweine und Rosés

 PINOT NOIR
Eine blaue Traube für Rotweine und Rosés

 PINOT MEUNIER
Eine blaue Traube vorwiegend für Champagner

PINOT-STILE

 MINERALISCH & TROCKEN
Meist Pinot Grigio aus Norditalien mit Zitrus- und Salinen-Noten.

 FRUCHTIG & TROCKEN
Dieser Stil kommt in den USA, Australien und anderen wärmeren Regionen vor.

 FRUCHTIG & LIEBLICH
Diesen Stil findet man vor allem im Elsass. Er bietet Noten von Zitrone, Pfirsich und Honig.

In der italienischen Region Friaul-Julisch Venetien gibt es einen einzigartigen Pinot-Grigio-Stil namens Ramato, bei dem der Most 2–3 Tage auf den Schalen gelagert wird, um einen blass kupfertönigen Rosé zu erhalten.

Pinot Gris passt gut zu leichten Fischgerichten, Krebsfleisch und mildem Kuhmilchkäse wie einem Dreifachrahmkäse.

SAUVIGNON BLANC

»Soh-win-jong Blong«
Alias: Fumé Blanc

winefolly.com / learn / variety / sauvignon-blanc

PROFIL

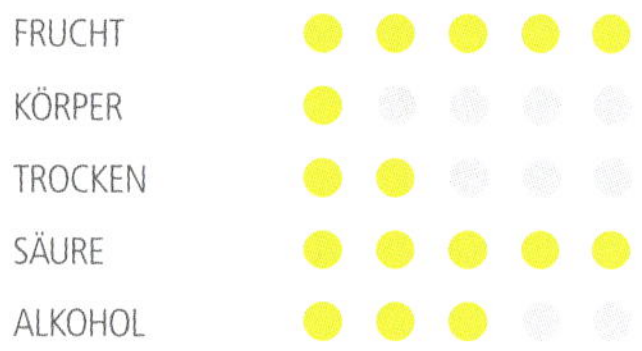
FRUCHT
KÖRPER
TROCKEN
SÄURE
ALKOHOL

DOMINIERENDE NOTEN

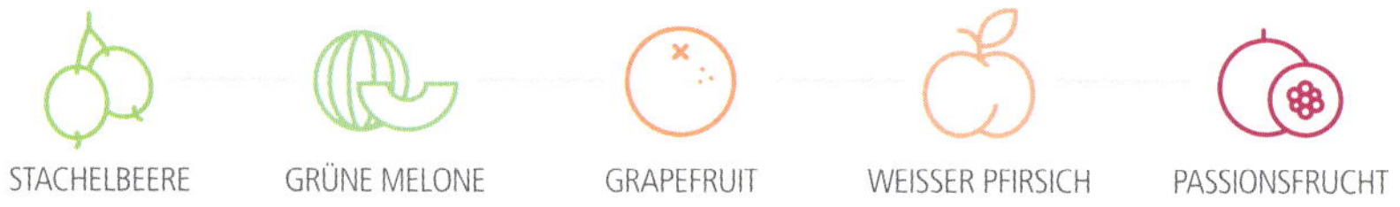

STACHELBEERE
GRÜNE MELONE
GRAPEFRUIT
WEISSER PFIRSICH
PASSIONSFRUCHT

MÖGLICHE NOTEN

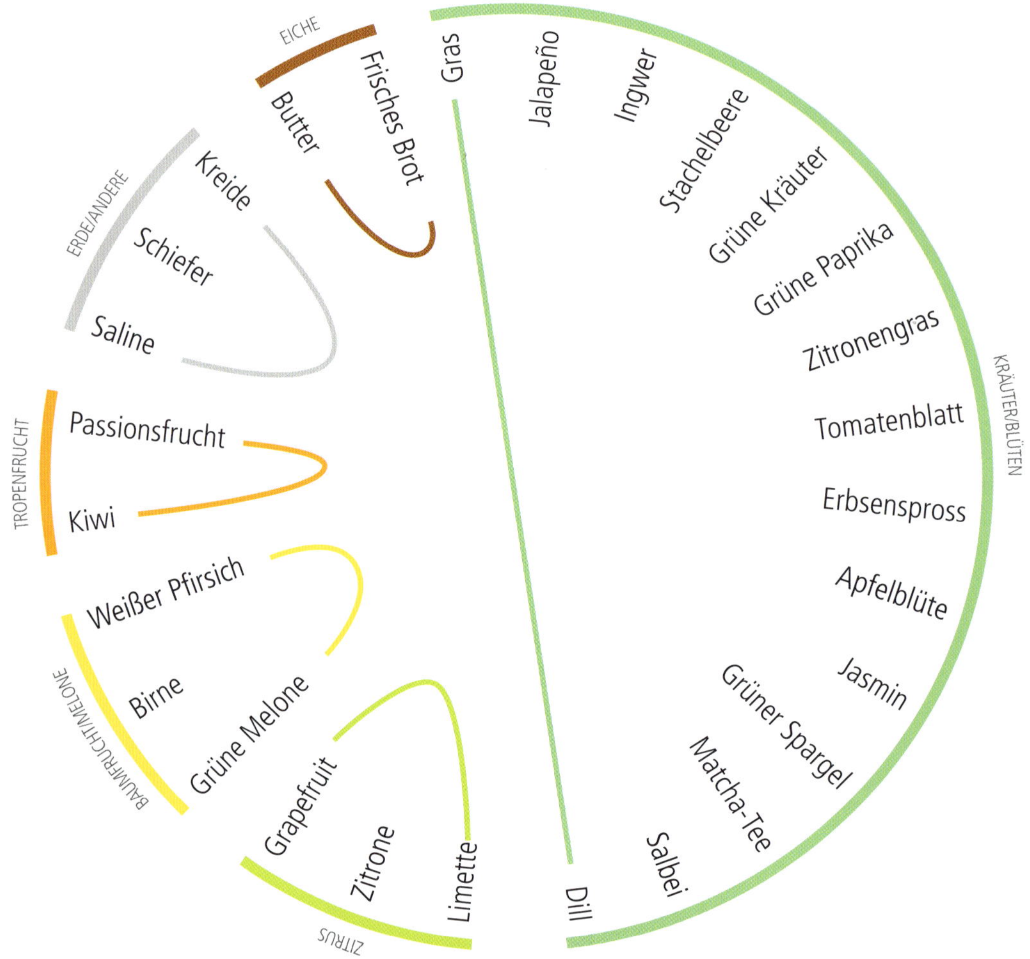
EICHE
Butter
Frisches Brot
ERDE/ANDERE
Kreide
Schiefer
Saline
TROPENFRUCHT
Passionsfrucht
Kiwi
BAUMFRUCHT/MELONE
Weißer Pfirsich
Birne
Grüne Melone
ZITRUS
Grapefruit
Zitrone
Limette
KRÄUTER/BLÜTEN
Gras
Jalapeño
Ingwer
Stachelbeere
Grüne Kräuter
Grüne Paprika
Zitronengras
Tomatenblatt
Erbsenspross
Apfelblüte
Jasmin
Grüner Spargel
Matcha-Tee
Salbei
Dill

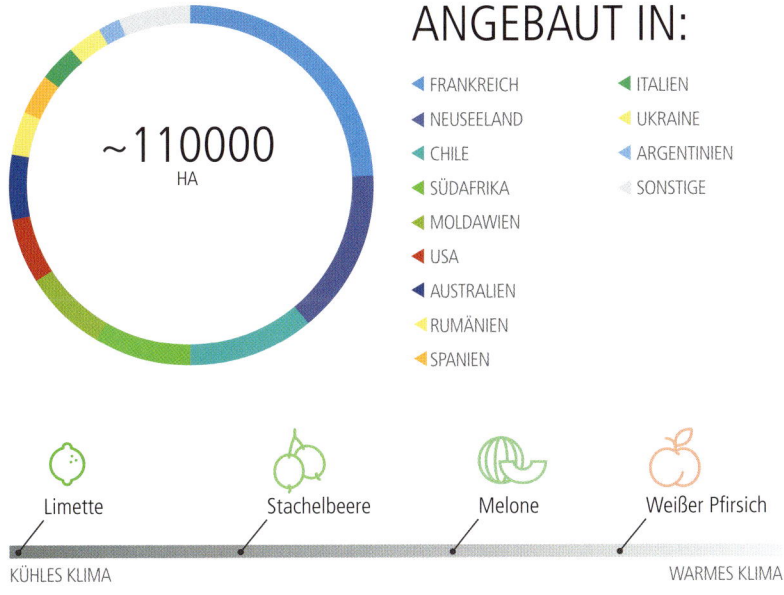

ANGEBAUT IN:

~110000
HA

◄ FRANKREICH ◄ ITALIEN
◄ NEUSEELAND ◄ UKRAINE
◄ CHILE ◄ ARGENTINIEN
◄ SÜDAFRIKA ◄ SONSTIGE
◄ MOLDAWIEN
◄ USA
◄ AUSTRALIEN
◄ RUMÄNIEN
◄ SPANIEN

WEISSWEINGLAS

EISKALT

BIS ZU 2 JAHRE

€ € € € €

winefolly.com / learn / variety / sauvignon-blanc

Limette Stachelbeere Melone Weißer Pfirsich

KÜHLES KLIMA WARMES KLIMA

REGIONALE UNTERSCHIEDE: Jede Anbauregion produziert eine ganz eigene Variante des Sauvignon Blanc. Hier sind einige der möglichen Geschmacksnoten:

WEISSER PFIRSICH
Kalif. Nordküste (USA)

LIMETTE
Loiretal (FRA)

PASSIONSFRUCHT
Marlborough (NZ)

FASSAUSBAU: Ein in den 1970er-Jahren von Robert Mondavi eingeführter Stil, der entstand, als er seinen fassgereiften Sauvignon Blanc in Fumé Blanc umtaufte. Fassgereifter Sauvignon Blanc schmeckt cremig, ohne jedoch seine typischen »grünen« Noten zu verlieren.

BIRNE

ESTRAGON

SAHNE

Ähnliche Geschmacknoten wie im Sauvignon Blanc findet man im Grünen Veltliner, im Verdejo, im Gros Manseng, im Colombard und im Vermentino.

Sauvignon Blanc ist eine Elternrebe der Cabernet Sauvignon. Diese Kreuzung zwischen Cabernet Franc und Sauvignon Blanc trat im 17. Jh. auf natürliche Weise in Westfrankreich auf.

SOAVE

»Soah-ve«
Alias: Garganega

winefolly.com / learn / wine / soave

PROFIL

FRUCHT	●●○○○
KÖRPER	●○○○○
SEHR TROCKEN	●○○○○
SÄURE	●●●●●
ALKOHOL	●●●○○

DOMINIERENDE NOTEN

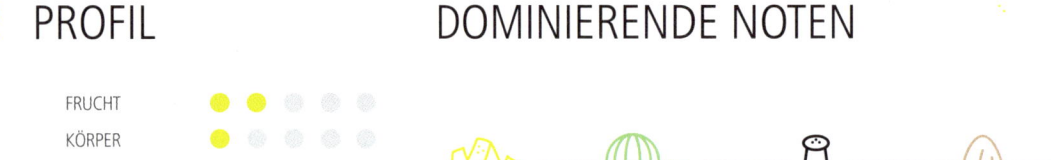

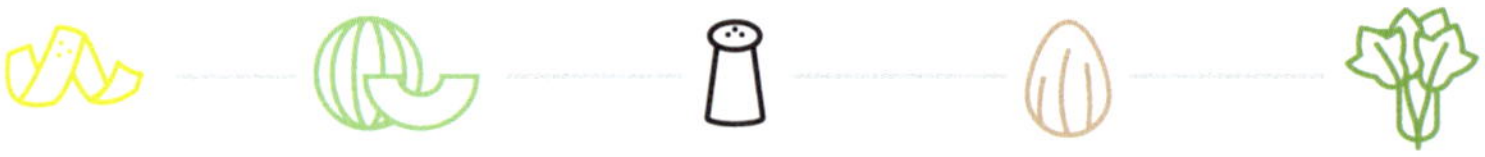

SALZZITRONEN · HONIGMELONE · SALINE · GRÜNE MANDEL · KERBEL

MÖGLICHE NOTEN

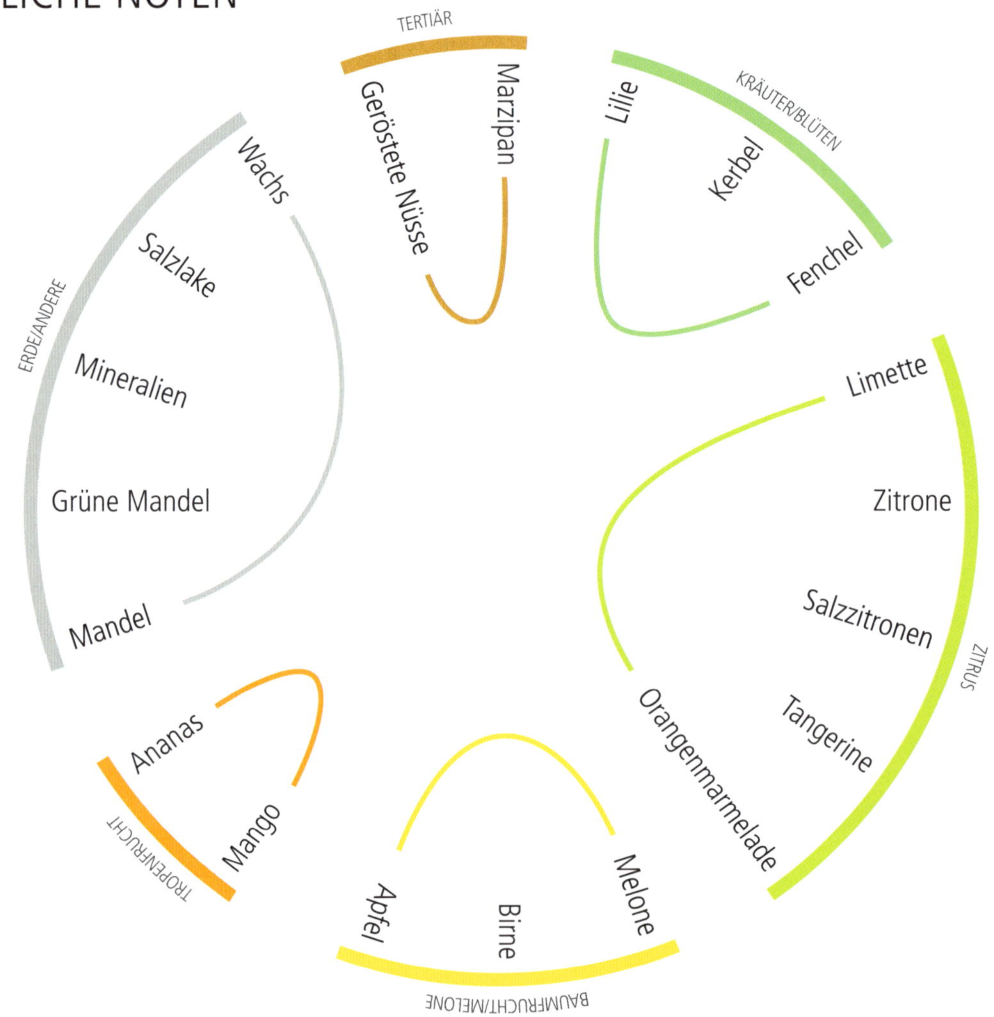
TERTIÄR
Geröstete Nüsse
Marzipan
KRÄUTER/BLÜTEN
Lilie
Kerbel
Fenchel
ZITRUS
Limette
Zitrone
Salzzitronen
Tangerine
Orangenmarmelade
BAUMFRUCHT/MELONE
Melone
Birne
Apfel
TROPENFRUCHT
Mango
Ananas
ERDE/ANDERE
Mandel
Grüne Mandel
Mineralien
Salzlake
Wachs

📍 Herkunft: Veneto, Italien

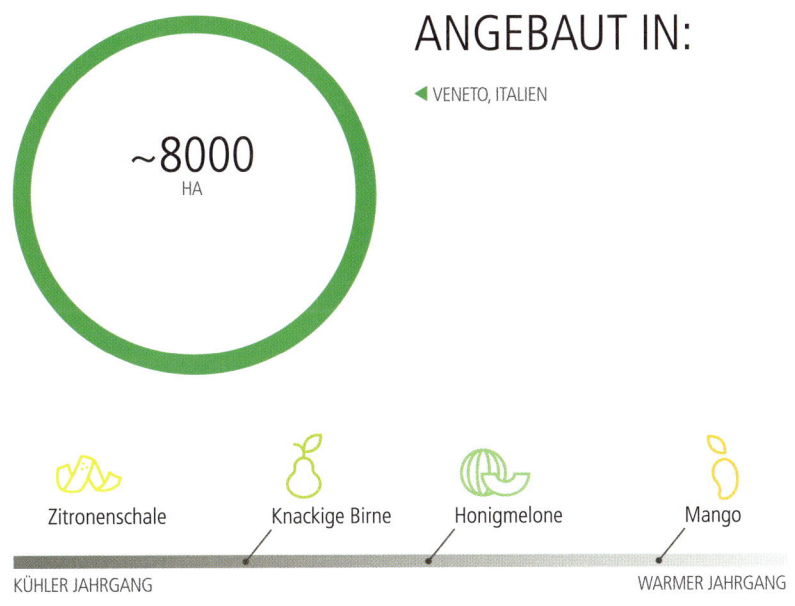

~8000
HA

ANGEBAUT IN:

◄ VENETO, ITALIEN

WEISSWEINGLAS

EISKALT

BIS ZU 2 JAHRE

€ € € € €

Zitronenschale　　Knackige Birne　　Honigmelone　　Mango

KÜHLER JAHRGANG　　　　　　　　　　WARMER JAHRGANG

SOAVE-TRAUBEN: Garganega ist die Rebsorte des Soave. Die besten Lagen liegen an den Hügelflanken über der kleinen Stadt Soave mit ihrer mittelalterlichen Stadtmauer.

SOAVE & SOAVE SUPERIORE
Eine größere Anbauregion. Der Soave Superiore muss länger reifen.

SOAVE CLASSICO
Das klassische Anbaugebiet in den Hügeln über der Stadt.

SOAVE COLLI SCALIGERI
Weine von den Hügeln außerhalb des klassischen Anbaugebiets.

STILE

LEICHT & SPRITZIG
Junge Soaves schmecken nach Honigmelone, Saline, Orangenmarmelade und weißem Pfirsich, oft mit einer feinen grünen Mandelnote.

HONIGTÖNIG & FLORAL
Ältere Jahrgänge, die mindesten vier Jahre gereift sind, schmecken nach kandiertem Fenchel, Safran, Honig, Bratapfel und Salzzitronen.

Soave passt gut zu Meeresfrüchten, Hühnchen, Tofu und Lebensmitteln, die sich schwer kombinieren lassen, wie Schälerbsen, Linsen und Spargel.

Die Garganega ist die gleiche Traube wie die sizilianische Grecanico. Grecanico-Weine fallen aber kräftiger und fruchtiger aus, Soaves sind eher schlank und knackig.

winefolly.com / learn / wine / soave

67

VERMENTINO

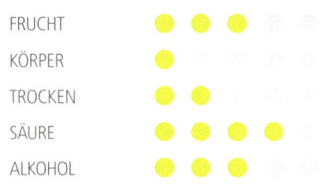

»Wer-men-ti-no«
Alias: Rolle, Favorita, Pigato

winefolly.com / learn / variety / vermentino

PROFIL

FRUCHT	●●●○○
KÖRPER	●○○○○
TROCKEN	●●○○○
SÄURE	●●●●○
ALKOHOL	●●●○○

DOMINIERENDE NOTEN

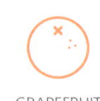

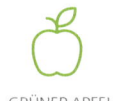

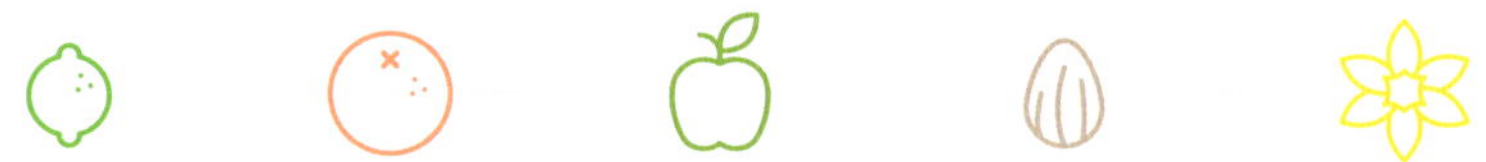

LIMETTE · GRAPEFRUIT · GRÜNER APFEL · MANDEL · NARZISSE

MÖGLICHE NOTEN

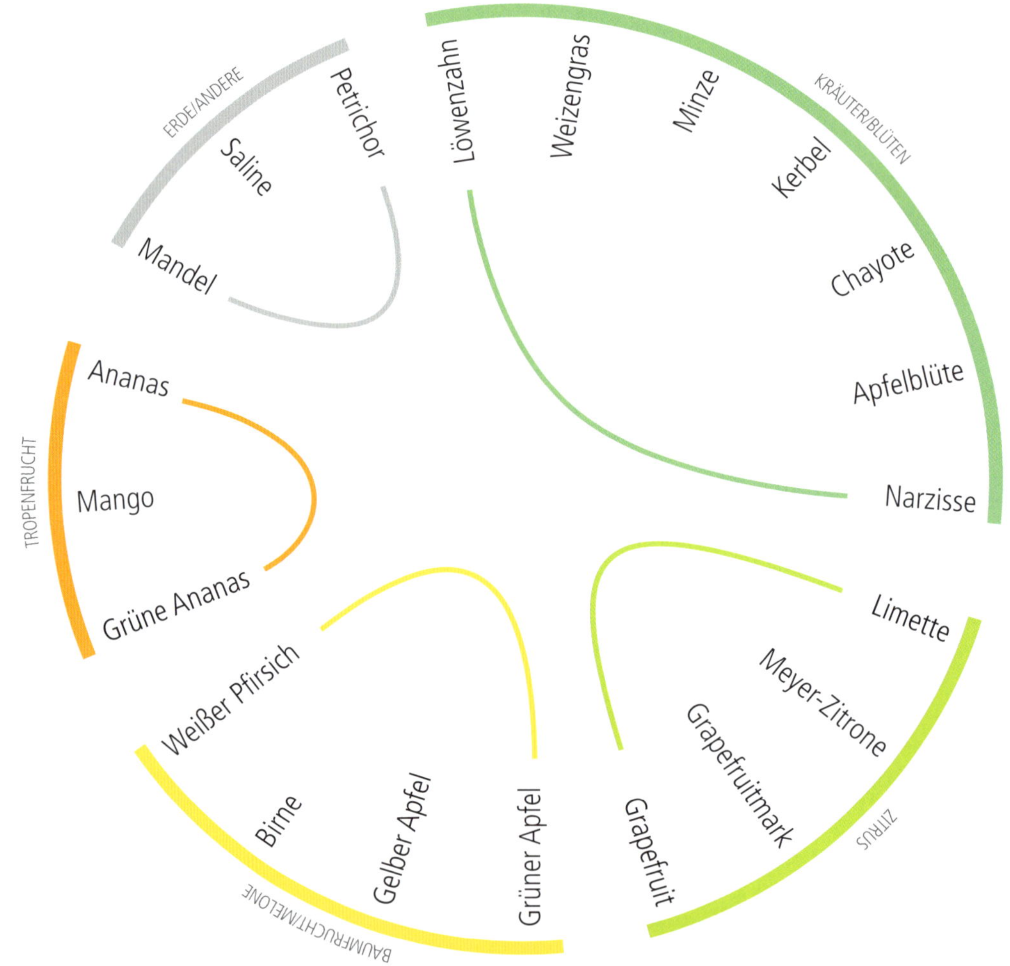

ERDE/ANDERE
Petrichor
Saline
Mandel
KRÄUTER/BLÜTEN
Löwenzahn
Weizengras
Minze
Kerbel
Chayote
Apfelblüte
Narzisse
TROPENFRUCHT
Ananas
Mango
Grüne Ananas
BAUMFRUCHT/MELONE
Weißer Pfirsich
Birne
Gelber Apfel
Grüner Apfel
ZITRUS
Limette
Meyer-Zitrone
Grapefruitmark
Grapefruit

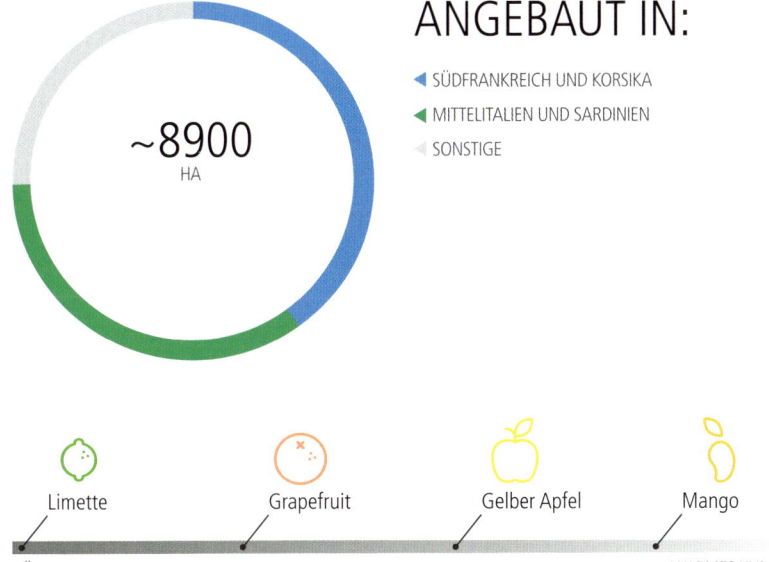

♥ Herkunft: Italien

~8900
HA

ANGEBAUT IN:

◄ SÜDFRANKREICH UND KORSIKA
◄ MITTELITALIEN UND SARDINIEN
◄ SONSTIGE

WEISSWEINGLAS

EISKALT

BIS ZU 2 JAHRE

€ € € € €

 winefolly.com / learn / variety / vermentino

 Limette   Grapefruit   Gelber Apfel   Mango

KÜHLES KLIMA   WARMES KLIMA

ANBAUGEBIETE

SARDINIEN, ITALIEN
Vermentino ist auf Sardinien die zweithäufigste Traube. Im Norden der Insel entstehen feine Vermentino-Weine.

TOSKANA, ITALIEN
Die Vermentino-Rebe wächst vor allem entlang der toskanischen Küste bis nach Ligurien hinein.

BITTERKEIT: Man sagt dem Vermentino oft eine bittere Note im Abgang nach, die an das Mark von Grapefruits erinnert. Dieser Geschmack wird als phenolische Bitternote bezeichnet und findet sich in mehreren italienischen Weißweinen, darunter Verdecchio, Grechetto di Orvieto und Vernaccia di San Gimignano.

Dank seiner Komplexität besteht der Vermentino auch gegen fettigere Speisen, wie Meeresfrüchte-Gumbo, frittierte Kalamari und Tomatensaucen.

In Südfrankreich nennt man die Vermentino-Traube Rolle und nutzt sie, um Provence-Rosés zu verschneiden.

69

Körperreicher Weißwein

CHARDONNAY

MARSANNE-CUVÉE

SÉMILLON

VIOGNIER

Körperreiche Weißweine werden wegen ihrer kräftigen Aromen geschätzt. Sie reifen oft auf dem Geläger oder in Eichenfässern, um geschmeidige Sahne-, Vanille- und Butternoten zu erhalten.

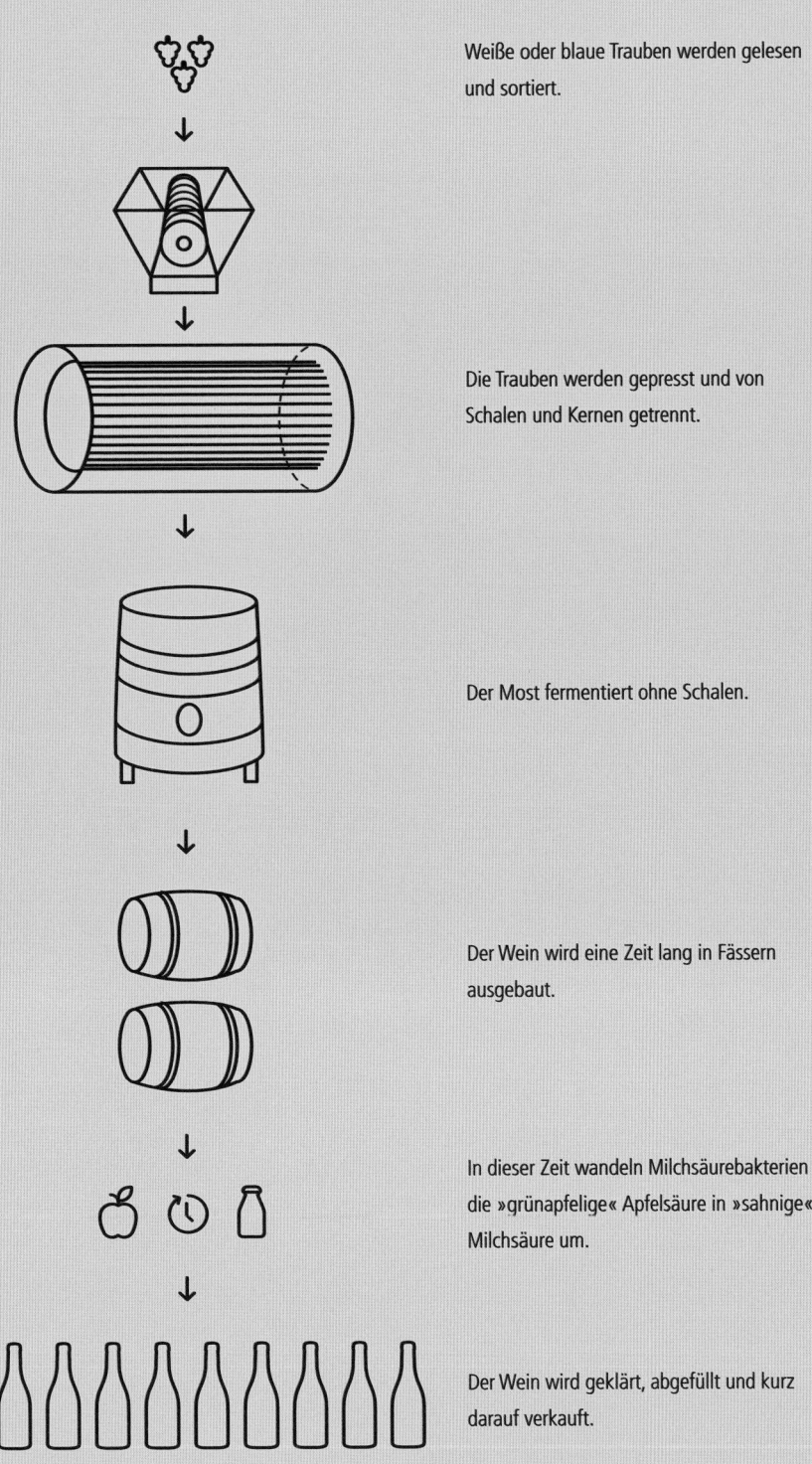

Weiße oder blaue Trauben werden gelesen und sortiert.

Die Trauben werden gepresst und von Schalen und Kernen getrennt.

Der Most fermentiert ohne Schalen.

Der Wein wird eine Zeit lang in Fässern ausgebaut.

In dieser Zeit wandeln Milchsäurebakterien die »grünapfelige« Apfelsäure in »sahnige« Milchsäure um.

Der Wein wird geklärt, abgefüllt und kurz darauf verkauft.

CHARDONNAY

🔈 »Schar-don-nä«

winefolly.com / learn / variety / chardonnay

PROFIL

FRUCHT	●	●	●	●	○
KÖRPER	●	●	●	●	○
TROCKEN	●	●	○	○	○
SÄURE	●	●	●	○	○
ALKOHOL	●	●	●	●	○

DOMINIERENDE NOTEN

🍏 GELBER APFEL · ★ STERNFRUCHT · 🍍 ANANAS · ✉ BUTTER · ▯ KREIDE

MÖGLICHE NOTEN

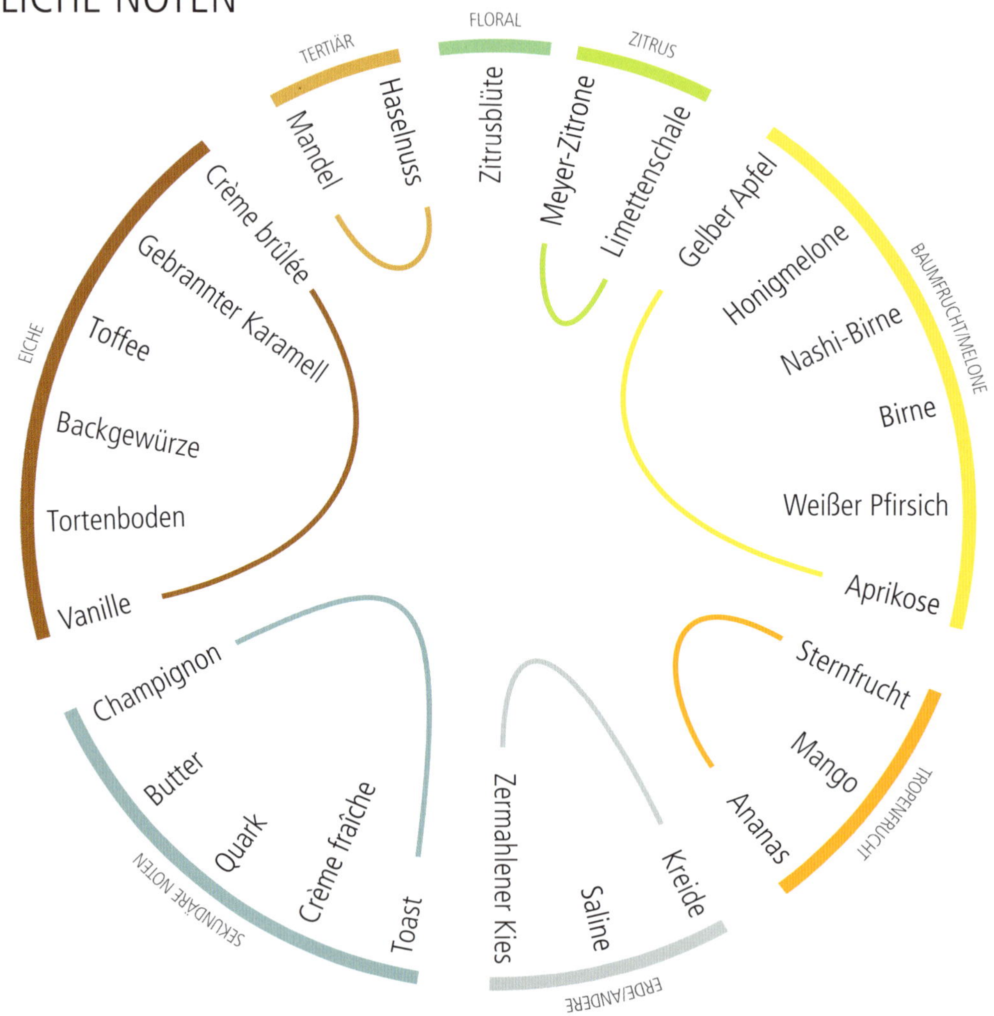
TERTIÄR
Mandel
Haselnuss
FLORAL
Zitrusblüte
ZITRUS
Meyer-Zitrone
Limettenschale
BAUMFRUCHT/MELONE
Gelber Apfel
Honigmelone
Nashi-Birne
Birne
Weißer Pfirsich
Aprikose
TROPENFRUCHT
Sternfrucht
Mango
Ananas
ERDE/ANDERE
Kreide
Saline
Zermahlener Kies
SEKUNDÄRE NOTEN
Toast
Crème fraîche
Quark
Butter
Champignon
EICHE
Vanille
Tortenboden
Backgewürze
Toffee
Gebrannter Karamell
Crème brûlée

♥ Herkunft: Frankreich

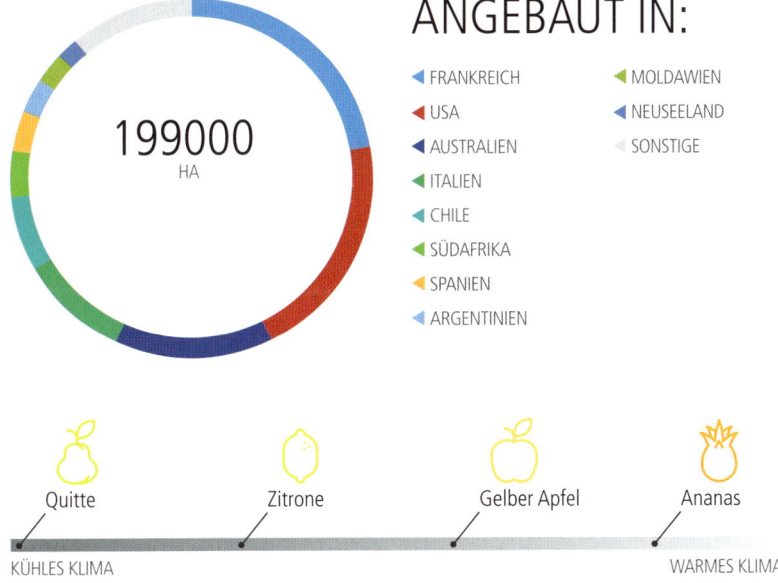

199000
HA

ANGEBAUT IN:

◄ FRANKREICH   ◄ MOLDAWIEN
◄ USA   ◄ NEUSEELAND
◄ AUSTRALIEN   ◄ SONSTIGE
◄ ITALIEN
◄ CHILE
◄ SÜDAFRIKA
◄ SPANIEN
◄ ARGENTINIEN

WEISSWEINGLAS

KALT

BIS ZU 5 JAHRE

€ € € € €

 Quitte   Zitrone   Gelber Apfel   Ananas

KÜHLES KLIMA   WARMES KLIMA

REGIONALE UNTERSCHIEDE

🍍 ANANAS & GELBER APFEL
● KALIFORNIEN (USA)
● SÜDAUSTRALIEN
● SPANIEN
● SÜDAFRIKA
● ARGENTINIEN
● SÜDITALIEN

🍐 QUITTE & STERNFRUCHT
● BURGUND (FRA)
● NORDITALIEN
● CHILE (KÜSTE)
● NEUSEELAND
● WESTAUSTRALIEN
● OREGON (USA)

ÜBLICHE STILE

 EICHENTÖNIG & CREMIG
Kalifornien, Chile, Australien,
Argentinien, Spanien & Côte de
Beaune, Burgund.

 UNGEEICHT, LEICHT & SPRITZIG
Ungeeichte Chardonnays kommen
aus Mâconnais, Chablis &
Westaustralien.

 SCHAUMWEIN
»Blanc de Blancs« werden aus
Chardonnay-Trauben gemacht.

✏️

Servieren Sie Chardonnay eher etwas wärmer
bei 13 °C. Dadurch steigen mehr Aromen in
den Kelch des Glases auf und lassen den
Wein kräftiger schmecken.

📖

Chardonnay ist die weltweit am häufigsten
angebaute weiße Rebsorte

Bourgogne Blanc besteht meist zu 100% aus
Chardonnay.

MARSANNE-CUVÉE

🔊 »Mar-sann«
Alias: Châteauneuf-du-Pape Blanc,
Côtes du Rhône Blanc

PROFIL

FRUCHT	●	●	●	○	○
KÖRPER	●	●	○	○	○
TROCKEN	●	●	●	○	○
SÄURE	●	●	○	○	○
ALKOHOL	●	●	●	●	○

DOMINIERENDE NOTEN

QUITTE — MANDARINE — APRIKOSE — AKAZIE — BIENENWACHS

MÖGLICHE NOTEN

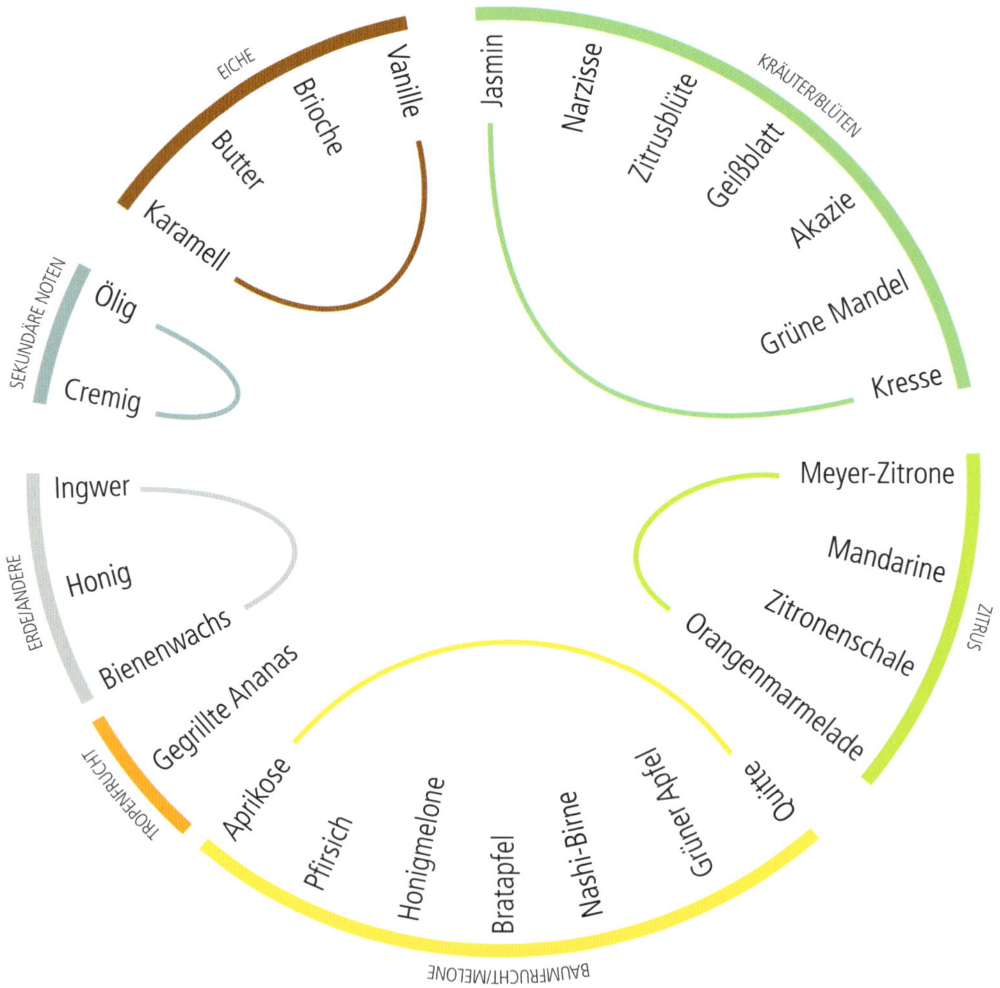

EICHE
Vanille
Brioche
Butter
Karamell

SEKUNDÄRE NOTEN
Ölig
Cremig

KRÄUTER/BLÜTEN
Jasmin
Narzisse
Zitrusblüte
Geißblatt
Akazie
Grüne Mandel
Kresse

ERDE/ANDERE
Ingwer
Honig
Bienenwachs

TROPENFRUCHT
Gegrillte Ananas

ZITRUS
Meyer-Zitrone
Mandarine
Zitronenschale
Orangenmarmelade
Quitte

BAUMFRUCHT/MELONE
Aprikose
Pfirsich
Honigmelone
Bratapfel
Nashi-Birne
Grüner Apfel

● Herkunft: Rhône-Tal, Frankreich

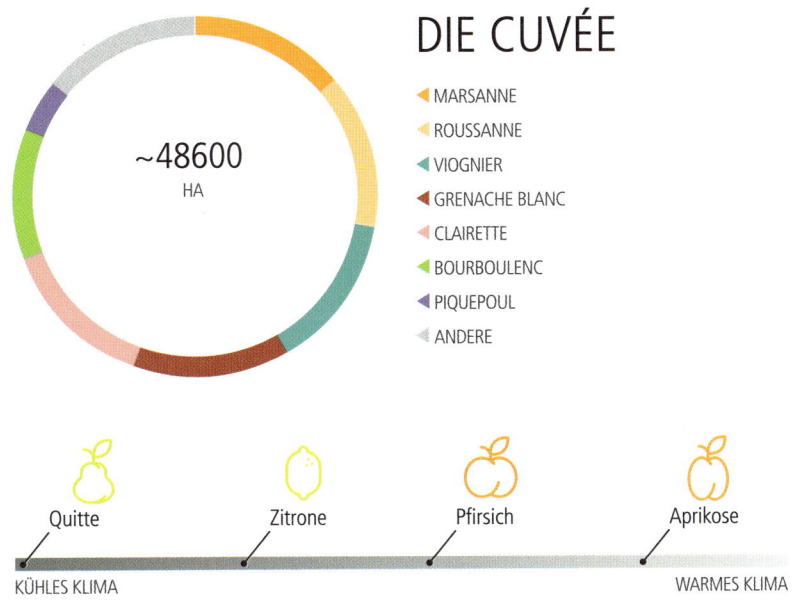

DIE CUVÉE

◄ MARSANNE
◄ ROUSSANNE
◄ VIOGNIER
◄ GRENACHE BLANC
◄ CLAIRETTE
◄ BOURBOULENC
◄ PIQUEPOUL
◄ ANDERE

~48600
HA

WEISSWEINGLAS

KALT

BIS ZU 5 JAHRE

€ € € € €

Quitte

Zitrone

Pfirsich

Aprikose

KÜHLES KLIMA   WARMES KLIMA

FRANKREICH: Französische weiße Rhône-Cuvées sind generell schlank, weil sie aus vielen Sorten, wie Marsanne, Roussanne, Grenache Blanc, Clairette, Bourboulenc und Viognier, verschnitten werden.

USA: Marsanne und andere weiße Rhône-Sorten wurden in den USA beliebt, nachdem die Tablas Creek Winery in Paso Robles Stecklinge vom Château de Beaucastel in Châteauneuf-du-Pape importiert hatte.

DIE CUVÉE: Wegen der großen Bandbreite an beteiligten Rebsorten liegt das Geheimnis des Geschmacks einzelner Weine in der jeweils dominierenden Sorte.

PFIRSICH & BLÜTEN
Viognier

BIRNE & BIENENWACHS
Marsanne & Roussanne

ZITRUSFRUCHT
Andere

Wenn es etwas kräftiger sein darf, suchen Sie nach weißen Rhône-Cuvées mit einem höheren Anteil an Viognier- und Marsanne-Trauben.

Wie der Name schon sagt, stammt die originale Rhône-Cuvée von der Rhône in Südfrankreich, wo heute nur noch 6% der Gesamtproduktion Weißweine sind.

SÉMILLON

PROFIL

FRUCHT	●●● ○○
KÖRPER	●●● ○○
TROCKEN	●●● ○○
SÄURE	●●● ○○
ALKOHOL	●●● ○○

DOMINIERENDE NOTEN

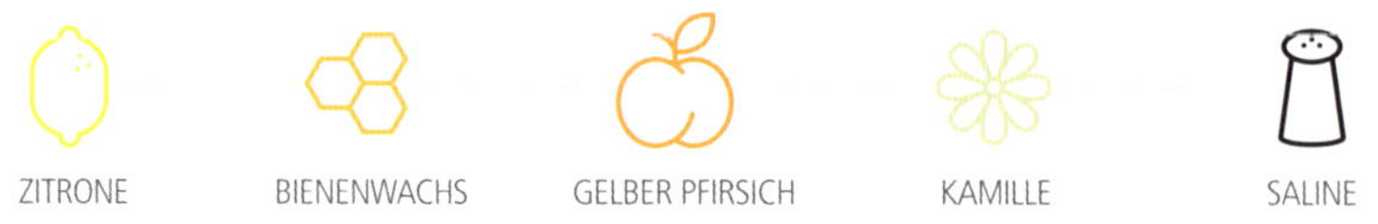

ZITRONE   BIENENWACHS   GELBER PFIRSICH   KAMILLE   SALINE

MÖGLICHE NOTEN

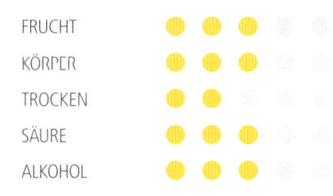

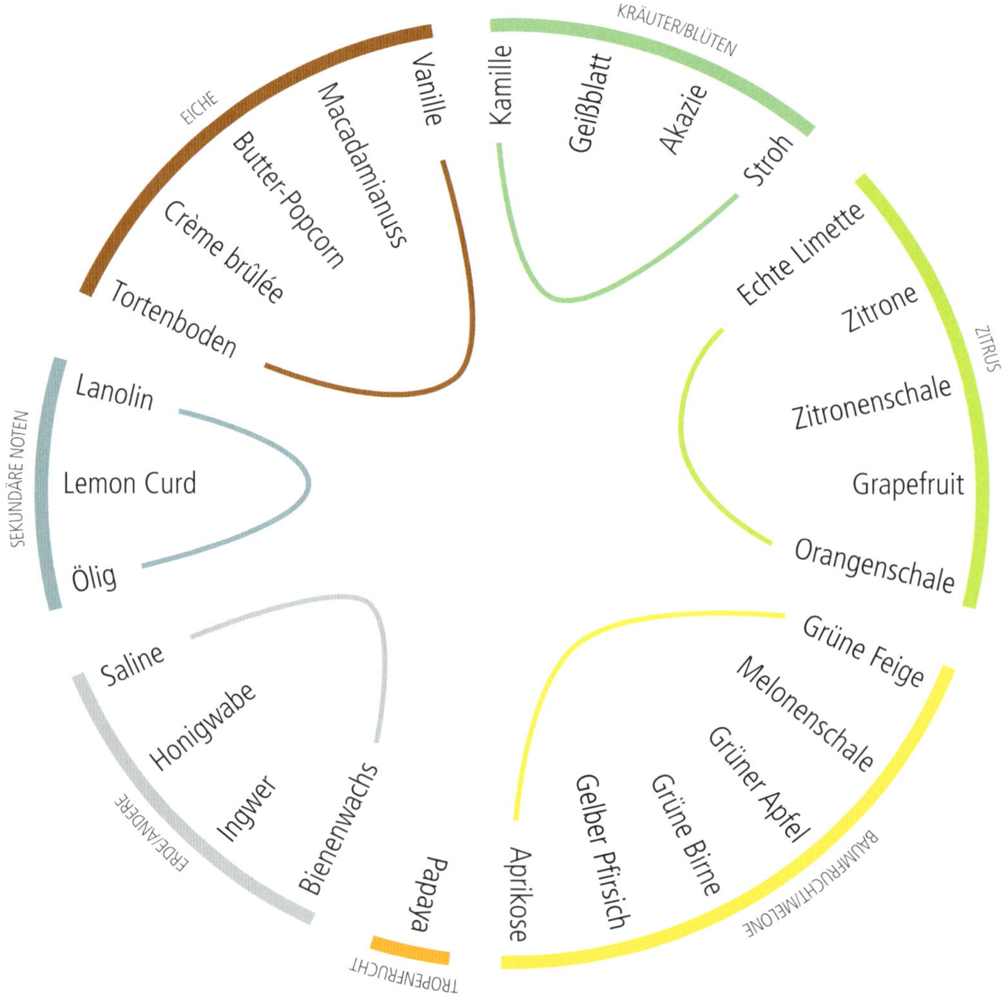

KRÄUTER/BLÜTEN

EICHE

Vanille
Macadamianuss
Butter-Popcorn
Crème brûlée
Tortenboden

Kamille
Geißblatt
Akazie
Stroh

Echte Limette
Zitrone
Zitronenschale
Grapefruit
Orangenschale

ZITRUS

SEKUNDÄRE NOTEN

Lanolin
Lemon Curd
Ölig

Saline
Honigwabe
Ingwer
Bienenwachs

ERDE/ANDERE

Papaya

TROPENFRUCHT

Aprikose
Gelber Pfirsich
Grüne Birne
Grüner Apfel
Melonenschale
Grüne Feige

BAUMFRUCHT/MELONE

76

Herkunft: Frankreich

~23000
HA

ANGEBAUT IN:

◀ FRANKREICH
◀ AUSTRALIEN
◀ CHILE
◀ SÜDAFRIKA
◀ ARGENTINIEN
◀ USA
◀ TÜRKEI
◀ SONSTIGE

WEISSWEINGLAS

KALT

BIS ZU 10 JAHRE

winefolly.com / learn / variety / semillon

Limette   Gelber Apfel   Papaya   Feige

KÜHLES KLIMA   WARMES KLIMA

REGIONALE UNTERSCHIEDE: Vergleicht man Sémillon-Weine aus verschiedenen Regionen, entdeckt man einige Unterschiede:

LIMETTE, SALINE & KAMILLE
● BORDEAUX, FRANKREICH
● HUNTER VALLEY, AUSTRALIEN
● WASHINGTON STATE, USA

PAPAYA, APFEL & LEMON CURD
● SÜDAUSTRALIEN
● KALIFORNIEN, USA

STILE

WEISSE BORDEAUX-CUVÉE
Ein spritziger Weißer aus Sauvignon Blanc und Sémillon aus Graves im Bordeaux, Hunter Valley, Australien, und Washington, USA.

FASSGEREIFTER SÉMILLON
Nur wenige Sémillons sind im Fass ausgebaut. Ausnahmen kommen aus Pessac-Leognan, Bordeaux, Barossa Valley, Südaustralien, und Washington, USA.

DESSERTWEIN
Sémillon ist die Hauptzutat im Sauternes, einem honigtönigen Dessertwein aus Bordeaux, der aus Sémillon, Sauvignon Blanc und Muscadelle verschnitten wird.

VIOGNIER

winefolly.com / learn / variety / viognier

PROFIL

FRUCHT	●●●●●
KÖRPER	●●●●○
HALBTROCKEN	●●●○○
SÄURE	●●○○○
ALKOHOL	●●●○○

DOMINIERENDE NOTEN

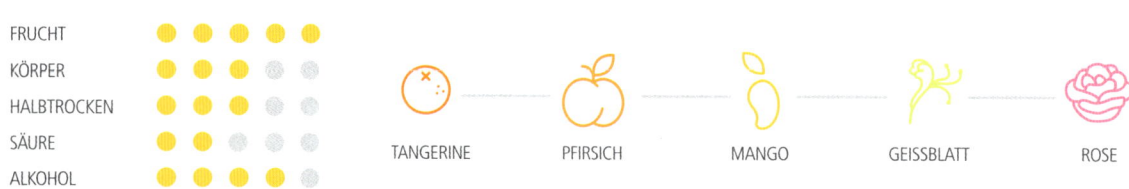

TANGERINE · PFIRSICH · MANGO · GEISSBLATT · ROSE

MÖGLICHE NOTEN

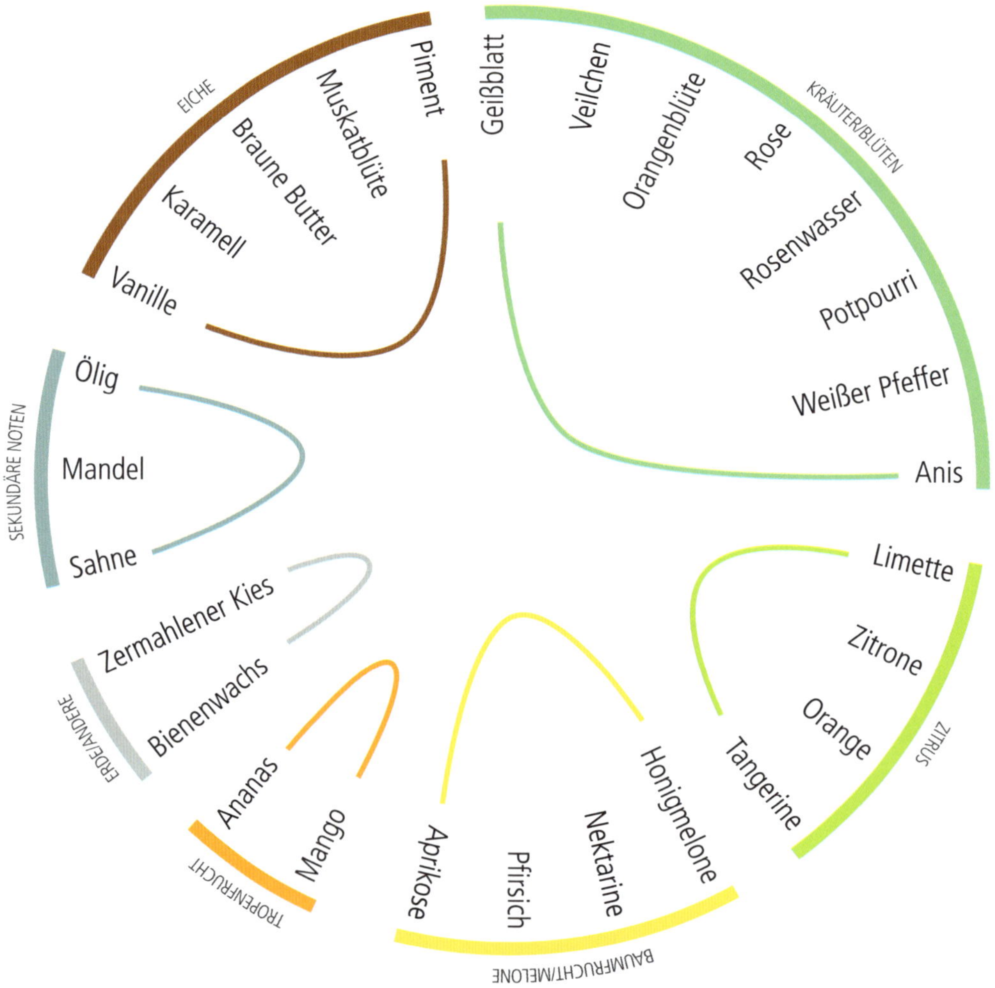

EICHE
- Piment
- Muskatblüte
- Braune Butter
- Karamell
- Vanille

SEKUNDÄRE NOTEN
- Ölig
- Mandel
- Sahne

ERDE/ANDERE
- Zermahlener Kies
- Bienenwachs

TROPENFRUCHT
- Ananas
- Mango

BAUMFRUCHT/MELONE
- Aprikose
- Pfirsich
- Nektarine
- Honigmelone

ZITRUS
- Limette
- Zitrone
- Orange
- Tangerine

KRÄUTER/BLÜTEN
- Geißblatt
- Veilchen
- Orangenblüte
- Rose
- Rosenwasser
- Potpourri
- Weißer Pfeffer
- Anis

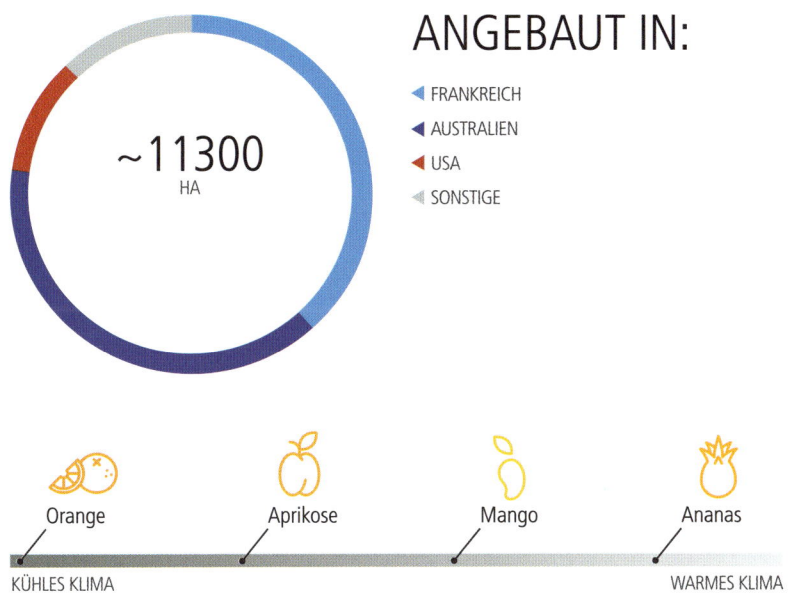

~11300
HA

ANGEBAUT IN:

◀ FRANKREICH
◀ AUSTRALIEN
◀ USA
◀ SONSTIGE

WEISSWEINGLAS

KALT

BIS ZU 2 JAHRE

€ € € €

winefolly.com / learn / variety / viognier

Orange   Aprikose   Mango   Ananas

KÜHLES KLIMA   WARMES KLIMA

ANBAUGEBIETE

FRANKREICH
Rhône-Tal und Languedoc-
Roussillon

AUSTRALIEN
Südaustralien, einschließlich
Barossa Valley

USA
Central Coast, Kalifornien,
einschließlich Paso Robles

STILE

LIMETTE, BLÜTEN & MINERALIEN
Vor allem in kühlen Regionen
verbreitet, wo die Weine im Stahltank
keine Milchsäuregärung durchlaufen.

APRIKOSE, ROSE & VANILLE

Im Fass ausgebauter Viognier
aus warmen Regionen hat dank
Milchsäuregärung und geringerer
Säure einen viel volleren Geschmack.

SÜSSER PFIRSICH & BLÜTEN
Die kleine Region Condrieu im
nördlichen Rhône-Tal produziert einen
seltenen halbtrockenen Viognier.

79

Aromatischer Weißwein

CHENIN BLANC

GEWÜRZTRAMINER

MUSCAT BLANC

RIESLING

TORRONTÉS

Aromatische Weißweine besitzen duftige und fruchtig-süße Aromen, rangieren aber im Geschmack von trocken bis lieblich. Sie passen hervorragend zu asiatischen und indischen Speisen, weil sie sich schön mit süß-sauren Noten verbinden und pikanten Saucen den Biss nehmen.

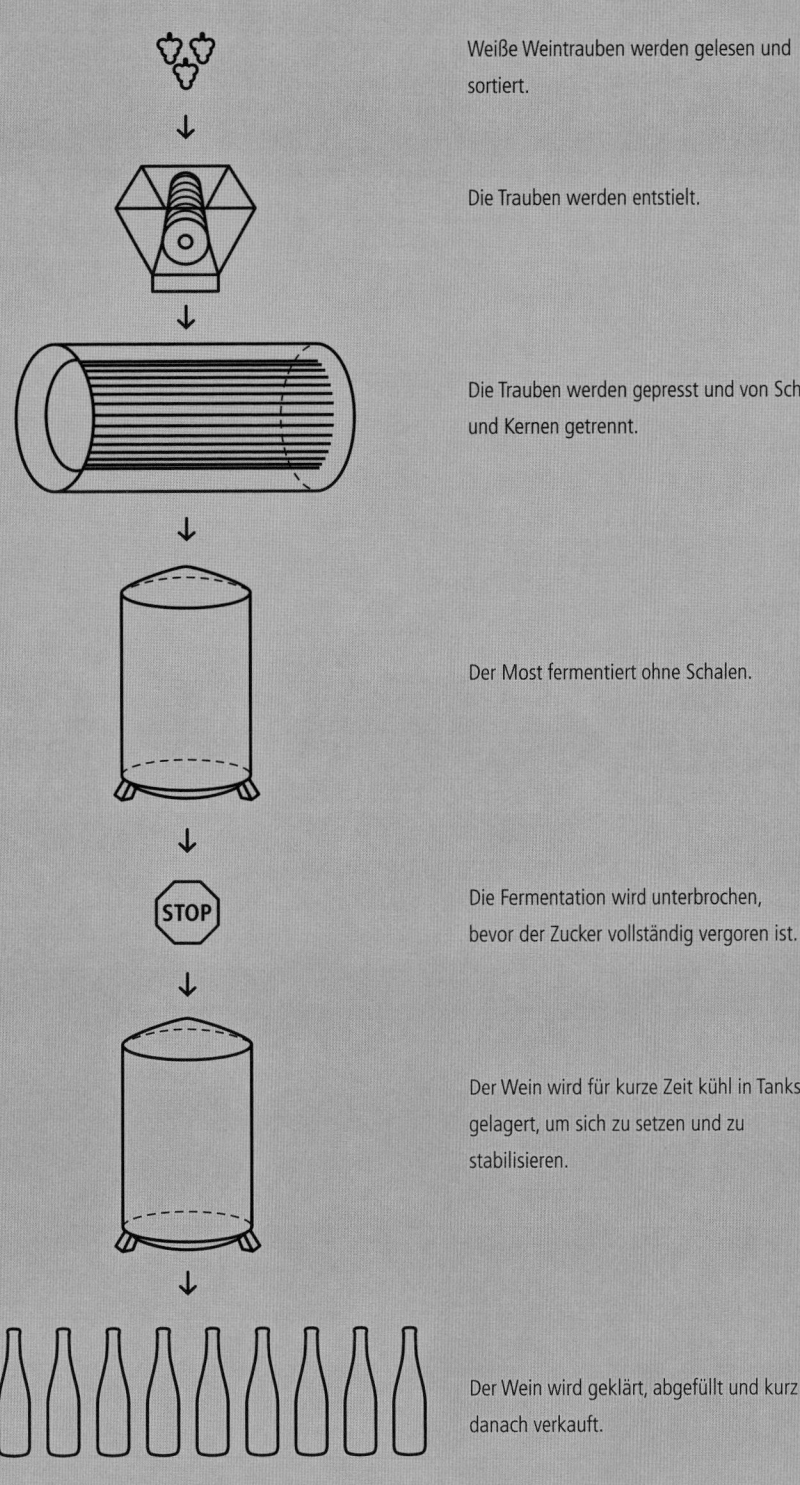

Weiße Weintrauben werden gelesen und sortiert.

Die Trauben werden entstielt.

Die Trauben werden gepresst und von Schale und Kernen getrennt.

Der Most fermentiert ohne Schalen.

Die Fermentation wird unterbrochen, bevor der Zucker vollständig vergoren ist.

Der Wein wird für kurze Zeit kühl in Tanks gelagert, um sich zu setzen und zu stabilisieren.

Der Wein wird geklärt, abgefüllt und kurz danach verkauft.

CHENIN BLANC

🔊 »Sche-nang Blong«
Alias: Steen, Pineau, Vouvray

PROFIL

FRUCHT	●●●○○
KÖRPER	●○○○○
HALBTROCKEN	●●●○○
SÄURE	●●●●○
ALKOHOL	●●○○○

DOMINIERENDE NOTEN

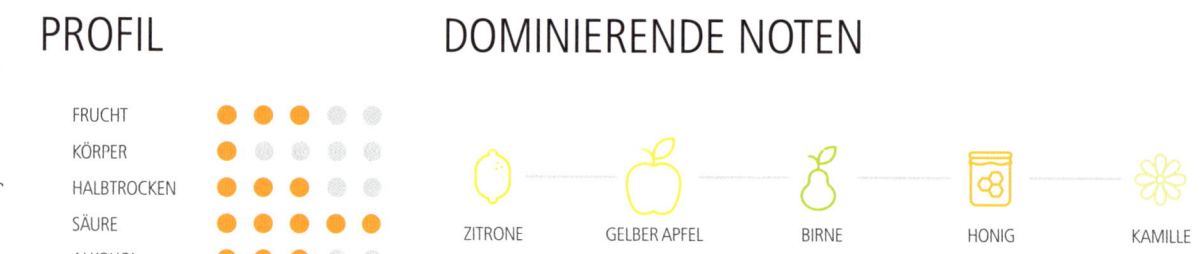

ZITRONE · GELBER APFEL · BIRNE · HONIG · KAMILLE

MÖGLICHE NOTEN

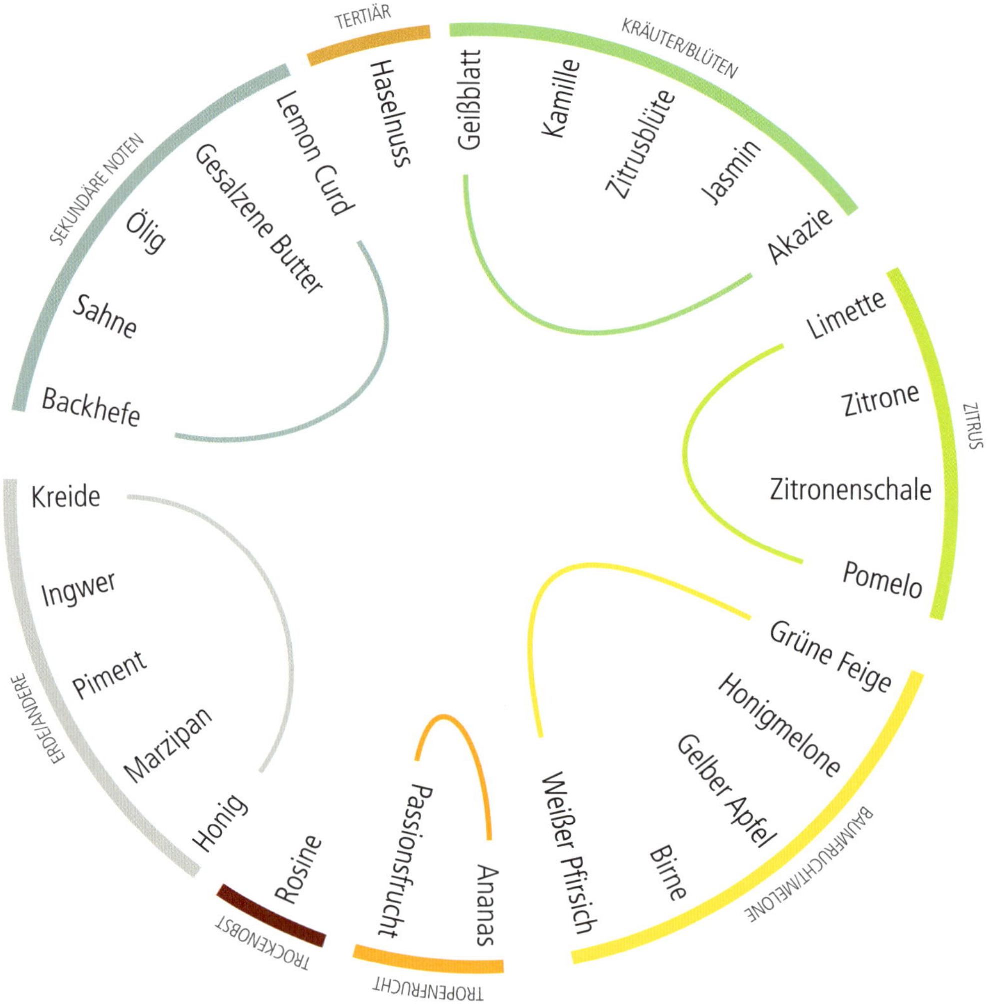

TERTIÄR

KRÄUTER/BLÜTEN

SEKUNDÄRE NOTEN

Haselnuss
Lemon Curd
Gesalzene Butter
Ölig
Sahne
Backhefe

Geißblatt
Kamille
Zitrusblüte
Jasmin
Akazie

ZITRUS

Limette
Zitrone
Zitronenschale
Pomelo

Kreide
Ingwer
Piment
Marzipan
Honig

ERDFLANDERE

Grüne Feige
Honigmelone
Gelber Apfel
Birne
Weißer Pfirsich

BAUMFRUCHT/MELONE

Rosine

TROCKENOBST

Passionsfrucht
Ananas

TROPENFRUCHT

82

● Herkunft: Frankreich

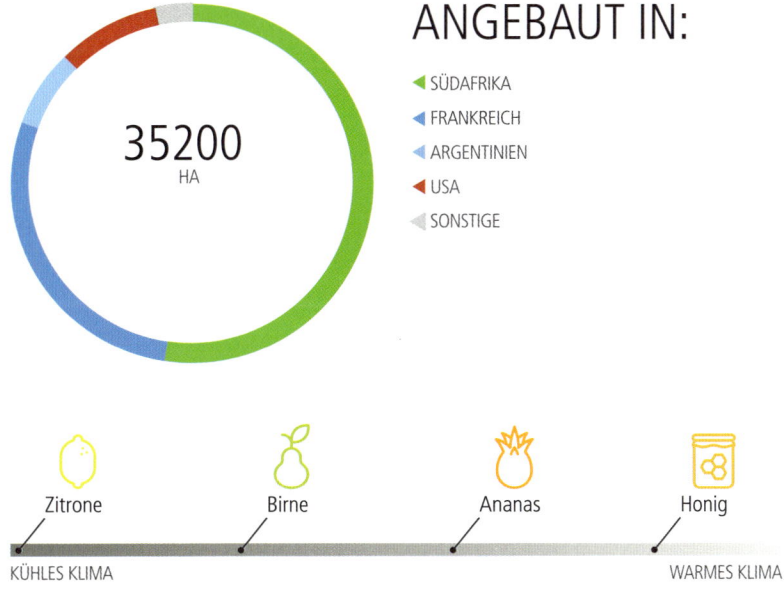

ANGEBAUT IN:

◄ SÜDAFRIKA
◄ FRANKREICH
◄ ARGENTINIEN
◄ USA
◄ SONSTIGE

35200
HA

WEISSWEINGLAS

KALT

BIS ZU 2 JAHRE

€ € € €

Zitrone — Birne — Ananas — Honig

KÜHLES KLIMA   WARMES KLIMA

STILE

SCHAUMWEIN
Schaumweine kommen aus Vouvray, Saumur und Montlouis im Loire-Tal. In Südafrika werden sie zu Method Cap Classique verschnitten.

PFIRSICH & BLÜTEN
Südafrika produziert einen Stil mit Nektarinen-, Honig- und Baisernoten. Ähnliches findet man in warmen Jahrgängen aus Anjou, Montlouis und Vouvray an der Loire.

Gelegentlich findet man einen Chenin, der nach angestoßenem Apfel schmeckt – ein Anzeichen für Oxidation. Manche Chenins werden bewusst oxidativ produziert, so z.B. in der Appellation Savennières an der Loire.

LEICHT & SPRITZIG
Dieser trockene Stil mit Limetten- und Estragonnoten findet sich beim preiswerten südafrikanischen Chenin und bei mit »Sec« etikettierten Loire-Weinen.

EDELFAULE DESSERTWEINE
In Anjou, wo sich in manchen Jahren der Nebel dicht am Fluss sammelt, entstehen durch Edelfäule Noten von kandiertem Ingwer.

Ein Großteil der in Südafrika angebauten Chenin-Trauben dienen der Branntwein-produktion.

winefolly.com / learn / variety / chenin-blanc

83

GEWÜRZTRAMINER

PROFIL

FRUCHT
KÖRPER
HALBTROCKEN
SÄURE
ALKOHOL

DOMINIERENDE NOTEN

LITSCHI · ROSE · PINK GRAPEFRUIT · TANGERINE · GUAVE

MÖGLICHE NOTEN

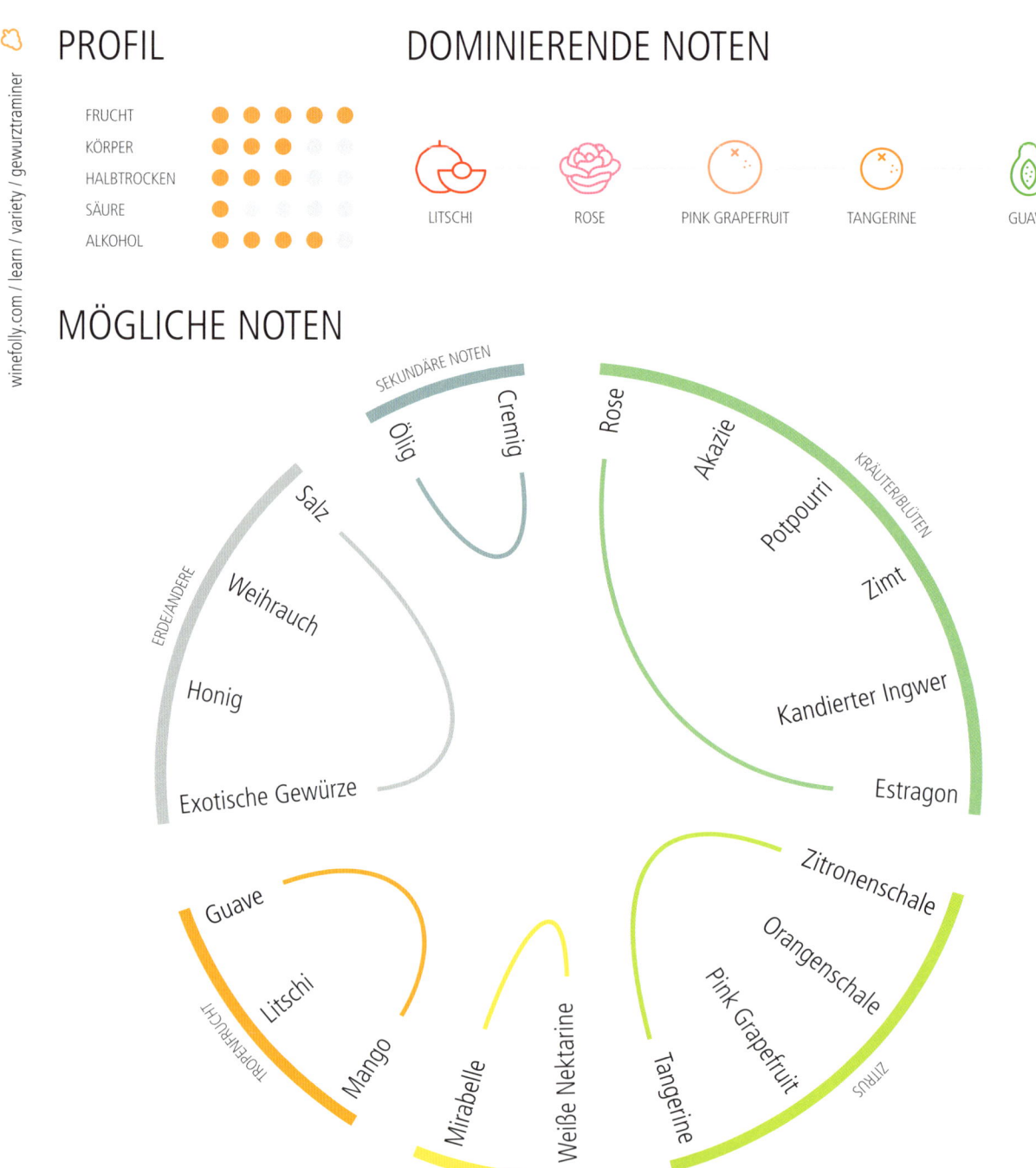

SEKUNDÄRE NOTEN
Ölig
Cremig

Salz
Weihrauch
Honig
Exotische Gewürze

ERDE/ANDERE

Guave
Litschi
Mango

TROPENFRUCHT

Mirabelle
Weiße Nektarine

BAUMFRUCHT/MELONE

Rose
Akazie
Potpourri
Zimt
Kandierter Ingwer
Estragon

KRÄUTER/BLÜTEN

Zitronenschale
Orangenschale
Pink Grapefruit
Tangerine

ZITRUS

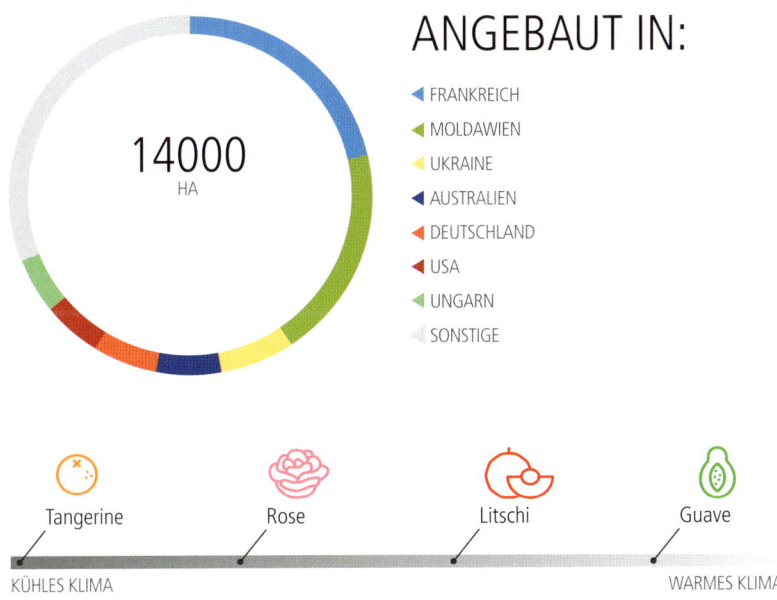

ANGEBAUT IN:

◀ FRANKREICH
◀ MOLDAWIEN
◀ UKRAINE
◀ AUSTRALIEN
◀ DEUTSCHLAND
◀ USA
◀ UNGARN
◀ SONSTIGE

14000 HA

WEISSWEINGLAS

KALT

BIS ZU 2 JAHRE

€ € € € €

winefolly.com / learn / variety / gewurztraminer

Tangerine   Rose   Litschi   Guave

KÜHLES KLIMA   WARMES KLIMA

STILE

TROCKEN & HALBTROCKEN
Es gibt diverse Gewürztraminer mit süßen und floralen Aromen und einem trockenen Geschmack. Diesen Stil findet man in Trento-Alto Adige (Italien), dem Elsass (Frankreich) und in kühleren Regionen Kaliforniens, wie Mendocino und Monterey. Trockener Gewürztraminer aus dem Elsass hat eine volle, ölige Textur und feine Salzigkeit.

DESSERTWEIN
Im Elsass gibt es zwei sehr hochwertige Dessertweine mit Gewürztraminer: Vendanges Tardives und Sélection de Grains Nobles (SGN). SGN entsteht aus edelfaulen Trauben und Vendanges Tardives bedeutet »Spätlese«. Diese Weine sind selten und erzielen regelmäßig hohe Preise.

Probieren Sie Gewürztraminer zu Dim Sum, vietnamesischen Speisen, Jiaozi und Dumplingsuppe.

In der Regel schmeckt Gewürztraminer am besten innerhalb der ersten zwei Jahre. So bietet er die höchstmögliche Säure, die ihm seinen knackig frischen Geschmack verleiht.

MUSCAT BLANC

»Müs-ka Blong«
Alias: Moscato d'Asti, Moscatel, Muscat Blanc à Petits Grains, Muscat Canelli, Muskateller

winefolly.com / learn / variety / muscat-blanc

PROFIL

FRUCHT
KÖRPER
LIEBLICH
SÄURE
ALKOHOL

DOMINIERENDE NOTEN

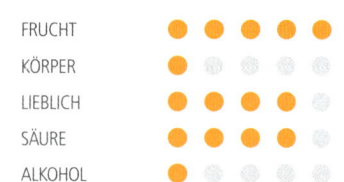

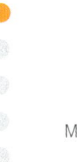

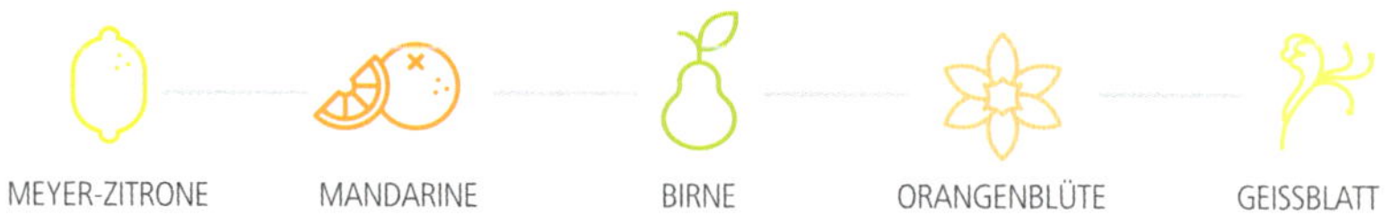

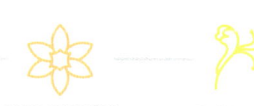

MEYER-ZITRONE
MANDARINE
BIRNE
ORANGENBLÜTE
GEISSBLATT

MÖGLICHE NOTEN

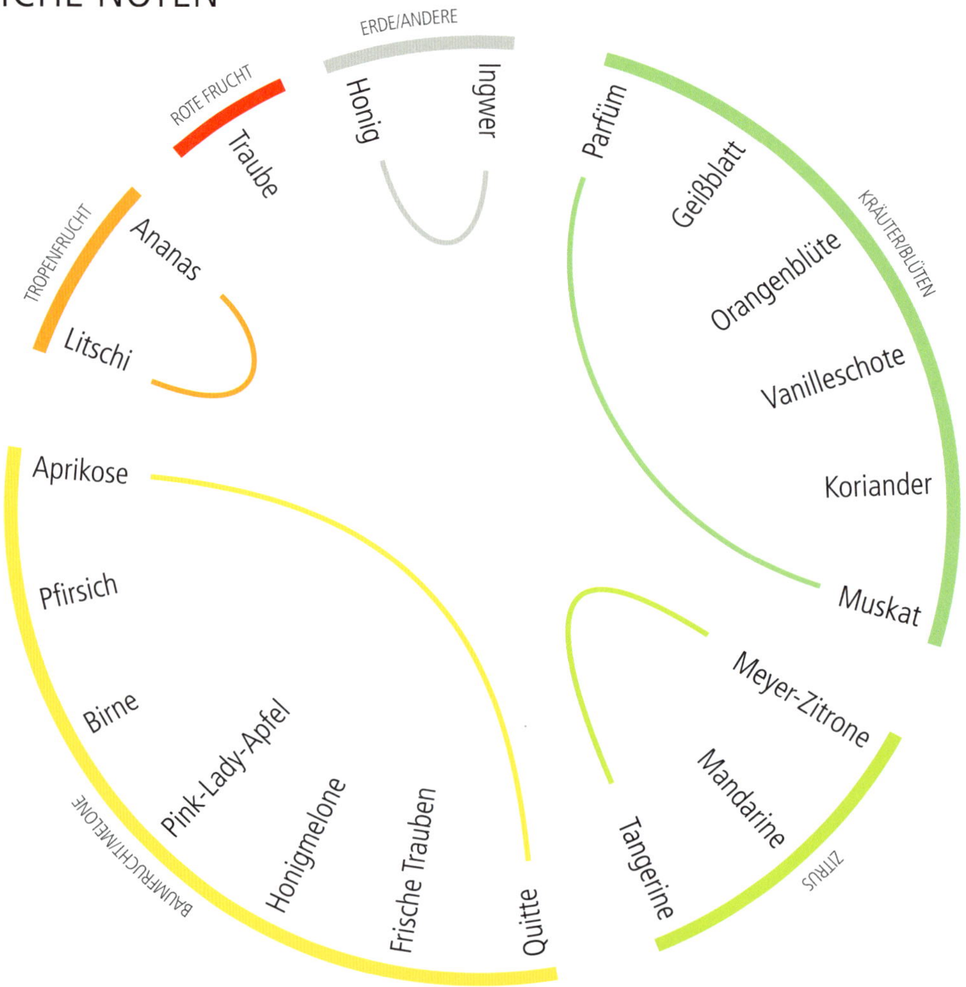

ERDE/ANDERE
Honig
Ingwer
ROTE FRUCHT
Traube
TROPENFRUCHT
Ananas
Litschi
KRÄUTER/BLÜTEN
Parfüm
Geißblatt
Orangenblüte
Vanilleschote
Koriander
Muskat
ZITRUS
Meyer-Zitrone
Mandarine
Tangerine
BAUMFRUCHT/MELONE
Aprikose
Pfirsich
Birne
Pink-Lady-Apfel
Honigmelone
Frische Trauben
Quitte

Herkunft: Antikes Griechenland & Italien

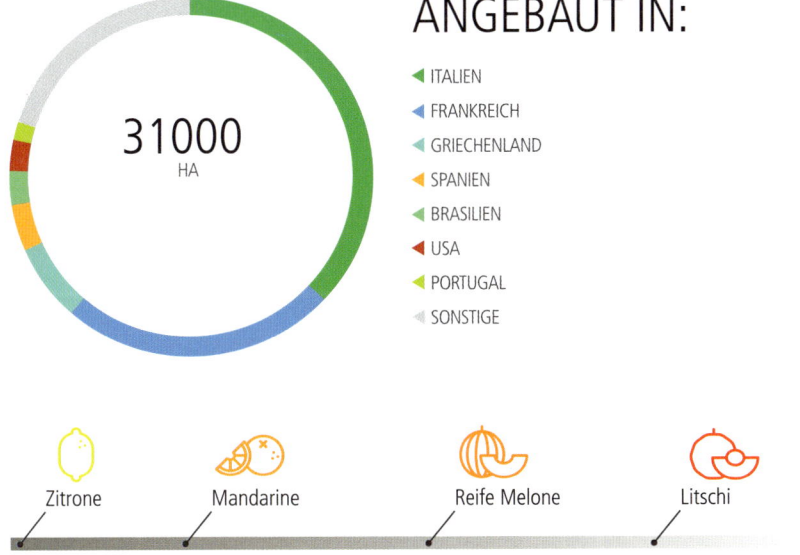

31000
HA

ANGEBAUT IN:

◀ ITALIEN
◀ FRANKREICH
◀ GRIECHENLAND
◀ SPANIEN
◀ BRASILIEN
◀ USA
◀ PORTUGAL
◀ SONSTIGE

JE NACH STIL

KALT

BIS ZU 2 JAHREN

€ € € € €

Zitrone   Mandarine   Reife Melone   Litschi

KÜHLES KLIMA   WARMES KLIMA

MUSCAT: Muscat Blanc ist eine alte
Rebsorte mit zahlreichen Verwandten:

STILE

MUSCAT D'ALEXANDRIE
Die älteste Variante – schon
Kleopatra soll sie geschätzt haben.

MOSCATO GIALLO
Die italienische Version aus
Römerzeiten.

MUSCAT OTTONEL
Eine trockene Muskatellertraube aus
dem osmanischen Reich.

TROCKEN & AROMATISCH
Dieser Stil kommt traditionell aus Alto
Adige (Italien), Deutschland und dem
Elsass (Frankreich).

SÜSS & LEICHT MOUSSIEREND
Der berühmteste Muscat Blanc
ist der Moscato d'Asti aus dem
norditalienischen Piemont.

DESSERTWEIN
Mehrere Regionen produzieren
Dessertweine auf Muskatellerbasis,
die bis zu 200 g/l RS und eine
Viskosität wie heißer Ahornsirup
haben können.

RIESLING

PROFIL

FRUCHT	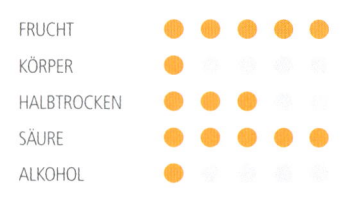
KÖRPER	
HALBTROCKEN	
SÄURE	
ALKOHOL	

DOMINIERENDE NOTEN

LIMETTE

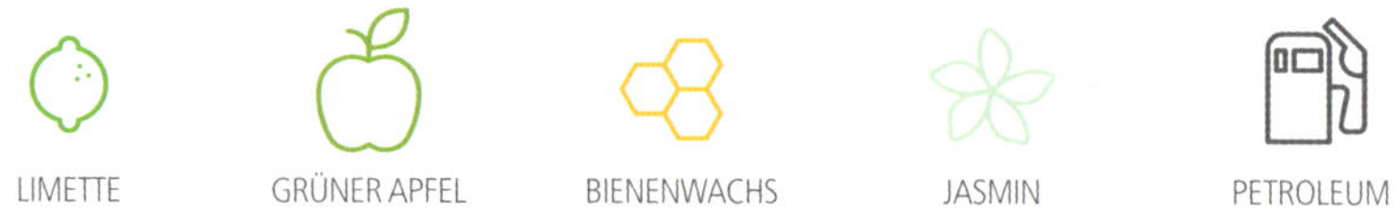

GRÜNER APFEL

BIENENWACHS

JASMIN

PETROLEUM

MÖGLICHE NOTEN

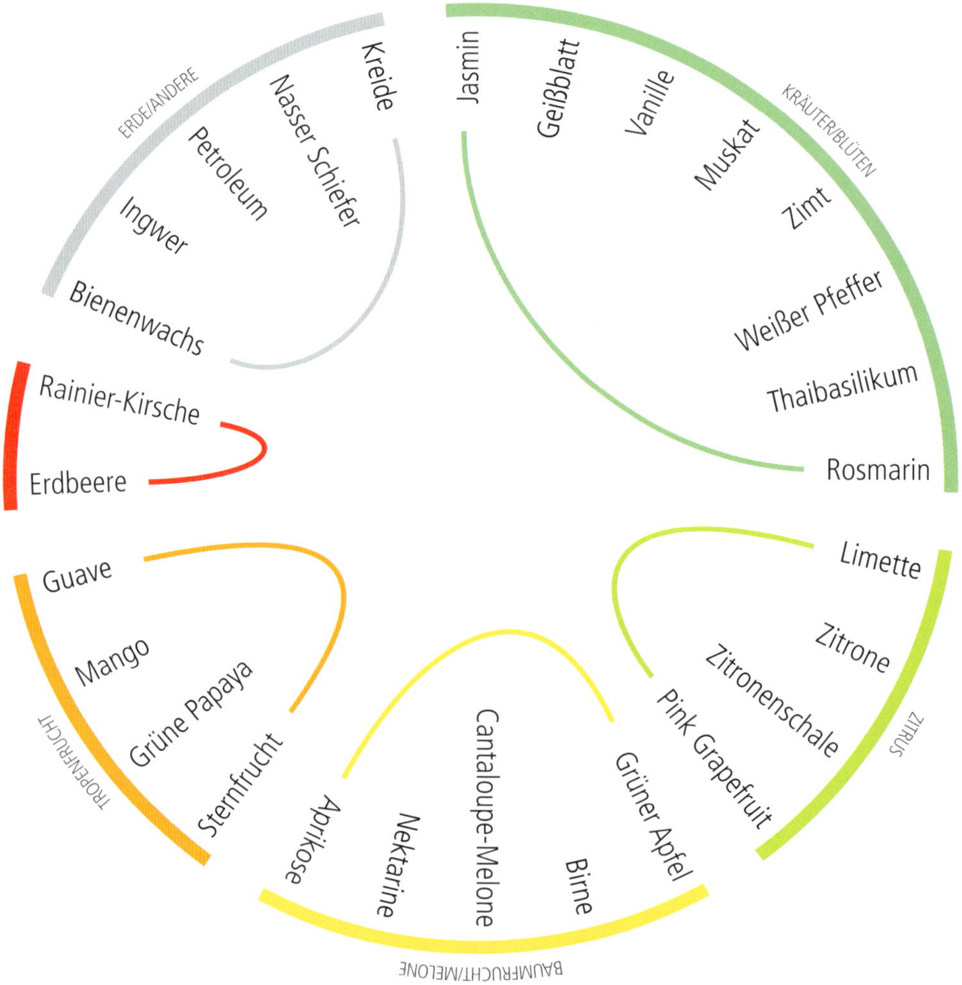

ERDE/ANDERE
- Kreide
- Nasser Schiefer
- Petroleum
- Ingwer
- Bienenwachs

KRÄUTER/BLÜTEN
- Jasmin
- Geißblatt
- Vanille
- Muskat
- Zimt
- Weißer Pfeffer
- Thaibasilikum
- Rosmarin

ROTE FRUCHT
- Rainier-Kirsche
- Erdbeere

ZITRUS
- Limette
- Zitrone
- Zitronenschale
- Pink Grapefruit
- Grüner Apfel

TROPENFRUCHT
- Guave
- Mango
- Grüne Papaya
- Sternfrucht

BAUMFRUCHT/MELONE
- Aprikose
- Nektarine
- Cantaloupe-Melone
- Birne

📍 Herkunft: Deutschland

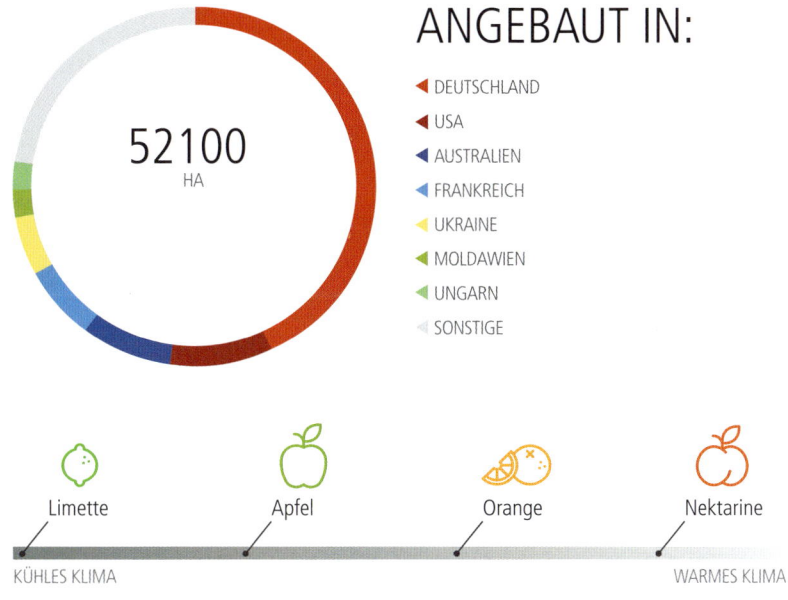

ANGEBAUT IN:

◀ DEUTSCHLAND
◀ USA
◀ AUSTRALIEN
◀ FRANKREICH
◀ UKRAINE
◀ MOLDAWIEN
◀ UNGARN
◀ SONSTIGE

52100
HA

WEISSWEINGLAS

KALT

BIS ZU 10 JAHRE

€ € € € €

 winefolly.com / learn / variety / riesling

Limette   Apfel   Orange   Nektarine

KÜHLES KLIMA   WARMES KLIMA

ANBAUGEBIETE

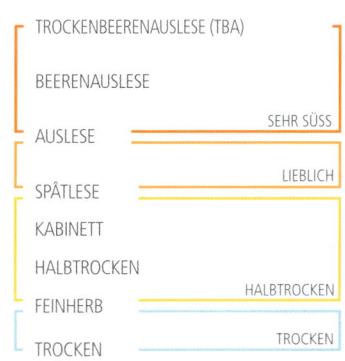

DEUTSCHLAND
Deutschland ist für den weltweit besten Riesling in allen Stilen bekannt.

DEUTSCHE BEZEICHNUNGEN:

TROCKENBEERENAUSLESE (TBA)

BEERENAUSLESE

AUSLESE   SEHR SÜSS

SPÄTLESE   LIEBLICH

KABINETT

HALBTROCKEN

FEINHERB   HALBTROCKEN

TROCKEN   TROCKEN

USA
Washington State und New York produzieren trockene und liebliche Rieslinge.

AUSTRALIEN
Clare und Eden Valley produzieren trockene Rieslinge mit Limetten- und Benzinaromen.

FRANKREICH
Rieslinge aus dem Elsass sind in der Regel trocken.

Unsicher, ob der Wein trocken oder lieblich ist? Als Faustregel gilt: Hat er weniger als 9 Vol.-% Alkoholgehalt, kann man davon ausgehen, dass er eher lieblich ist.

Lieblicher Riesling passt hervorragend zu pikanten und würzigen Speisen, beispielsweise zu indischer und thailändischer Küche. Trockener Riesling hat genügend Säure für leichteres fettiges Fleisch, wie Ente und Speck.

89

TORRONTÉS

🔊 »Tor-ron-tess«

PROFIL

FRUCHT	●●●●●
KÖRPER	●●○○○
TROCKEN	●●○○○
SÄURE	●●●○○
ALKOHOL	●●●○○

DOMINIERENDE NOTEN

MEYER-ZITRONE · PFIRSICH · ZITRONENSCHALE · ROSENBLÄTTER · GERANIE

MÖGLICHE NOTEN

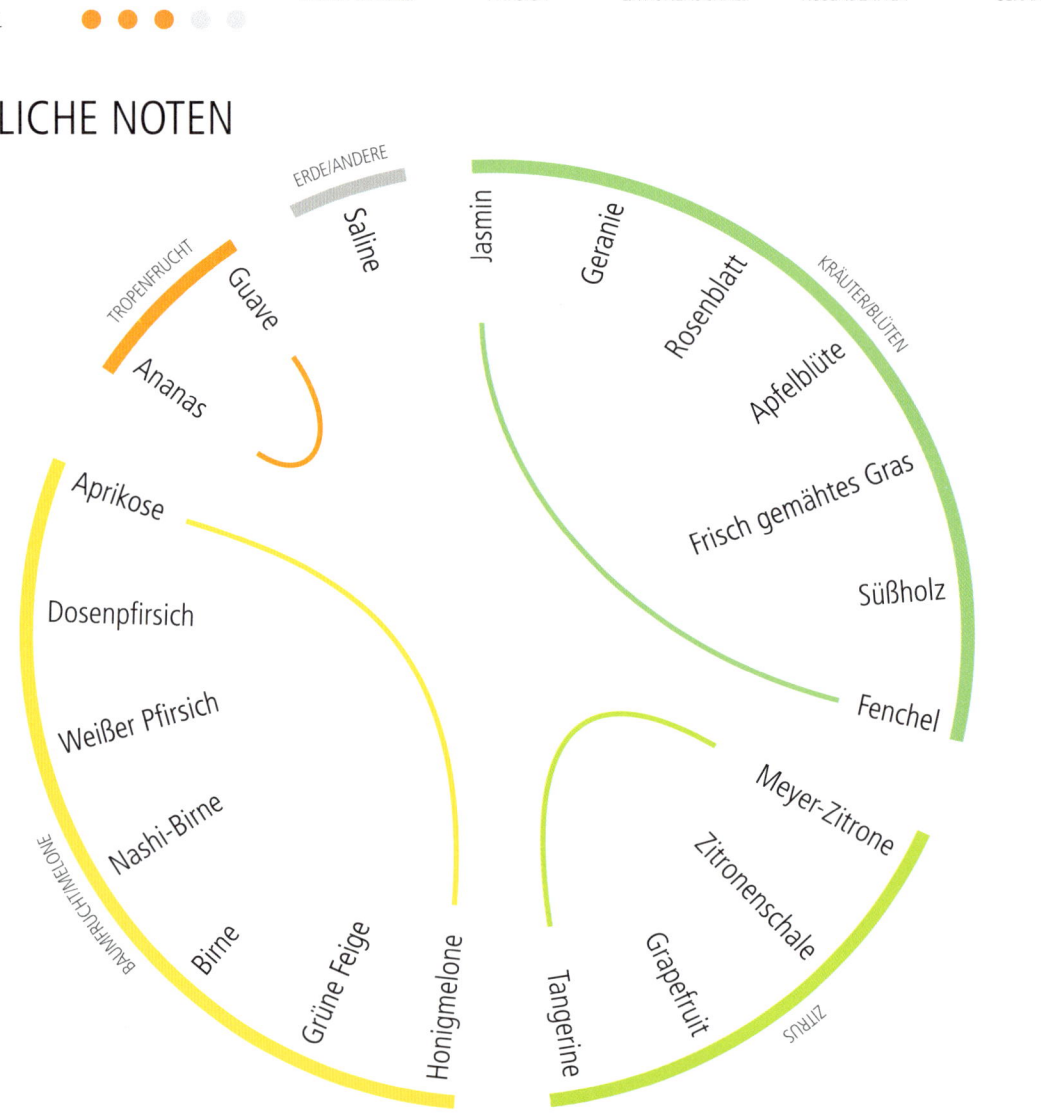

ERDE/ANDERE — Saline

TROPENFRUCHT — Guave · Ananas

BAUMFRUCHT/MELONE — Aprikose · Dosenpfirsich · Weißer Pfirsich · Nashi-Birne · Birne · Grüne Feige · Honigmelone

Jasmin · Geranie · Rosenblatt · Apfelblüte · Frisch gemähtes Gras · Süßholz · Fenchel — KRÄUTER/BLÜTEN

Meyer-Zitrone · Zitronenschale · Grapefruit · Tangerine — ZITRUS

90

8500
HA

ANGEBAUT IN:

◄ ARGENTINIEN
◄ SONSTIGE

WEISSWEINGLAS

KALT

BIS ZU 2 JAHRE

Meyer-Zitrone Honigmelone Reife Birne Dosenpfirsich

KÜHLER JAHRGANG   WARMER JAHRGANG

STILE

TROCKEN & SPRITZIG
Die argentinische Region Salta
ist für ihre trockenen Torrontés
mit Grapefruit-, Zitronenschalen-,
Muskat- und Salinenaromen bekannt.

EIN HAUCH SÜSSE
Die Torrontés aus den wärmeren
Regionen Mendoza und San Juan
sind süßer, mit Noten von Pfirsich
und Guave.

Die Höhenlagen von Salta sind für ihre
hochwertigen Torrontés bekannt.

Die Torrontés ist eine einheimische
argentinische Traube, die auf natürlichem
Weg aus einer Kreuzung der Muscat
d'Alexandrie mit der chilenischen País
entstanden ist.

Kombinieren Sie trockenen Torrontés mit
delikatem Fleisch und süß-sauren Saucen,
wie Seebarsch mit Miso-Glasur oder
Sesam-Tofu in Teriyaki-Brühe.

FISCH & SUSHI

GESCHMORTER TOFU

Roséwein

ROSÉ

Roséweine entstehen dadurch, dass rote Traubenschalen eine Zeit lang im Most schwimmen. Rosés gibt es in allen großen Weinbauländern, wo sie aus nahezu jeder Traubensorte gekeltert werden. Geschmacklich rangieren Roséweine von trocken bis lieblich. So ist ein Tempranillo-Rosé nahezu immer trocken und herzhaft, während Weißer Zinfandel fast durchgängig lieblich und fruchtig ausfällt.

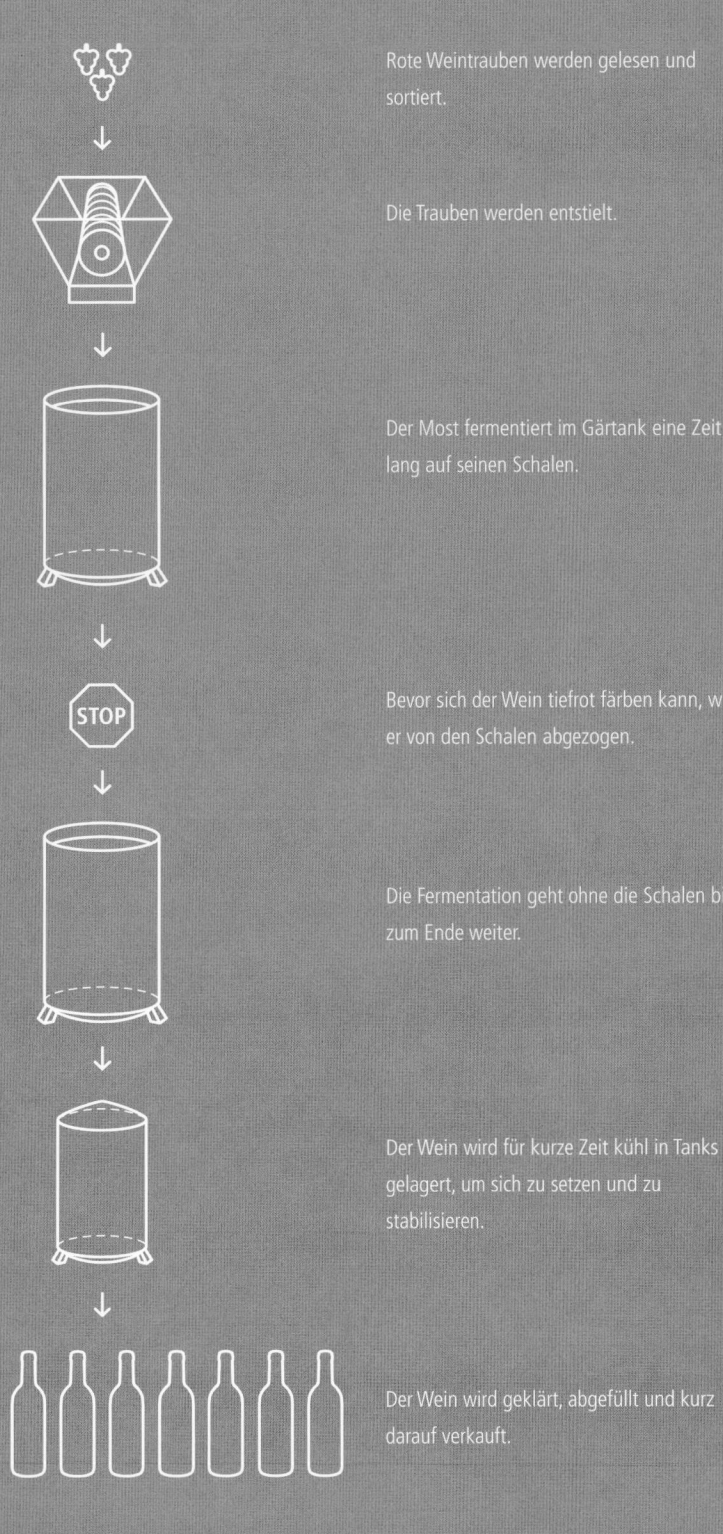

Rote Weintrauben werden gelesen und sortiert.

Die Trauben werden entstielt.

Der Most fermentiert im Gärtank eine Zeit lang auf seinen Schalen.

Bevor sich der Wein tiefrot färben kann, wird er von den Schalen abgezogen.

Die Fermentation geht ohne die Schalen bis zum Ende weiter.

Der Wein wird für kurze Zeit kühl in Tanks gelagert, um sich zu setzen und zu stabilisieren.

Der Wein wird geklärt, abgefüllt und kurz darauf verkauft.

ROSÉ

🔊 »Ro-seh«
Alias: Rosado, Rosato, Vin Gris

winefolly.com / learn / style / rose

PROFIL

FRUCHT	●●●●●
KÖRPER	●●●○○
TROCKEN/LIEBLICH	●●○○○
SÄURE	●●●○○
ALKOHOL	●●●○○

DOMINIERENDE NOTEN

ERDBEERE — HONIGMELONE — ROSENBLATT — SELLERIE — ORANGENSCHALE

MÖGLICHE NOTEN

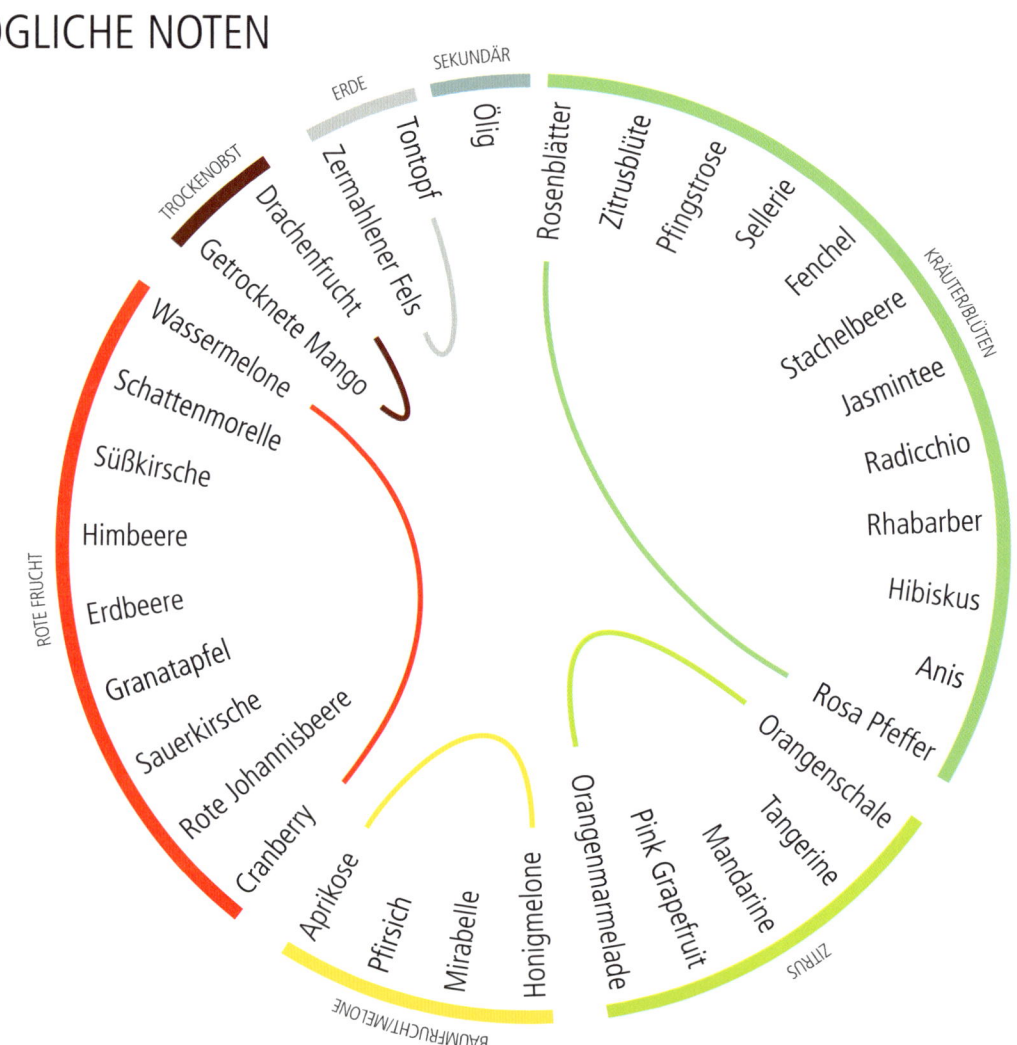

ERDE
SEKUNDÄR
TROCKENOBST

Tontopf
Ölig
Zermahlener Fels
Drachenfrucht
Getrocknete Mango

Rosenblätter
Zitrusblüte
Pfingstrose
Sellerie
Fenchel
Stachelbeere
Jasmintee
Radicchio
Rhabarber
Hibiskus
Anis
KRÄUTER/BLÜTEN

Wassermelone
Schattenmorelle
Süßkirsche
Himbeere
Erdbeere
Granatapfel
Sauerkirsche
Rote Johannisbeere
Cranberry
ROTE FRUCHT

Rosa Pfeffer
Orangenschale
Tangerine
Mandarine
Pink Grapefruit
Orangenmarmelade
ZITRUS

Aprikose
Pfirsich
Mirabelle
Honigmelone
BAUMFRUCHT/MELONE

94

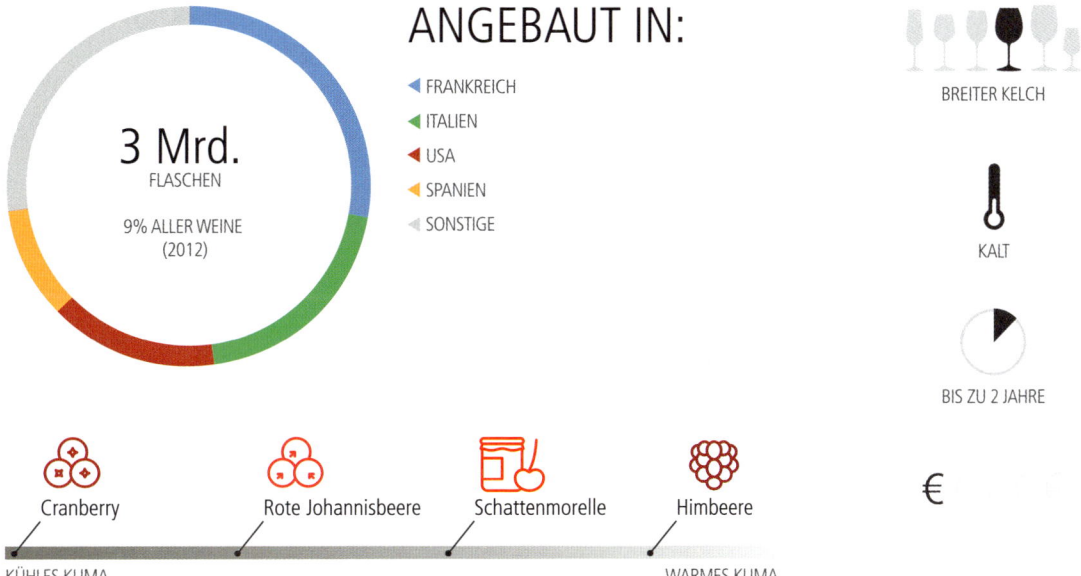

ANGEBAUT IN:

◄ FRANKREICH
◄ ITALIEN
◄ USA
◄ SPANIEN
◄ SONSTIGE

3 Mrd.
FLASCHEN

9% ALLER WEINE
(2012)

BREITER KELCH

KALT

BIS ZU 2 JAHRE

€

Cranberry   Rote Johannisbeere   Schattenmorelle   Himbeere

KÜHLES KLIMA   WARMES KLIMA

ANBAUGEBIETE

FRANKREICH
Die französischen Rosés sind trocken und kommen vor allem aus der Provence und Languedoc-Roussillon. Der Verschnitt enthält meist Grenache und Syrah.

USA
Jedes Jahr kommen viele neue Rosé-Stile auf den Markt, aber der größte Anteil der Produktion entfällt auf den Blush White Zinfandel.

ITALIEN
Rosato wird in ganz Italien aus einer oder mehreren der einheimischen Rebsorten hergestellt.

SPANIEN
Spanische Rosés enthalten Tempranillo mit seiner fleischigen Note und Garnacha, der kandierte Grapefruit und ein leuchtendes Rosa beiträgt.

Ein Glas mit weitem Kelch fängt die subtileren Aromen ein, die in einem normalen Weißweinglas schwer zu entdecken sind.

In den USA fließt der Großteil der Zinfandel-Trauben in die Produktion von White Zinfandel.

winefolly.com / learn / style / rose

Leichter Rotwein

GAMAY

PINOT NOIR

Leichte Rotweine sind von heller Farbe und besitzen meist eine moderat hohe Säure. Sie haben oft duftige Aromen, die am besten in großen Ballongläsern zur Geltung kommen.

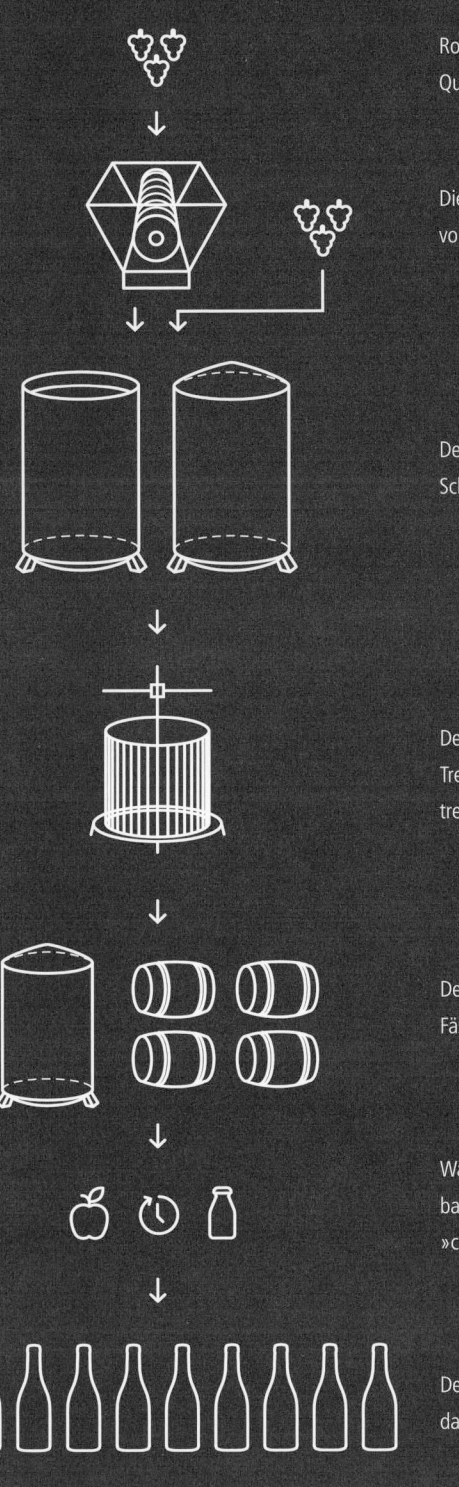

Rotweintrauben werden gelesen und nach Qualität und Reife sortiert.

Die Trauben werden entstielt oder gehen vollständig in die Fermentation.

Der Most fermentiert im Gärtank auf seinen Schalen.

Der Wein wird sanft gepresst, um ihn vom Trester (Kerne, Stiele, Schalen etc.) zu trennen.

Der Wein wird eine Zeit lang in Tanks oder Fässern ausgebaut.

Während des Ausbaus wandeln Milchsäure-bakterien die »grünapfelige« Apfelsäure in »cremige« Milchsäure um.

Der Wein wird geklärt, abgefüllt und kurz darauf verkauft.

GAMAY

»Ga-mäh«
Alias: Gamay Noir, Beaujolais

winefolly.com / learn / variety / gamay

PROFIL

FRUCHT	●●●○○
KÖRPER	●●○○○
TANNIN	●○○○○
SÄURE	●●●●○
ALKOHOL	●●○○○

DOMINIERENDE NOTEN

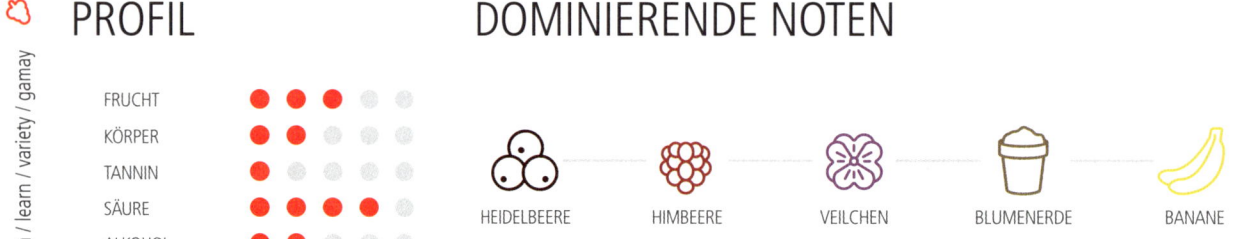

HEIDELBEERE
HIMBEERE
VEILCHEN
BLUMENERDE
BANANE

MÖGLICHE NOTEN

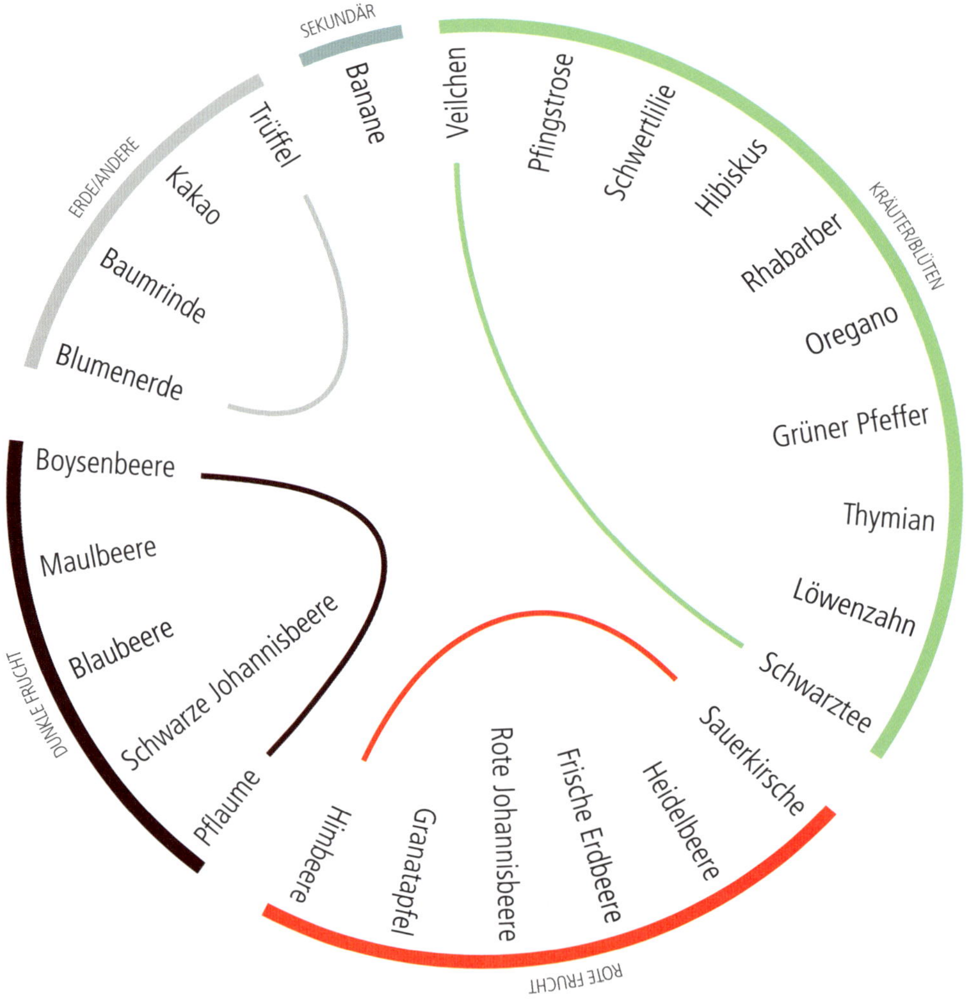

SEKUNDÄR
Banane
ERDE/ANDERE
Trüffel
Kakao
Baumrinde
Blumenerde
KRÄUTER/BLÜTEN
Veilchen
Pfingstrose
Schwertlilie
Hibiskus
Rhabarber
Oregano
Grüner Pfeffer
Thymian
Löwenzahn
Schwarztee
DUNKLE FRUCHT
Boysenbeere
Maulbeere
Blaubeere
Schwarze Johannisbeere
Pflaume
ROTE FRUCHT
Himbeere
Granatapfel
Rote Johannisbeere
Frische Erdbeere
Heidelbeere
Sauerkirsche

Herkunft: Frankreich

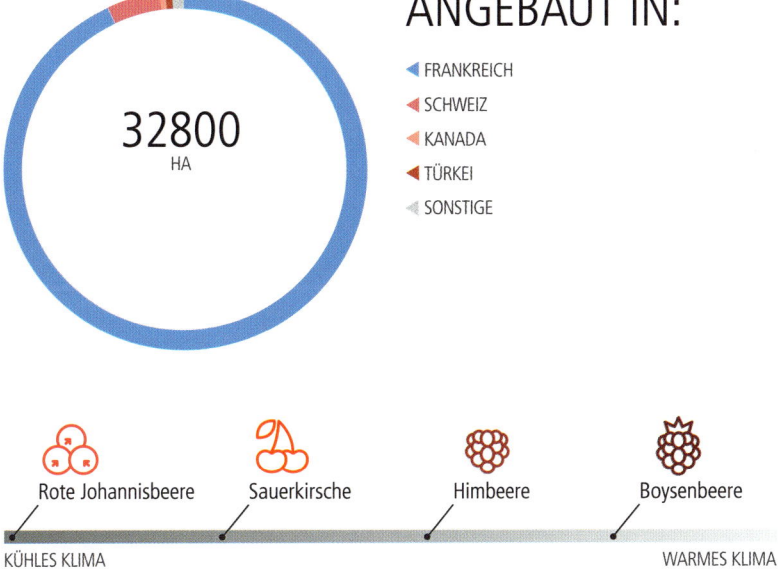

ANGEBAUT IN:

◀ FRANKREICH
◀ SCHWEIZ
◀ KANADA
◀ TÜRKEI
◀ SONSTIGE

32800
HA

WEITER KELCH

KELLERTEMPERATUR

BIS ZU 5 JAHRE

€ € € € €

Rote Johannisbeere   Sauerkirsche   Himbeere   Boysenbeere

KÜHLES KLIMA   WARMES KLIMA

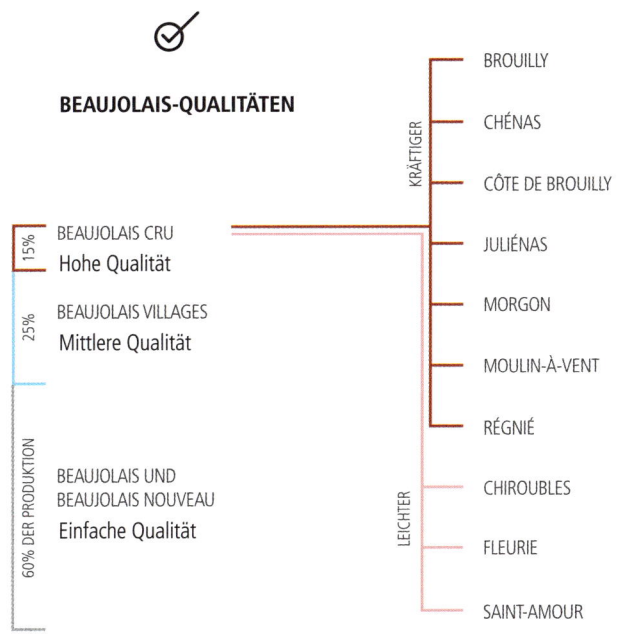

BEAUJOLAIS-QUALITÄTEN

BEAUJOLAIS CRU
Hohe Qualität — 15%

BEAUJOLAIS VILLAGES
Mittlere Qualität — 25%

BEAUJOLAIS UND
BEAUJOLAIS NOUVEAU
Einfache Qualität — 60% DER PRODUKTION

KRÄFTIGER
- BROUILLY
- CHÉNAS
- CÔTE DE BROUILLY
- JULIÉNAS
- MORGON
- MOULIN-À-VENT
- RÉGNIÉ

LEICHTER
- CHIROUBLES
- FLEURIE
- SAINT-AMOUR

Rund 75% des französischen Gamay kommt aus dem Beaujolais.

Auf der Suche nach Qualität? Greifen Sie zu einem Cru aus dem Beaujolais. Ein Cru ist eine hochwertige Weinberglage, von der es im Beaujolais zehn gibt.

Ein Beaujolais Primeur sollte im Jahr seiner Lese getrunken werden, weil er nicht gut altert.

winefolly.com / learn / variety / gamay

PINOT NOIR

 PROFIL

FRUCHT	●●●●○
KÖRPER	●●●○○
TANNIN	●●○○○
SÄURE	●●●○○
ALKOHOL	●●○○○

DOMINIERENDE NOTEN

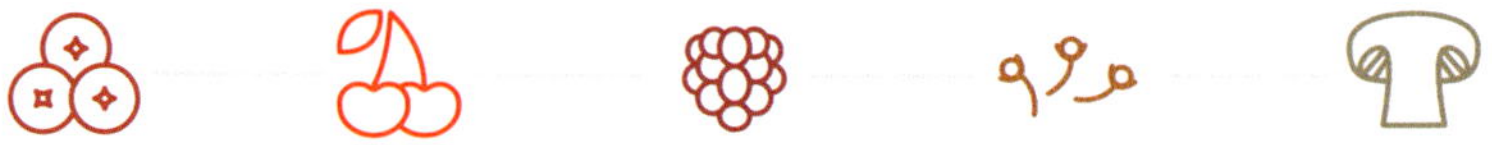

CRANBERRY KIRSCHE HIMBEERE GEWÜRZNELKE CHAMPIGNON

MÖGLICHE NOTEN

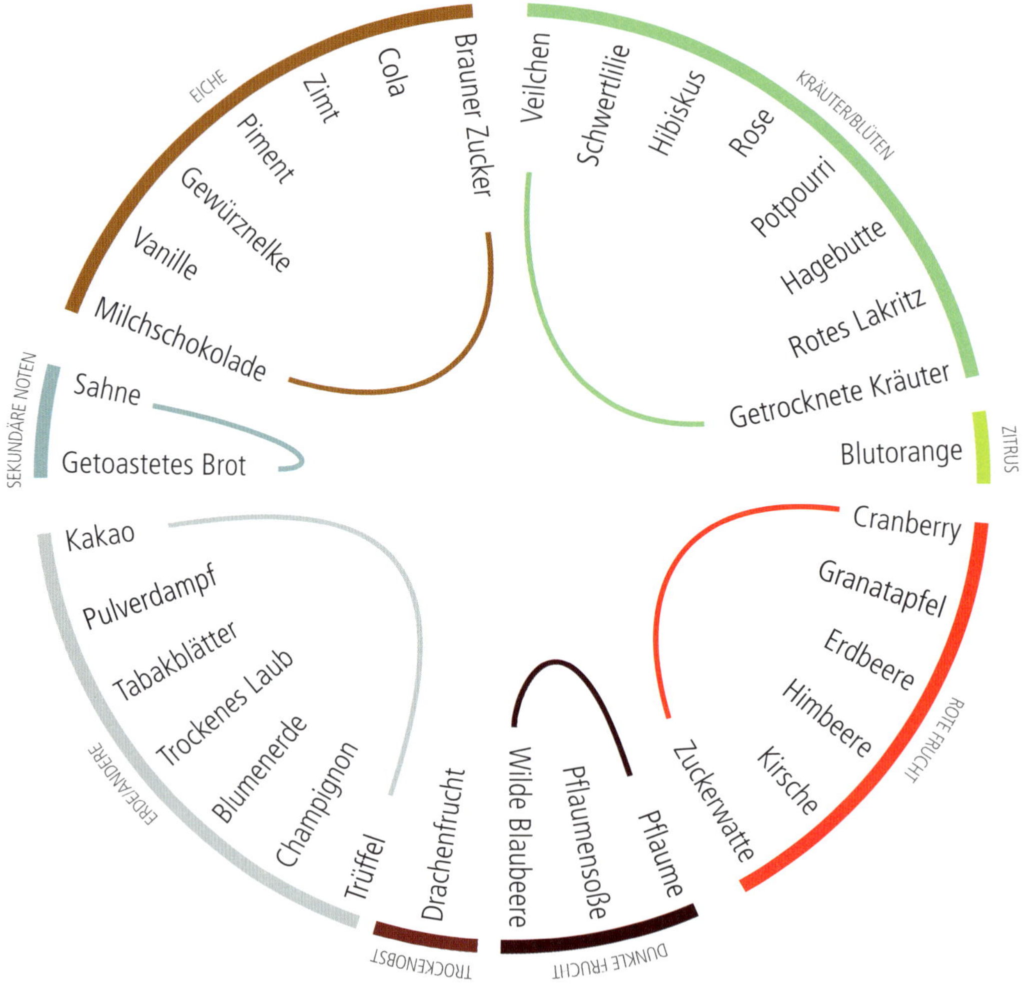

EICHE: Brauner Zucker · Cola · Zimt · Piment · Gewürznelke · Vanille · Milchschokolade

KRÄUTER/BLÜTEN: Veilchen · Schwertlilie · Hibiskus · Rose · Potpourri · Hagebutte · Rotes Lakritz · Getrocknete Kräuter

ZITRUS: Blutorange

ROTE FRUCHT: Cranberry · Granatapfel · Erdbeere · Himbeere · Kirsche · Zuckerwatte

SEKUNDÄRE NOTEN: Sahne · Getoastetes Brot

ERDE/ANDERE: Kakao · Pulverdampf · Tabakblätter · Trockenes Laub · Blumenerde · Champignon · Trüffel

TROCKENOBST: Drachenfrucht

DUNKLE FRUCHT: Wilde Blaubeere · Pflaumensoße · Pflaume

100

● Herkunft: Frankreich

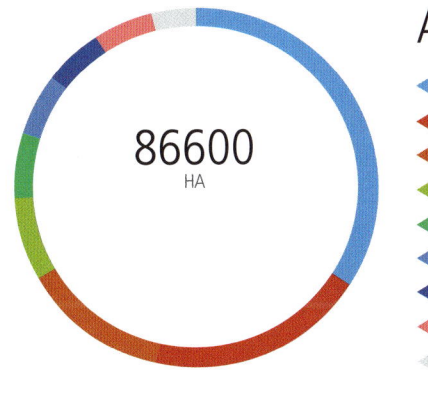

86600
HA

ANGEBAUT IN:

◄ FRANKREICH
◄ USA
◄ DEUTSCHLAND
◄ MOLDAWIEN
◄ ITALIEN
◄ NEUSEELAND
◄ AUSTRALIEN
◄ SCHWEIZ
◄ SONSTIGE

WEITER KELCH

KELLERTEMPERATUR

BIS ZU 5 JAHRE

€ € € € €

 Cranberry   Rote Kirsche   Himbeere   Schwarze Pflaume

KÜHLES KLIMA   WARMES KLIMA

REGIONALE UNTERSCHIEDE: Pinot Noirs aus verschiedenen Anbaugebieten unterscheiden sich im Geschmack:

 HIMBEERE & GEWÜRZNELKE
● KALIFORNIEN (USA)
● CENTRAL OTAGO (NZ)
● SÜDAUSTRALIEN
● CHILE
● ARGENTINIEN

 CRANBERRY & CHAMPIGNON
● FRANKREICH
● DEUTSCHLAND
● ITALIEN
● OREGON (USA)

STILE

 SPRITZIGER ROSÉ
Ein trockener Rosé mit Holunderblüte, grüner Erdbeere und saurer Pflaume.

 LEICHTER ROTWEIN
Die Rotweine unterscheiden sich je nach Region, Jahrgang und Winzer stark.

 SCHAUMWEIN
Der Crémant d'Alsace besteht zu 100% aus Pinot Noir.

Mit Pinot Noir vergleichbare Rebsorten sind St. Laurent, Cinsaut und Zweigelt.

Es gibt 15 verbreitete Pinot-Noir-Klone mit ganz eigenem Geschmack.

Die Pinot Noir stammt ursprünglich aus dem Burgund.

101

Mittelschwerer Rotwein

BARBERA

CABERNET FRANC

CARIGNAN

CARMÉNÈRE

GRENACHE

MENCÍA

MERLOT

MONTEPULCIANO

NEGROAMARO

RHÔNE-/
GSM-CUVÉE

SANGIOVESE

VALPOLICELLA-
CUVÉE

ZINFANDEL

Mittelschwere Weine werden gerne mit Speisen kombiniert, weil sie sich hervorragend mit einer großen Bandbreite an Gerichten vertragen. Vereinfacht ausgedrückt, zeichnen sich mittelschwere Rotweine durch dominierende rote Fruchtnoten aus.

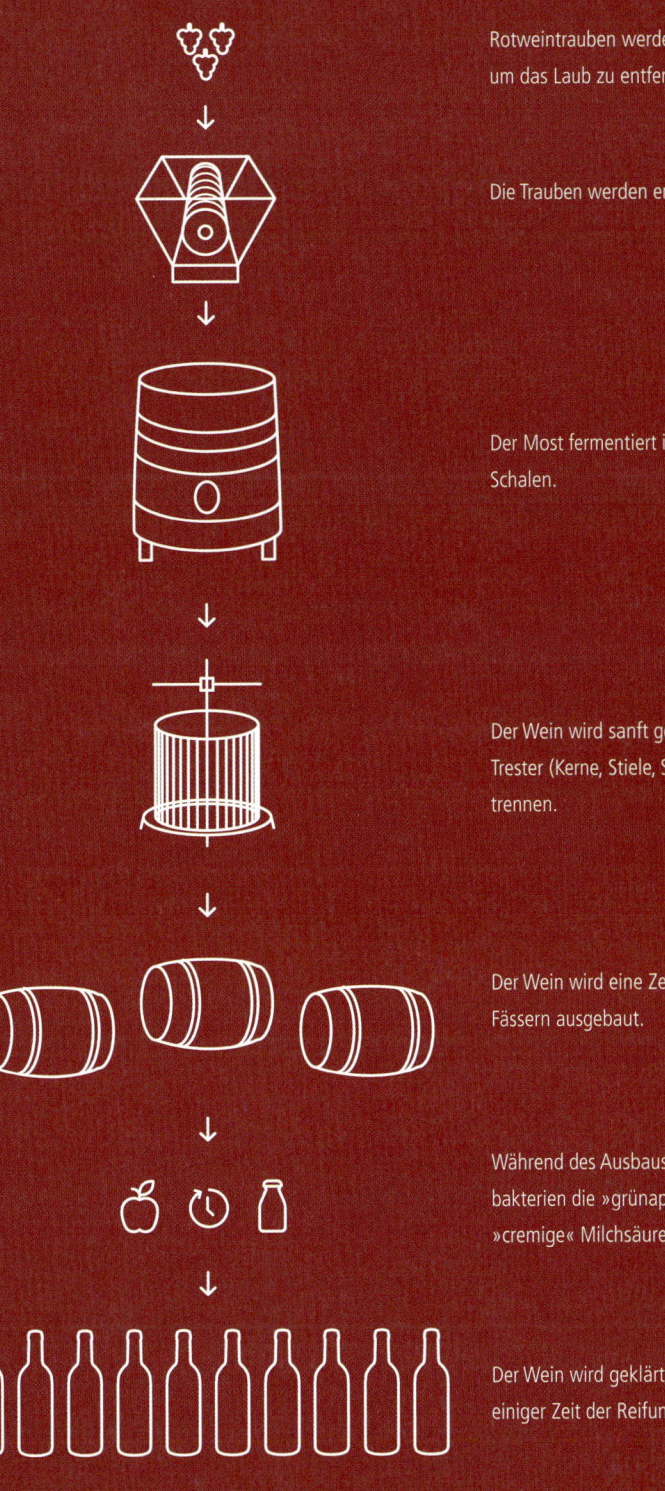

Rotweintrauben werden gelesen und sortiert, um das Laub zu entfernen.

Die Trauben werden entstielt.

Der Most fermentiert im Gärtank auf seinen Schalen.

Der Wein wird sanft gepresst, um ihn vom Trester (Kerne, Stiele, Schalen etc.) zu trennen.

Der Wein wird eine Zeit lang in Tanks oder Fässern ausgebaut.

Während des Ausbaus wandeln Milchsäurebakterien die »grünapfelige« Apfelsäure in »cremige« Milchsäure um.

Der Wein wird geklärt, abgefüllt und nach einiger Zeit der Reifung verkauft.

BARBERA

PROFIL

FRUCHT	
KÖRPER	
TANNIN	
SÄURE	
ALKOHOL	

DOMINIERENDE NOTEN

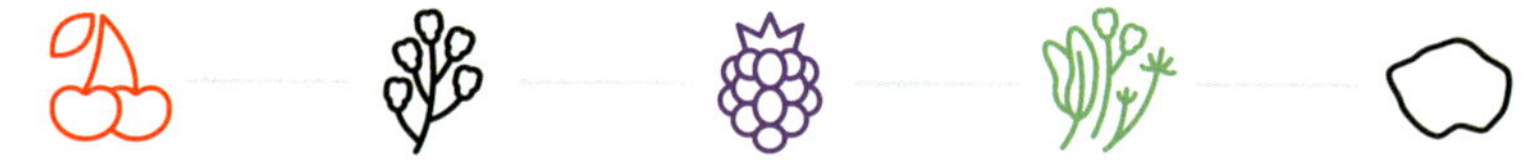

SAUERKIRSCHE · SÜSSHOLZ · BROMBEERE · GETROCKNETE KRÄUTER · TEER

MÖGLICHE NOTEN

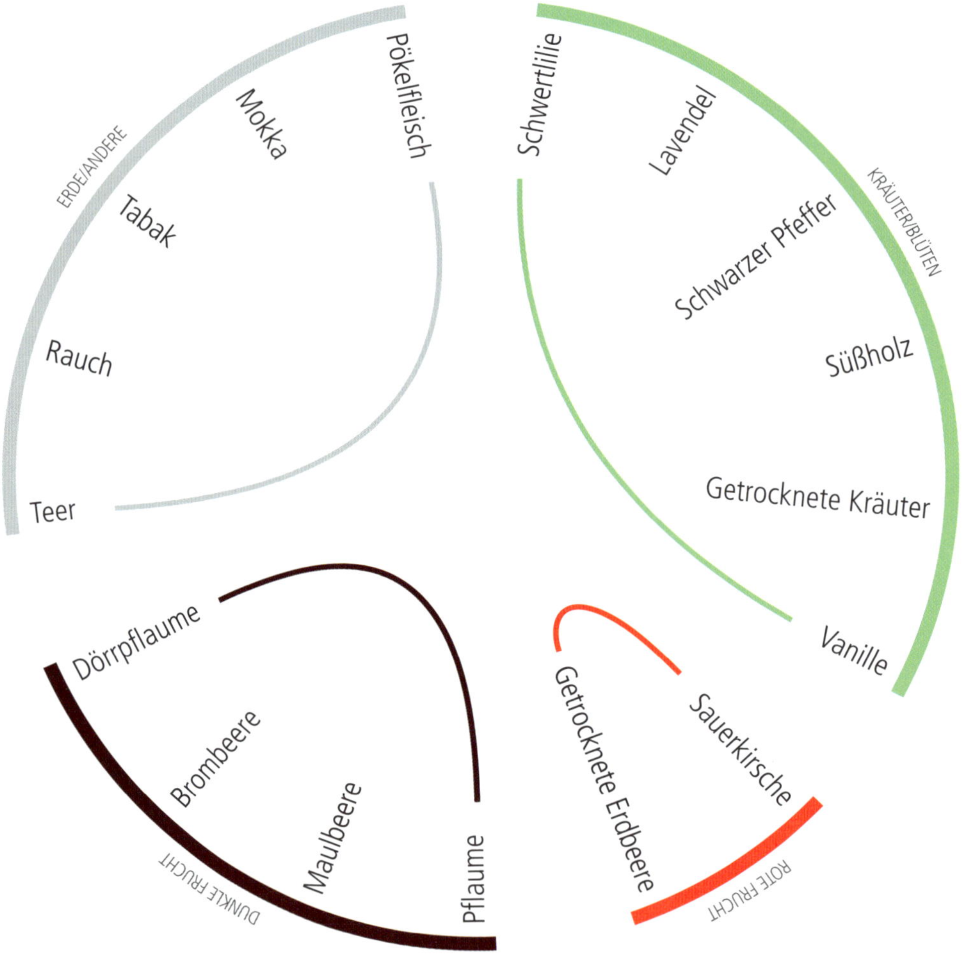

ERDE/ANDERE
Pökelfleisch
Mokka
Tabak
Rauch
Teer

KRÄUTER/BLÜTEN
Schwertlilie
Lavendel
Schwarzer Pfeffer
Süßholz
Getrocknete Kräuter
Vanille

DUNKLE FRUCHT
Dörrpflaume
Brombeere
Maulbeere
Pflaume

ROTE FRUCHT
Getrocknete Erdbeere
Sauerkirsche

104

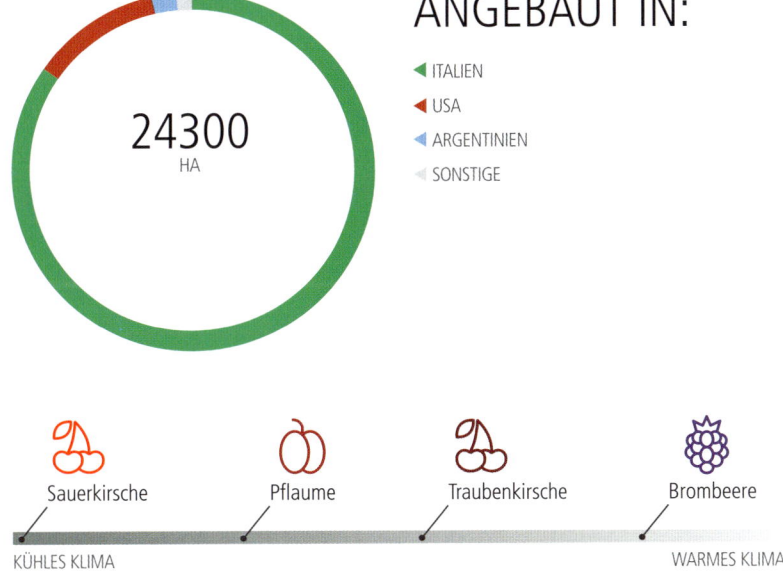

24300
HA

ANGEBAUT IN:

◀ ITALIEN
◀ USA
◀ ARGENTINIEN
◀ SONSTIGE

WEITER KELCH

ZIMMERTEMPERATUR

BIS ZU 5 JAHRE

| Sauerkirsche | Pflaume | Traubenkirsche | Brombeere |

KÜHLES KLIMA   WARMES KLIMA

REGIONALE UNTERSCHIEDE: Barberas aus verschiedenen Anbaugebieten unterscheiden sich im Geschmack:

 BROMBEERKONFITÜRE & SÜSSHOLZ
Alkoholstärkere Weine mit mehr Fruchtnoten:
● KALIFORNIEN (USA)
● ARGENTINIEN

 MAULBEERE & KRÄUTER
Leichtere Weine mit herben Frucht- und Kräuternoten:
● PIEMONT (ITALIEN)

STILE: Barbera wird auf zwei Arten mit unterschiedlichen Geschmacksprofilen produziert:

 UNGEEICHT = ROTE FRUCHT
Im Stahltank ausgebauter Barbera zeigt neben einer kräftig-würzigen Note oft Sauerkirsch-, Süßholz- und Kräuteraromen.

 GEEICHT = SCHOKOLADE
In Eiche ausgebauter Barbera verliert einen Teil seiner würzigen Säure und gewinnt vollere Frucht- und Schoko-ladennoten.

Achten Sie bei der Suche nach einem bestimmten Stil auf die Weinbeschreibung. Die Farbe der Frucht (rot oder dunkel) hilft oft, den Stil des Weins zu identifizieren.

Interessanterweise haben viele heraus-ragende Barberas aus dem Piemont einen etwas höheren Alkoholgehalt um die 14 Vol.-%.

CABERNET FRANC

winefolly.com / learn / variety / cabernet-franc

PROFIL

FRUCHT	
KÖRPER	
TANNIN	
SÄURE	
ALKOHOL	

DOMINIERENDE NOTEN

ERDBEERE · GERÖSTETE PAPRIKA · ROTE PFLAUME · ZERMAHLENER KIES · CHILISCHOTE

MÖGLICHE NOTEN

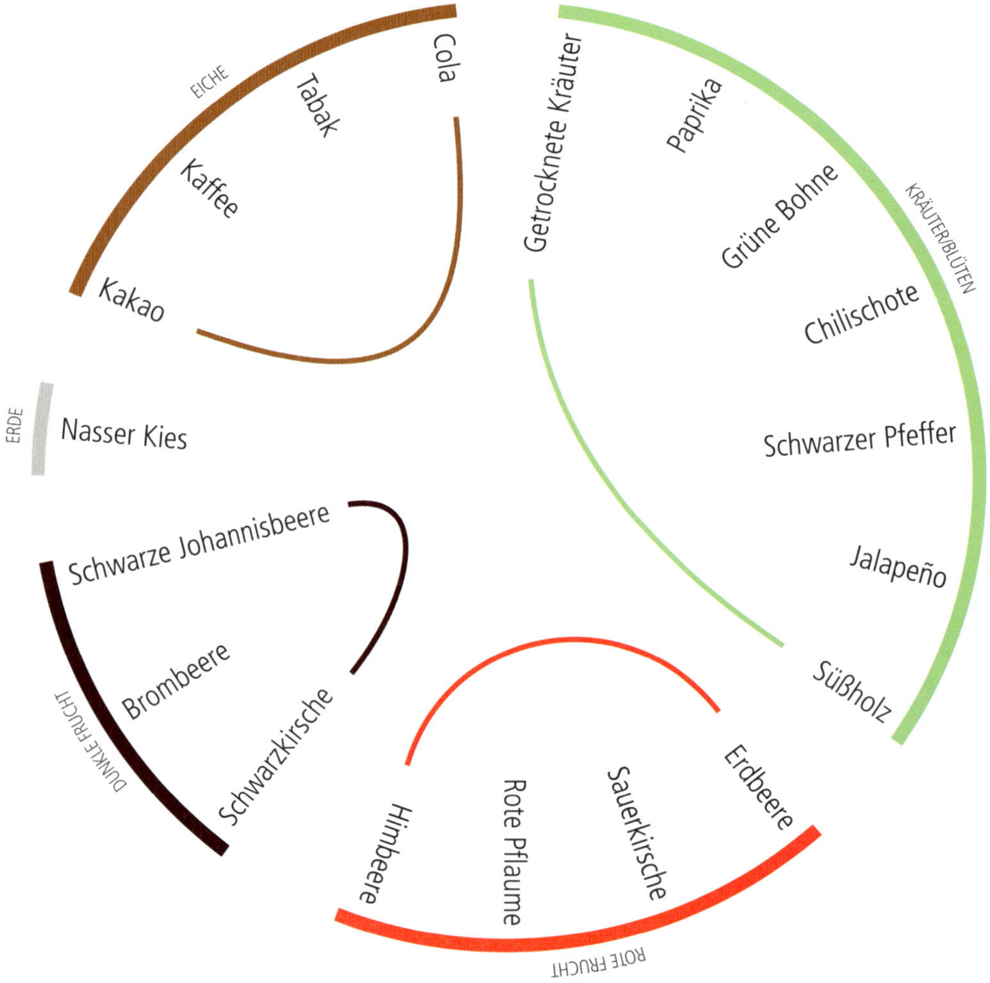

EICHE
Cola
Tabak
Kaffee
Kakao

Getrocknete Kräuter
Paprika
Grüne Bohne
Chilischote
KRÄUTER/BLÜTEN
Schwarzer Pfeffer
Jalapeño
Süßholz

ERDE
Nasser Kies

Schwarze Johannisbeere
Brombeere
DUNKLE FRUCHT
Schwarzkirsche

Himbeere
Rote Pflaume
Sauerkirsche
Erdbeere
ROTE FRUCHT

106

● Herkunft: Frankreich

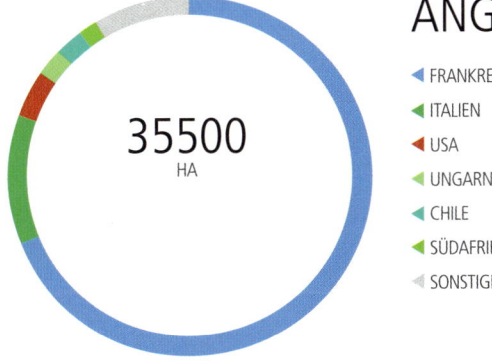

35500
HA

ANGEBAUT IN:

◀ FRANKREICH
◀ ITALIEN
◀ USA
◀ UNGARN
◀ CHILE
◀ SÜDAFRIKA
◀ SONSTIGE

ROTWEINGLAS

ZIMMERTEMPERATUR

BIS ZU 5 JAHRE

€ € € € €

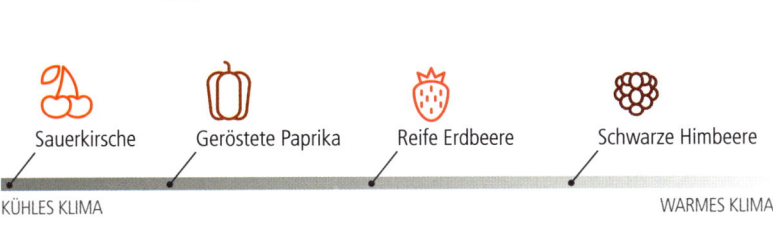

Sauerkirsche   Geröstete Paprika   Reife Erdbeere   Schwarze Himbeere

KÜHLES KLIMA   WARMES KLIMA

REGIONALE UNTERSCHIEDE: Cabernet
Francs aus verschiedenen Anbaugebieten
unterscheiden sich im Geschmack:

ROTE PAPRIKA
● Loire (Frankreich)

ERDBEERKONFITÜRE
● Lodi (USA)

LEDER
● Friaul (Italien)

STILE

VERSCHNITTE
Cabernet Franc fließt als Neben-
darsteller in Bordeaux-Cuvées ein.

SPRITZIG & HERZHAFT
Perfekt – rote Paprika, Himbeersauce
und ein langer, prickelnder Abgang.

SÜSS & HERZHAFT
Ein fruchtstarker Stil mit süßer getrockneter Erdbeere, grünem Pfeffer
und Zeder.

Hochwertiger Cabernet Franc hat anfangs oft
viel Säure und griffige Tannine, altert aber
über 10–15 Jahre sehr schön.

Cabernet Franc ist eine Elterntraube von
Cabernet Sauvignon und Merlot.

107

CARIGNAN

🔊 »Ka-rin-jan«

Alias: Mazuelo, Cariñena, Carignano

PROFIL

FRUCHT	●●●●●
KÖRPER	●●●○○
TANNIN	●●●○○
SÄURE	●●●●○
ALKOHOL	●●●●○

DOMINIERENDE NOTEN

GETROCKNETE CRANBERRY · HIMBEERE · SÜSSHOLZ · BACKGEWÜRZE · PÖKELFLEISCH

MÖGLICHE NOTEN

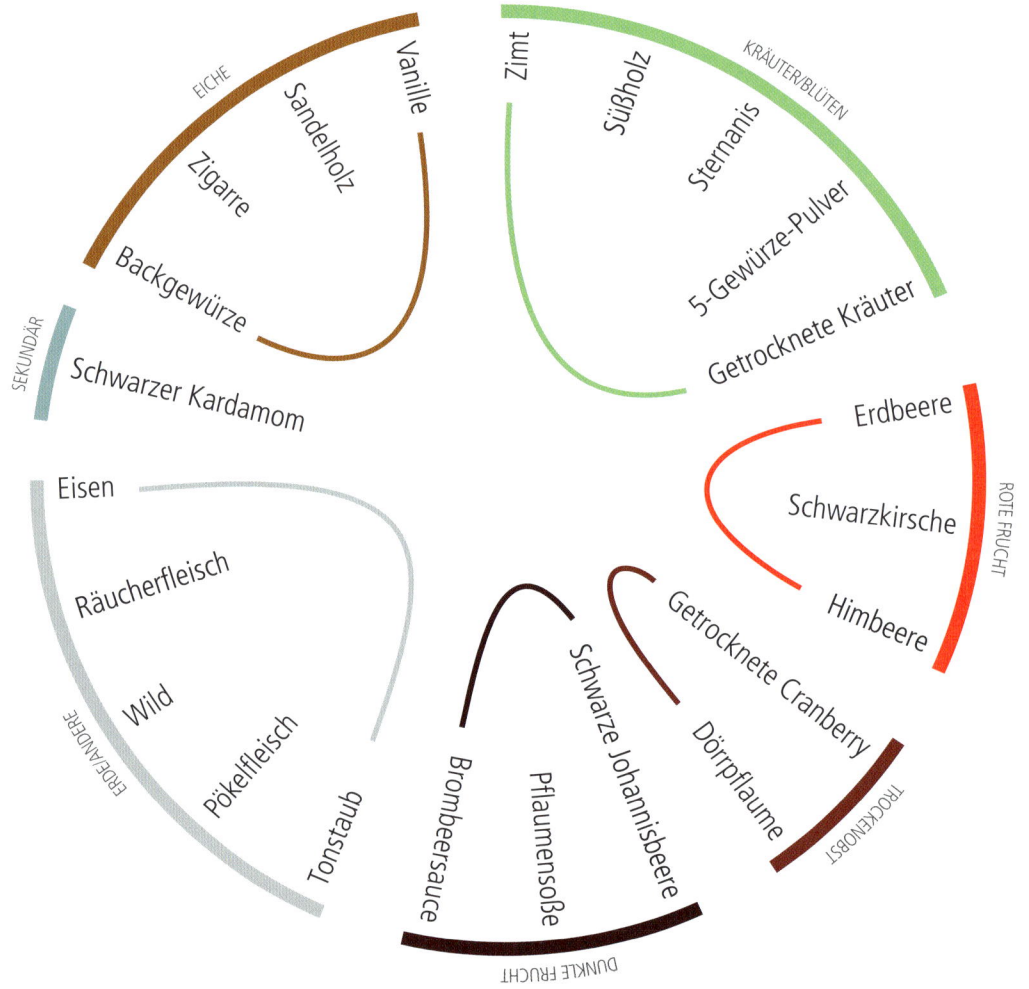

EICHE: Vanille · Sandelholz · Zigarre · Backgewürze

SEKUNDÄR: Schwarzer Kardamom

KRÄUTER/BLÜTEN: Zimt · Süßholz · Sternanis · 5-Gewürze-Pulver · Getrocknete Kräuter

ROTE FRUCHT: Erdbeere · Schwarzkirsche · Himbeere

TROCKENOBST: Getrocknete Cranberry · Dörrpflaume

DUNKLE FRUCHT: Brombeersauce · Pflaumensoße · Schwarze Johannisbeere

ERDE/ANDERE: Eisen · Räucherfleisch · Wild · Pökelfleisch · Tonstaub

♥ Herkunft: Spanien

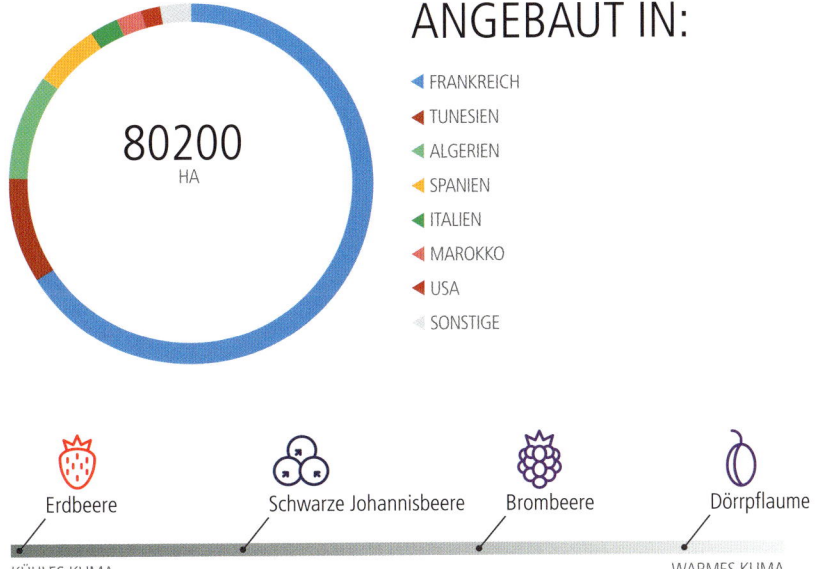

80200
HA

ANGEBAUT IN:

◄ FRANKREICH
◄ TUNESIEN
◄ ALGERIEN
◄ SPANIEN
◄ ITALIEN
◄ MAROKKO
◄ USA
◄ SONSTIGE

ROTWEINGLAS

ZIMMERTEMPERATUR

BIS ZU 5 JAHRE

€ € € € €

 Erdbeere　　　 Schwarze Johannisbeere　　　Brombeere　　　Dörrpflaume

KÜHLES KLIMA　　　　　　　　　　　　　　　　　　　　WARMES KLIMA

Carignan ist eine sehr ergiebige, trockenheitsresistente Rebe, die unter Wüstenbedingungen gedeiht. Dadurch wurde sie früher inflationär gepflanzt und ergab minderwertige Massenweine.

Glücklicherweise haben qualitätsbewusste Winzer in Languedoc-Roussillon und Zentral-Chile die Sorte wiederbelebt und produzieren auf den ältesten Lagen hoch konzentrierte Weine auf Carignan-Basis.

Kombinieren Sie Carignan im Herbst mit Truthahn, Cranberries, gebackenem Kürbis und Kuchengewürzen.

GEFLÜGEL

CRANBERRIES

BACKGEWÜRZE

Weine aus den Appellationen Côtes Catalanes, Faugères und Minervois in Languedoc-Roussillon bieten viel Qualität fürs Geld. Weitere preiswerte Weine kommen aus dem sardinischen Anbaugebiet Carignano del Sulcis.

winefolly.com / learn / variety / carignan

CARMÉNÈRE

»Kar-me-nähr«

winefolly.com / learn / variety / carmenere

PROFIL

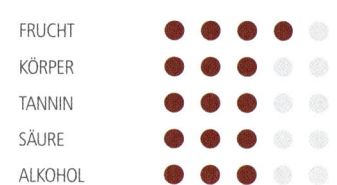

FRUCHT
KÖRPER
TANNIN
SÄURE
ALKOHOL

DOMINIERENDE NOTEN

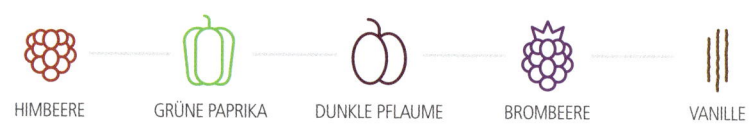

HIMBEERE
GRÜNE PAPRIKA
DUNKLE PFLAUME
BROMBEERE
VANILLE

MÖGLICHE NOTEN

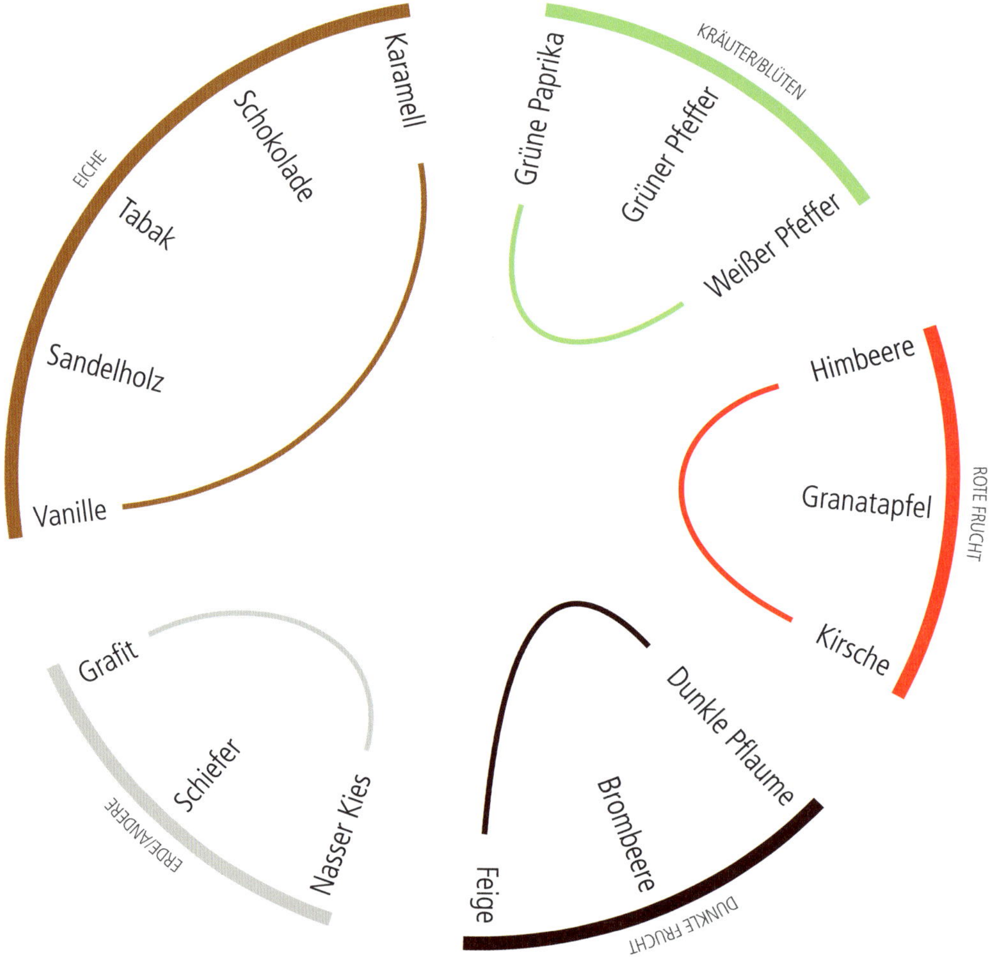
EICHE
Karamell
Schokolade
Tabak
Sandelholz
Vanille
KRÄUTER/BLÜTEN
Grüne Paprika
Grüner Pfeffer
Weißer Pfeffer
ROTE FRUCHT
Himbeere
Granatapfel
Kirsche
DUNKLE FRUCHT
Dunkle Pflaume
Brombeere
Feige
ERDE/ANDERE
Grafit
Schiefer
Nasser Kies

● Herkunft: Frankreich

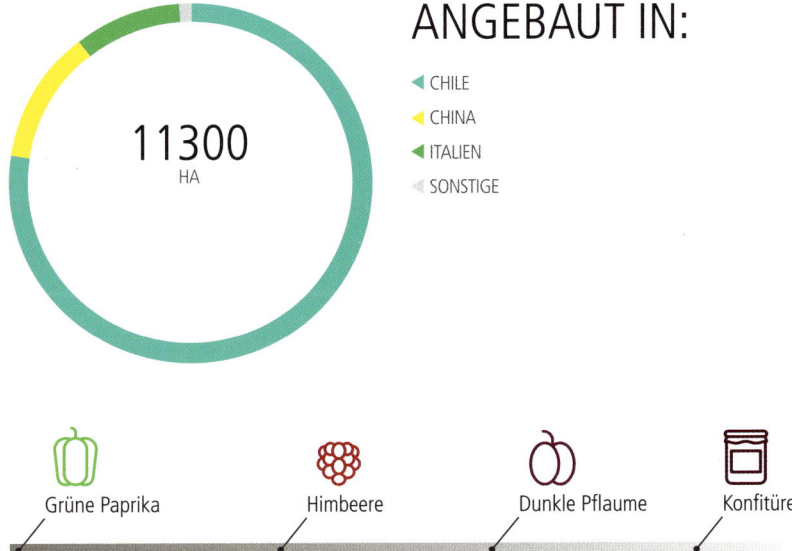

ANGEBAUT IN:

◄ CHILE
◄ CHINA
◄ ITALIEN
◄ SONSTIGE

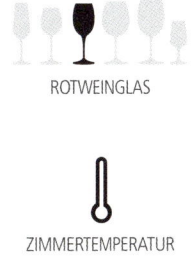

ROTWEINGLAS

ZIMMERTEMPERATUR

BIS ZU 2 JAHRE

€ € € € €

winefolly.com / learn / variety / carmenere

 Grüne Paprika

Himbeere

Dunkle Pflaume

Konfitüre

KÜHLES KLIMA   WARMES KLIMA

Die Carménère ist eine sehr alte Rebsorte aus dem Bordeaux mit vielen geschmacklichen Ähnlichkeiten zu Merlot und Cabernet Sauvignon.

Sie wäre längst ausgestorben, hätte man sie im 19. Jh. nicht mit der Merlot verwechselt und versehentlich in Chile angepflanzt. Erst 1994 enthüllte eine DNS-Untersuchung die wahre Identität der Rebstöcke.

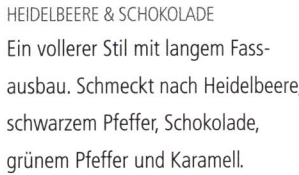

STILE

 ROTE FRUCHT & GRÜNER PFEFFER
Ein leichterer Stil mit geringen Eichentönen und Noten von roten Früchten, grünem Pfeffer, Paprika und Kakaopulver.

 HEIDELBEERE & SCHOKOLADE
Ein vollerer Stil mit langem Fassausbau. Schmeckt nach Heidelbeere, schwarzem Pfeffer, Schokolade, grünem Pfeffer und Karamell.

Das Anbaugebiet Colchagua in Chile ist für feinen Carménère bekannt. Halten Sie Ausschau nach den Subregionen Los Lingues und Apalta.

In Frankreich wird Carménère heute auf weniger als 8 ha Anbaufläche kultiviert.

GRENACHE

🔊 »Gre-nasch«
Alias: Garnacha

winefolly.com / learn / variety / grenache

PROFIL

FRUCHT
KÖRPER
TANNIN
SÄURE
ALKOHOL

DOMINIERENDE NOTEN

GETROCKNETE
ERDBEERE

GEGRILLTE
PFLAUME

ROTE GRAPEFRUIT

LEDER

SÜSSHOLZ

MÖGLICHE NOTEN

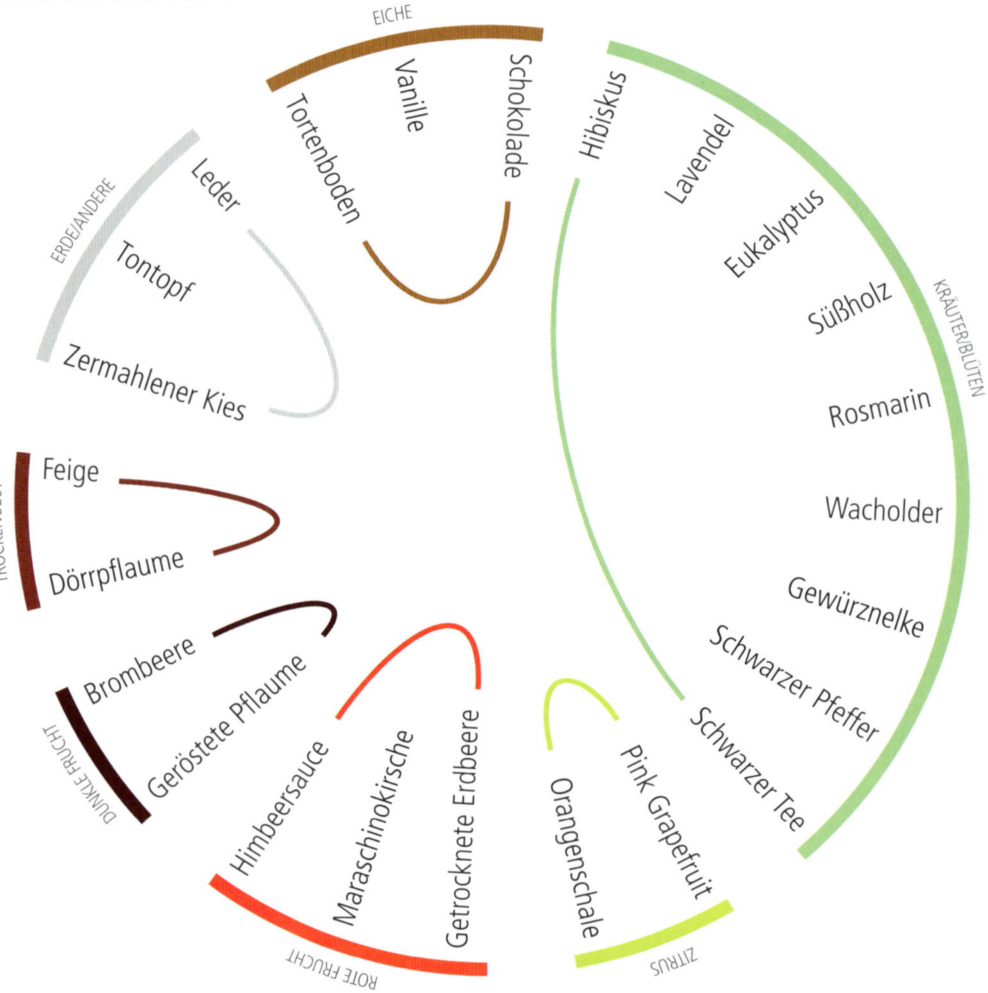

EICHE

Vanille

Schokolade

Tortenboden

Hibiskus

Lavendel

Eukalyptus

Süßholz

KRÄUTERBLÜTEN

Rosmarin

Leder

ERDE/ANDERE

Tontopf

Zermahlener Kies

Wacholder

Gewürznelke

Feige

TROCKENOBST

Dörrpflaume

Brombeere

Schwarzer Pfeffer

Geröstete Pflaume

Schwarzer Tee

DUNKLE FRUCHT

Himbeersauce

Maraschinokirsche

Getrocknete Erdbeere

Orangenschale

Pink Grapefruit

ZITRUS

ROTE FRUCHT

112

📍 Herkunft: Spanien

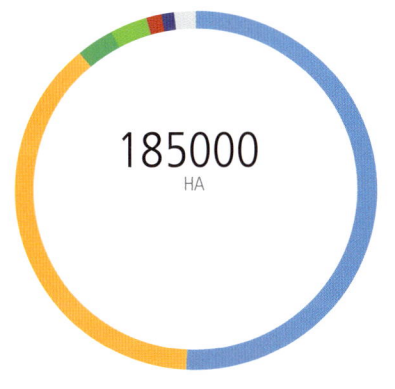

185000
HA

ANGEBAUT IN:

◄ FRANKREICH
◄ SPANIEN
◄ ITALIEN
◄ ALGERIEN
◄ USA
◄ AUSTRALIEN
◄ SONSTIGE

ROTWEINGLAS

ZIMMERTEMPERATUR

BIS ZU 5 JAHRE

€

winefolly.com / learn / variety / grenache

Getrocknete Erdbeere   Himbeersauce   Feige   Dörrpflaume

KÜHLES KLIMA   WARMES KLIMA

REGIONALE UNTERSCHIEDE: Grenaches aus verschiedenen Anbaugebieten unterscheiden sich im Geschmack:

 HIMBEERE & GEWÜRZNELKE
Alkoholstärkere Weine mit mehr Fruchtnoten
● SPANIEN
● AUSTRALIEN
● USA

 GETROCKNETE ERDBEERE & KRÄUTER
Leichtere Weine mit mehr Kräuter- und Tabaknoten
● FRANKREICH
● ITALIEN

ANBAUGEBIETE

◯ CÔTES DU RHÔNE & CHÂTEAUNEUF-DU-PAPE

◯ LANGUEDOC-ROUSSILLON

◯ CALATAYUD & PRIORAT

◯ VINOS DE MADRID

◯ CANNONAU (SARDINIEN)

◯ PASO ROBLES (USA)

◯ COLUMBIA VALLEY (USA)

◯ SÜDAUSTRALIEN

Im Glas zeigt der Grenache einen durchscheinend violett-rubinroten Ton und dank seines hohen Alkoholgehalts kräftige Tränen.

70% aller Lagen der renommierten Appellation Châteauneuf-du-Pape im Rhône-Tal sind mit Grenache-Reben bepflanzt. Hochwertiger Grenache kann locker 15–20 Jahre lagern.

113

MENCÍA

»Men-zia« (das z wird mit englischem »th« gesprochen)
Alias: Jaen, Bierzo, Ribeira Sacra

winefolly.com / learn / variety / mencia

PROFIL

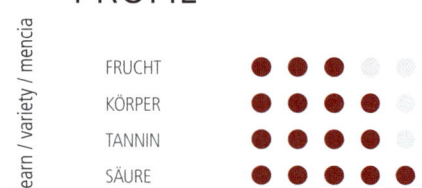

FRUCHT
KÖRPER
TANNIN
SÄURE
ALKOHOL

DOMINIERENDE NOTEN

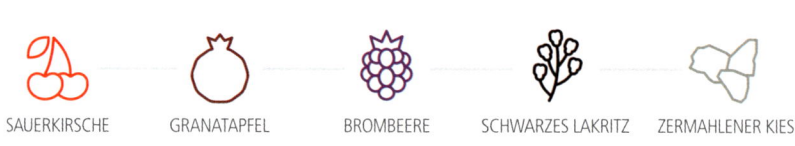

SAUERKIRSCHE
GRANATAPFEL
BROMBEERE
SCHWARZES LAKRITZ
ZERMAHLENER KIES

MÖGLICHE NOTEN

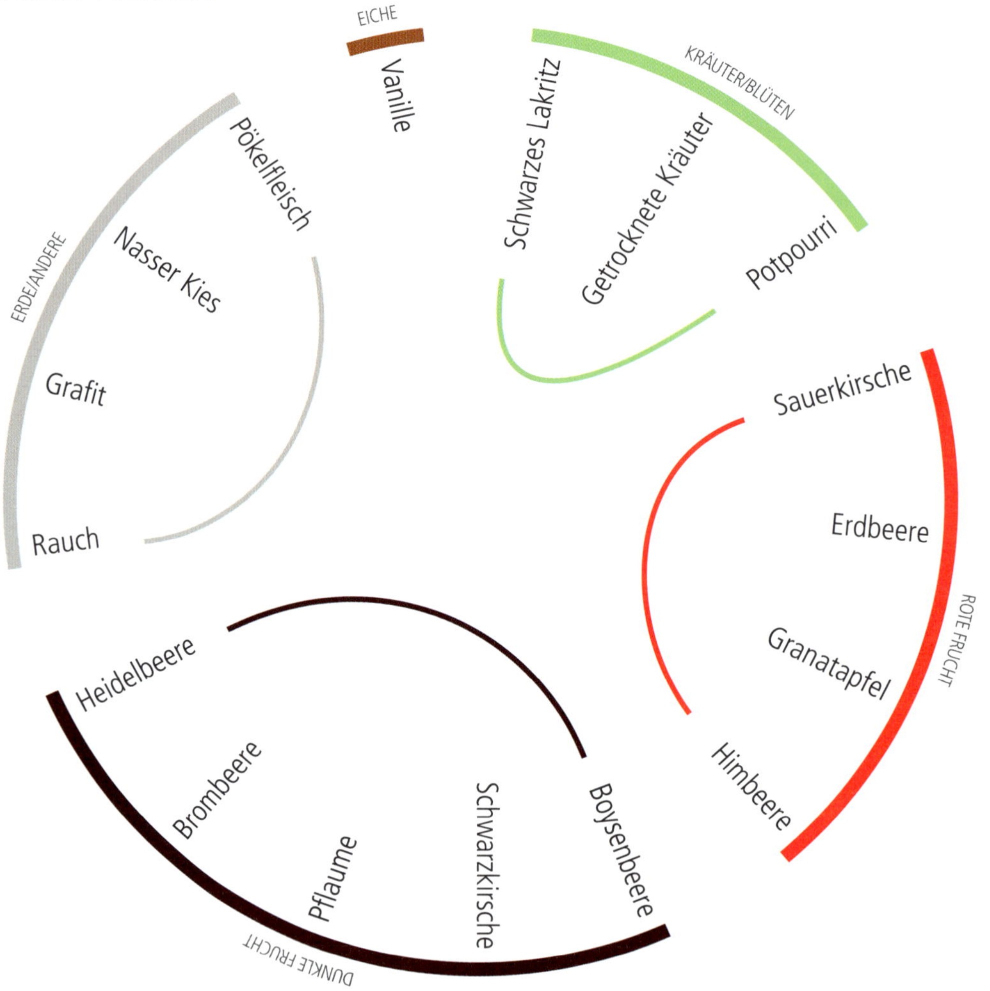

EICHE
Vanille
KRÄUTER/BLÜTEN
Schwarzes Lakritz
Getrocknete Kräuter
Potpourri
ROTE FRUCHT
Sauerkirsche
Erdbeere
Granatapfel
Himbeere
DUNKLE FRUCHT
Boysenbeere
Schwarzkirsche
Pflaume
Brombeere
Heidelbeere
ERDE/ANDERE
Rauch
Grafit
Nasser Kies
Pökelfleisch

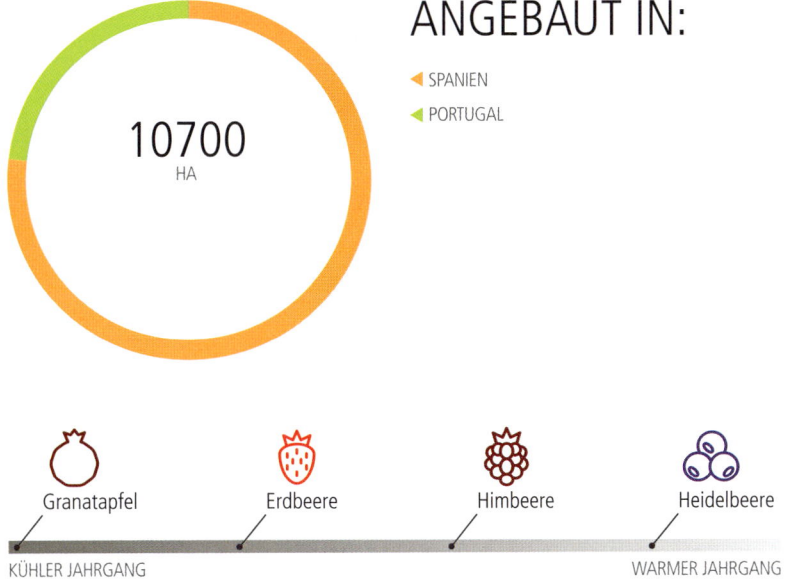

10700
HA

ANGEBAUT IN:

◄ SPANIEN
◄ PORTUGAL

WEITER KELCH

KELLERTEMPERATUR

BIS ZU 10 JAHRE

€ € € € €

🍷 Granatapfel   🍓 Erdbeere   🫐 Himbeere   🫐 Heidelbeere

KÜHLER JAHRGANG   WARMER JAHRGANG

SPANISCHE QUALITÄTSSTUFEN: Jedes Anbaugebiet hat seine eigenen Anforderungen, aber prinzipiell gilt:

KEINE KLASSIFIZIERUNG
Keine Anforderungen an Fass- oder Flaschenreifung.

CRIANZA   CRIANZA/BARRICA
Mindestens 2 Jahre Ausbau in Fass und Flasche (u.a. 6 Monate in Eiche).

RESERVA   RESERVA/GRAN RESERVA
Maximaler Ausbau in Fass und Flasche, bis der Wein auf den Markt kommt (~2–4 Jahre).

Die Mencía ist eine relativ unbekannte Traube von der iberischen Halbinsel, die bemerkenswert Merlot-Weinen aus kühleren Regionen ähnelt. Sie wächst hauptsächlich in den Anbaugebieten Bierzo, Ribeira Sacra und Valdeorras in Galizien und im portugiesischen Dão.

Hochwertige Mencías kommen von alten Hanglagen.

In Portugal nennt man die Mencía Jaen.

115

MERLOT

winefolly.com / learn / variety / merlot

🔊 »Mer-loh«

PROFIL

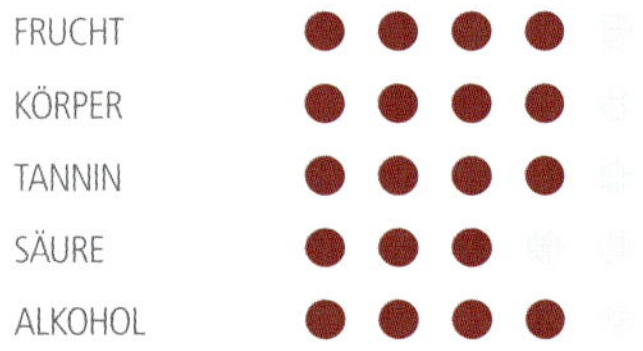

FRUCHT	●●●●○
KÖRPER	●●●●○
TANNIN	●●●●○
SÄURE	●●●○○
ALKOHOL	●●●●○

DOMINIERENDE NOTEN

HIMBEERE   SCHWARZKIRSCHE   KAKIPFLAUME   SCHOKOLADE   ZEDER

MÖGLICHE NOTEN

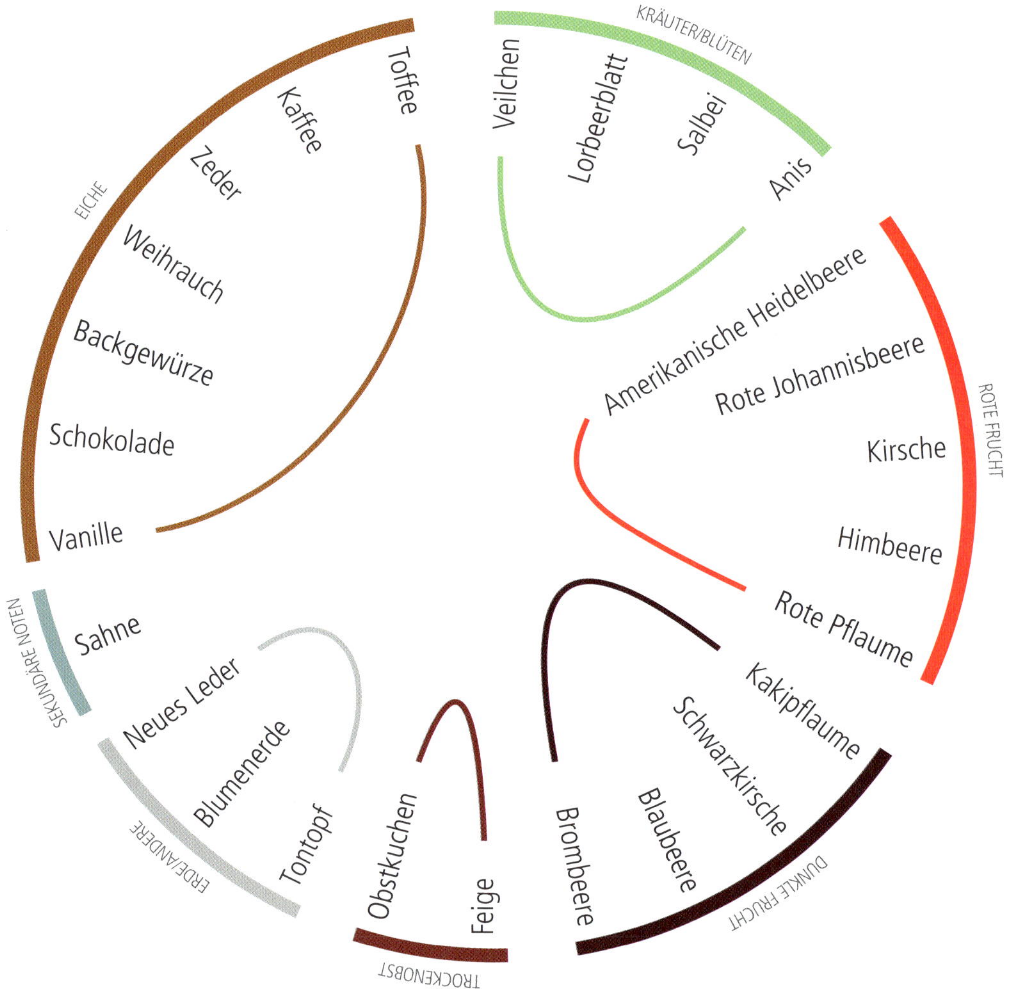

EICHE
- Toffee
- Kaffee
- Zeder
- Weihrauch
- Backgewürze
- Schokolade
- Vanille

KRÄUTER/BLÜTEN
- Veilchen
- Lorbeerblatt
- Salbei
- Anis

ROTE FRUCHT
- Amerikanische Heidelbeere
- Rote Johannisbeere
- Kirsche
- Himbeere
- Rote Pflaume

DUNKLE FRUCHT
- Kakipflaume
- Schwarzkirsche
- Blaubeere
- Brombeere

TROCKENOBST
- Feige
- Obstkuchen

ERDE/ANDERE
- Tontopf
- Blumenerde
- Neues Leder

SEKUNDÄRE NOTEN
- Sahne

116

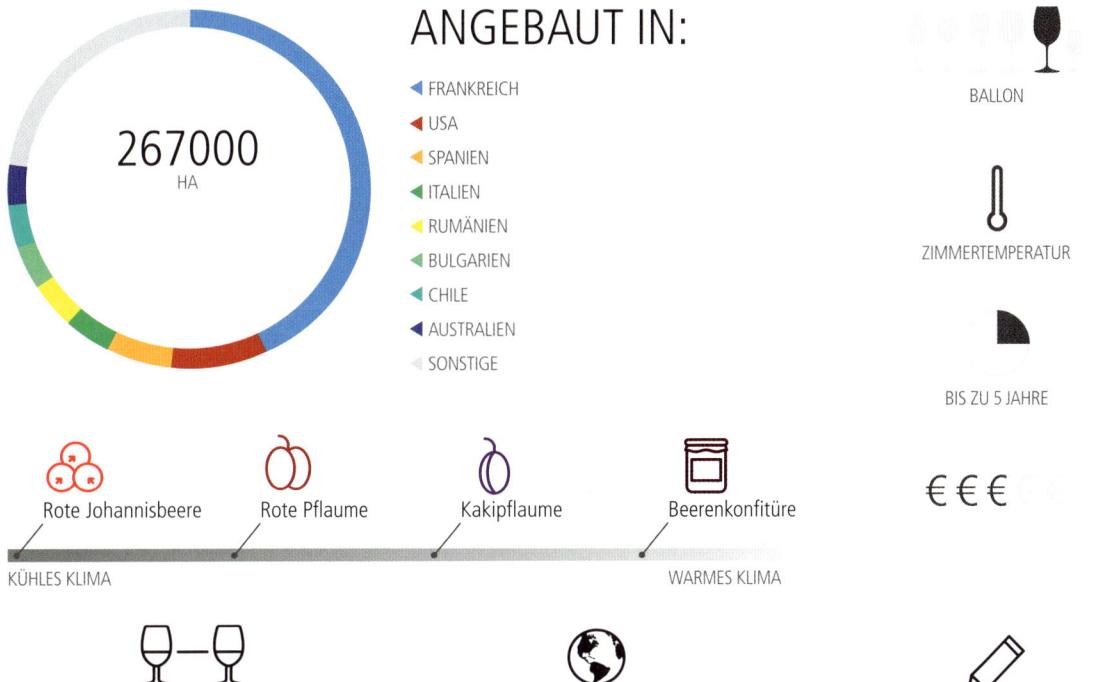

📍 Herkunft: Frankreich

267000 HA

ANGEBAUT IN:

◀ FRANKREICH
◀ USA
◀ SPANIEN
◀ ITALIEN
◀ RUMÄNIEN
◀ BULGARIEN
◀ CHILE
◀ AUSTRALIEN
◀ SONSTIGE

BALLON

ZIMMERTEMPERATUR

BIS ZU 5 JAHRE

€ € €

 Rote Johannisbeere   Rote Pflaume   Kakipflaume   Beerenkonfitüre

KÜHLES KLIMA   WARMES KLIMA

REGIONALE UNTERSCHIEDE: Merlots aus verschiedenen Anbaugebieten unterscheiden sich im Geschmack:

 BROMBEERE & VANILLE
● KALIFORNIEN (USA)
● AUSTRALIEN
● SÜDAFRIKA
● ARGENTINIEN

ROTE PFLAUME & ZEDER
● FRANKREICH
● ITALIEN
● WASHINGTON STATE (USA)
● CHILE

ANBAUGEBIETE

○ BORDEAUX
○ TOSKANA
○ VENETO & FRIAUL-JULISCH VENEZIEN
○ WASHINGTON STATE (USA)
○ SONOMA (USA)
○ NAPA (USA)
○ SÜDAUSTRALIEN
○ WESTAUSTRALIEN
○ SÜDAFRIKA

Hochwertige Merlot-Reben wachsen auf Lagen, die Mühe haben, die Trauben zu konzentrieren. Achten Sie auf Hang- und Höhenlagen.

In amerikanischer Eiche ausgebauter Merlot besitzt volle Dill- und Zedernnoten.

Bei Blindverkostungen wird Merlot oft mit Cabernet Sauvignon verwechselt, weil beide eng verwandt sind (siehe Cabernet Franc, S. 106–107).

winefolly.com / learn / variety / merlot

117

MONTEPULCIANO

»Mon-te-pul-tscha-noh«

winefolly.com / learn / variety / merlot

PROFIL

FRUCHT	●●●○○
KÖRPER	●●●●○
TANNIN	●●●●○
SÄURE	●●●●○
ALKOHOL	●●●○○

DOMINIERENDE NOTEN

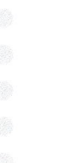

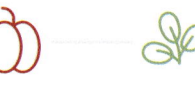

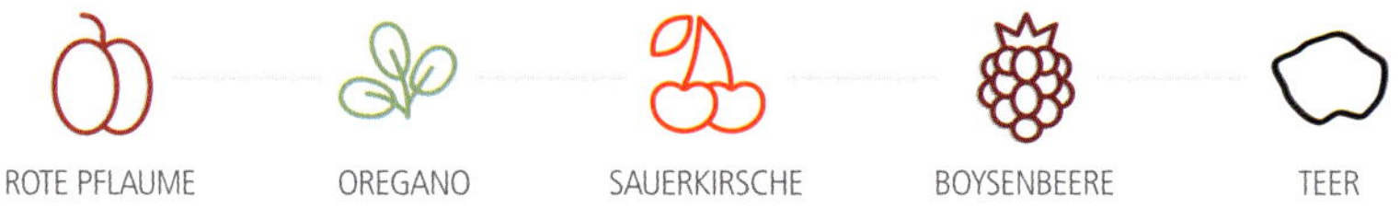
ROTE PFLAUME
OREGANO
SAUERKIRSCHE
BOYSENBEERE
TEER

MÖGLICHE NOTEN

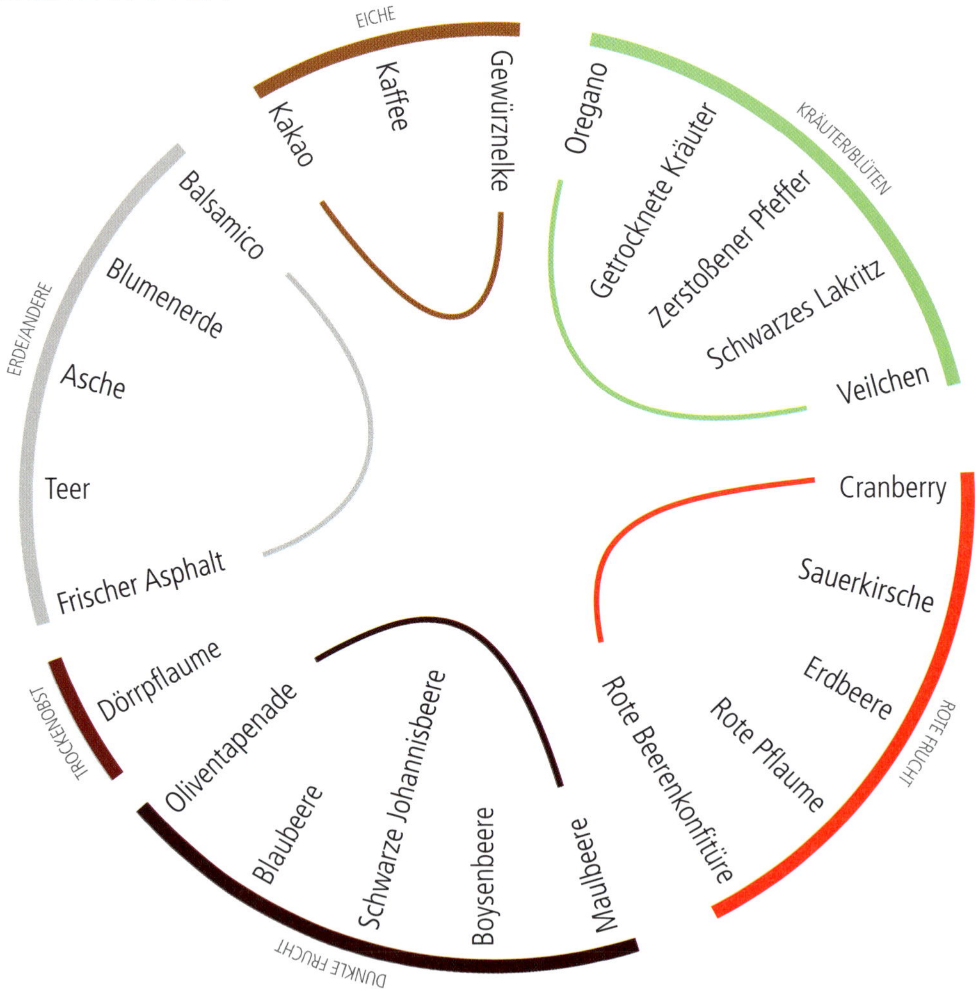
EICHE
Kakao
Kaffee
Gewürznelke
KRÄUTER/BLÜTEN
Oregano
Getrocknete Kräuter
Zerstoßener Pfeffer
Schwarzes Lakritz
Veilchen
ROTE FRUCHT
Cranberry
Sauerkirsche
Erdbeere
Rote Pflaume
Rote Beerenkonfitüre
DUNKLE FRUCHT
Maulbeere
Boysenbeere
Schwarze Johannisbeere
Blaubeere
Oliventapenade
TROCKENOBST
Dörrpflaume
ERDE/ANDERE
Frischer Asphalt
Teer
Asche
Blumenerde
Balsamico

📍 Herkunft: Süditalien

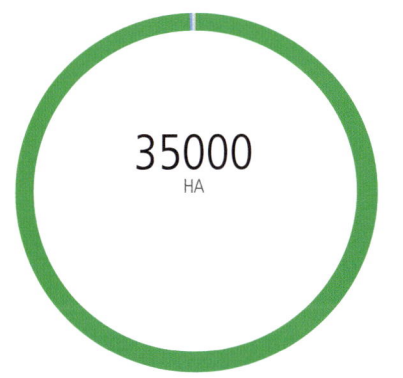

35000
HA

ANBAU IN:

◄ ITALIEN
◄ ARGENTINIEN
◄ SONSTIGE

BALLON

ZIMMERTEMPERATUR

BIS ZU 5 JAHRE

Sauerkirsche

Boysenbeere

Rote Beerenkonfitüre

Dörrpflaume

KÜHLER JAHRGANG · · · · WARMER JAHRGANG

Die Montepulciano ist die zweithäufigste rote Traube Italiens. Die meisten ihrer Weine sind als »Montepulciano d'Abruzzo« etikettiert und stammen folglich aus den Abruzzen.

Die roten Fruchtnoten des Montepulciano ähneln meist denen des Merlot. Qualitätsbewusste Winzer produzieren auch körperreiche Versionen, die mehr als zehn Jahre lagern können.

REGIONALE WEINE: Montepulciano trägt sein Anbaugebiet auf dem Etikett:

● Abruzzo
  MONTEPULCIANO D'ABRUZZO
  CONTROGUERRA

● Marche
  ROSSO CONERO
  COLLINE PESARESI
  ROSSO PICENO

● Molise
  BIFERNO

● Umbria
  TORGIANO

● Puglia
  SAN SEVERO

Hochwertige Weine sollten mindestens vier Jahre alt sein und können preislich mühelos jenseits der 20 € liegen.

Montepulciano wird gerne mit Vino Nobile di Montepulciano verwechselt, der in der Toskana aus Sangiovese-Trauben gekeltert wird.

NEGROAMARO

PROFIL

FRUCHT
KÖRPER
TANNIN
SÄURE
ALKOHOL

DOMINIERENDE NOTEN

 SCHWARZKIRSCHE

 DUNKLE PFLAUME

 BROMBEERE

 DÖRRPFLAUME

 GETROCKNETE KRÄUTER

MÖGLICHE NOTEN

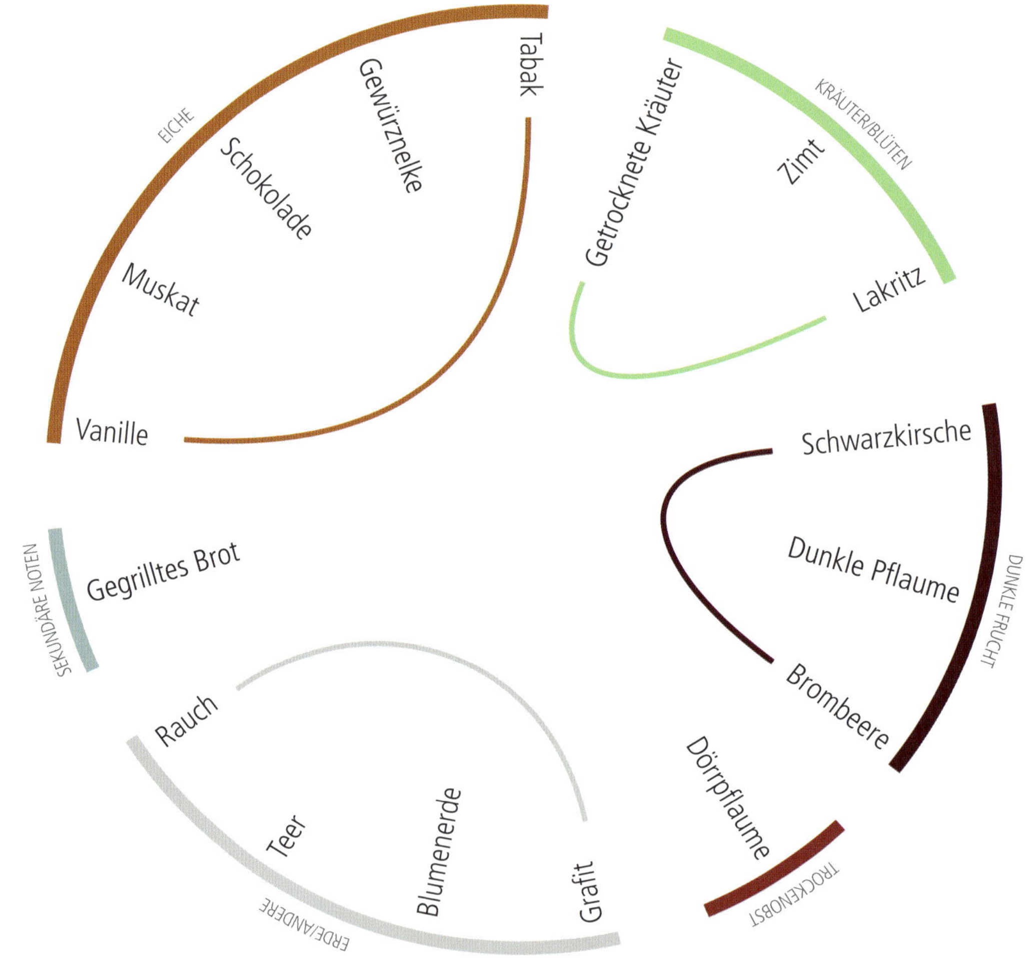

EICHE
Tabak
Gewürznelke
Schokolade
Muskat
Vanille

KRÄUTER/BLÜTEN
Getrocknete Kräuter
Zimt
Lakritz

DUNKLE FRUCHT
Schwarzkirsche
Dunkle Pflaume
Brombeere

TROCKENOBST
Dörrpflaume

SEKUNDÄRE NOTEN
Gegrilltes Brot

ERDE/ANDERE
Rauch
Teer
Blumenerde
Grafit

ANGEBAUT IN:

◀ ITALIEN

BALLON

ZIMMERTEMPERATUR

BIS ZU 5 JAHRE

11400
HA

Schwarzkirsche

Dunkle Pflaume

Brombeere

Dörrpflaume

€ € € € €

KÜHLER JAHRGANG   WARMER JAHRGANG

Die Negroamaro ist eine heimische Traube aus Apulien. Sie wächst vor allem an der Spitze des italienischen »Stiefelabsatzes« entlang der ionischen Küste. Da das Klima dort sehr heiß ist, findet man die besten Lagen direkt am Meer, wo die kühleren Nachttemperaturen Trauben mit mehr natürlicher Säure und Langlebigkeit begünstigen.

Regionale Weine
Negroamaros werden nach ihrer Herkunft etikettiert. Die folgenden Gebiete sind zu 70–100% mit der Traube bepflanzt:

● Puglia
  SALICE SALENTO
  ALEZIO
  NARDO
  BRINDISI
  SQUINZANO
  MATINO
  COPERTINO

Negroamaro wird oft mit Primitivo (alias Zinfandel) verschnitten, weil sie die süßen roten Fruchtnoten des Primitivo mit Tanninstruktur, dunkler Frucht und einem rauchigen Kräuteraroma ergänzt.

Negroamaro passt zu gegrilltem Hähnchen und Zwiebelpizza, Pulled Pork-Sandwiches, gebratenen Pilzen und Teriyaki.

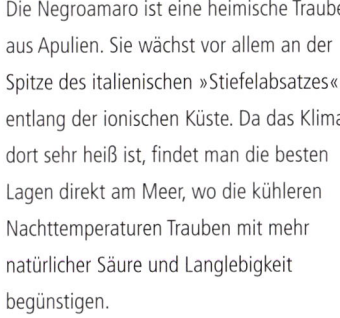

PUGLIA

RHÔNE-/GSM-CUVÉE

🔊 »Rohn-kü-weh«
Alias: Grenache-Syrah-Mourvèdre-Cuvée,
Côtes du Rhône

winefolly.com / learn / wine / rhone-blend

PROFIL

FRUCHT
KÖRPER
TANNIN
SÄURE
ALKOHOL

DOMINIERENDE NOTEN

HIMBEERE   BROMBEERE   GETROCKNETE GRÜNE KRÄUTER   BACKGEWÜRZE   LAVENDEL

MÖGLICHE NOTEN

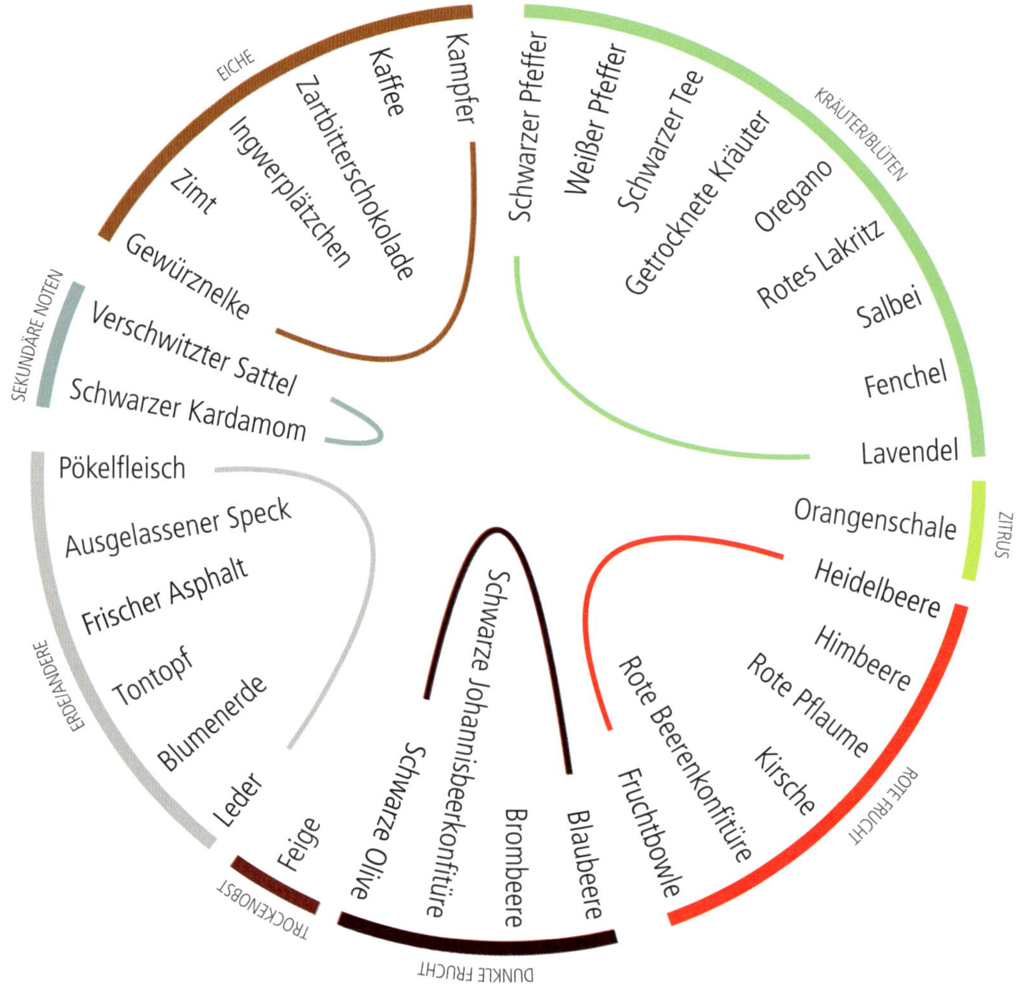

EICHE
- Kampfer
- Kaffee
- Zartbitterschokolade
- Ingwerplätzchen
- Zimt
- Gewürznelke

SEKUNDÄRE NOTEN
- Verschwitzter Sattel
- Schwarzer Kardamom

ERDE/ANDERE
- Pökelfleisch
- Ausgelassener Speck
- Frischer Asphalt
- Tontopf
- Blumenerde
- Leder

TROCKENOBST
- Feige

DUNKLE FRUCHT
- Schwarze Olive
- Schwarze Johannisbeerkonfitüre
- Brombeere
- Blaubeere
- Fruchtbowle

KRÄUTER/BLÜTEN
- Schwarzer Pfeffer
- Weißer Pfeffer
- Schwarzer Tee
- Getrocknete Kräuter
- Oregano
- Rotes Lakritz
- Salbei
- Fenchel
- Lavendel

ZITRUS
- Orangenschale

ROTE FRUCHT
- Heidelbeere
- Himbeere
- Rote Pflaume
- Kirsche
- Rote Beerenkonfitüre

122

📍 Anbauländer: Frankreich, Spanien, Australien, USA, Südafrika

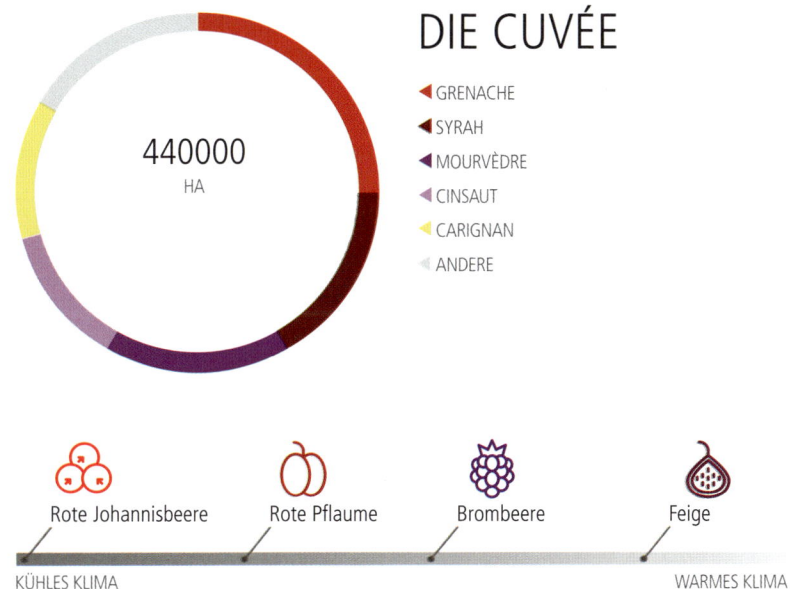

DIE CUVÉE

◀ GRENACHE
◀ SYRAH
◀ MOURVÈDRE
◀ CINSAUT
◀ CARIGNAN
◀ ANDERE

440000
HA

BALLON

ZIMMERTEMPERATUR

BIS ZU 5 JAHRE

€ € €

| Rote Johannisbeere | Rote Pflaume | Brombeere | Feige |

KÜHLES KLIMA

WARMES KLIMA

REGIONALE UNTERSCHIEDE: Rhône-Cuvées aus verschiedenen Anbaugebieten unterscheiden sich im Geschmack:

 BROMBEERE & GEWÜRZNELKE
● SPANIEN
● SÜDAUSTRALIEN
● SÜDAFRIKA
● KALIFORNIEN (USA)

 GETROCKNETE ERDBEERE & KRÄUTER
● FRANKREICH
● WASHINGTON STATE (USA)

ANBAUGEBIETE

◯ CÔTES DU RHÔNE (FRA)
◯ LANGUEDOC-ROUSSILLON (FRA)
◯ CATALONIA (ESP)
◯ ARAGON (ESP)
◯ LA MANCHA & MADRID (ESP)
◯ CENTRAL COAST (USA)
◯ COLUMBIA VALLEY (USA)
◯ SÜDAUSTRALIEN
◯ SÜDAFRIKA

Weine mit gutem Preis-Leistungsverhältnis kommen aus Languedoc-Roussillon und La Mancha. Achten Sie auf einen hohen Grenache-Anteil.

Die besten GSM-Cuvées kommen aus Priorat und Méntrida (ESP), Châteauneuf-du-Pape (FRA), Barossa Valley (AUS) und Santa Barbara (USA).

winefolly.com / learn / wine / rhone-blend

123

SANGIOVESE

🔊 »Sahn-dscho-veh-se«
Alias: Chianti, Brunello, Nielluccio, Morellino

PROFIL

FRUCHT	
KÖRPER	
TANNIN	
SÄURE	
ALKOHOL	

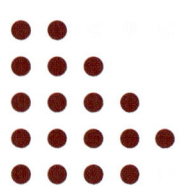

DOMINIERENDE NOTEN

ROTE JOHANNISBEERE

GEBACKENE TOMATE

HIMBEERE

POTPOURRI

TONTOPF

MÖGLICHE NOTEN

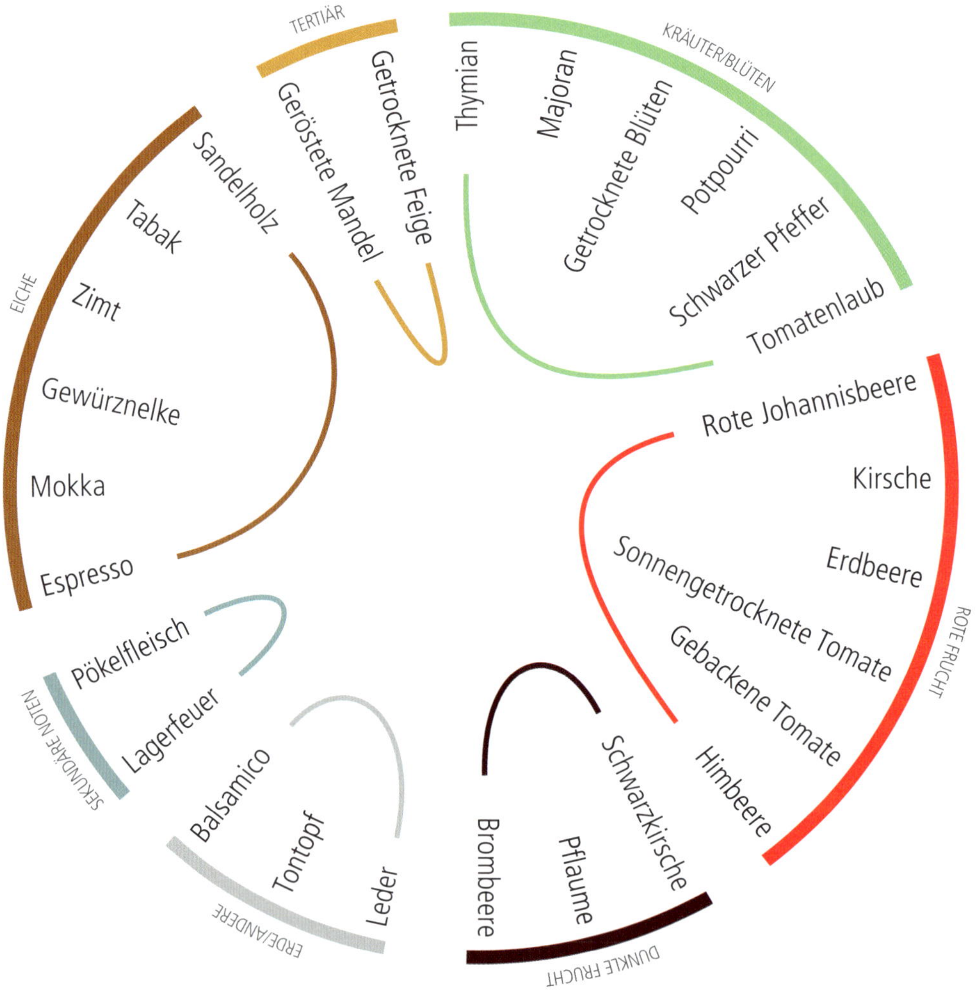

TERTIÄR

Getrocknete Feige

Geröstete Mandel

Sandelholz

Tabak

Zimt

Gewürznelke

Mokka

Espresso

EICHE

Pökelfleisch

Lagerfeuer

SEKUNDÄRE NOTEN

Balsamico

Tontopf

Leder

ERDE/ANDERE

Thymian

Majoran

Getrocknete Blüten

Potpourri

Schwarzer Pfeffer

Tomatenlaub

KRÄUTER/BLÜTEN

Rote Johannisbeere

Kirsche

Erdbeere

Sonnengetrocknete Tomate

Gebackene Tomate

Himbeere

ROTE FRUCHT

Brombeere

Pflaume

Schwarzkirsche

DUNKLE FRUCHT

124

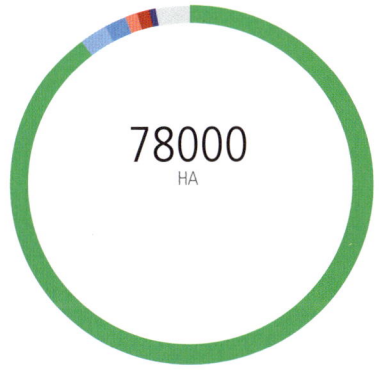

ANGEBAUT IN:

78000
HA

◀ ITALIEN
◀ ARGENTINIEN
◀ FRANKREICH
◀ TUNESIEN
◀ USA
◀ AUSTRALIEN
◀ SONSTIGE

ROTWEINGLAS

KELLERTEMPERATUR

BIS ZU 5 JAHRE

€ € €

Rote Johannisbeere

Gebackene Tomate

Himbeere

Brombeere

KÜHLES KLIMA   WARMES KLIMA

STILE

RUSTIKAL – TOMATE & LEDER
Bei traditionellen Produktions-
methoden werden die Weine in alten
Fässern ausgebaut, die keine Vanillenoten mehr abgeben. Das bewahrt
die kräuterigen Noten und die hohe
Säure der Sangiovese.

MODERN – KIRSCHE & GEWÜRZNELKE
Moderne Sangioveses reifen in
Eichenfässern, die für süße Vanille-
noten und eine weiche Säure sorgen.

REGIONALE WEINE: Sangiovese wird
meist nach dem Anbaugebiet etikettiert.
Die folgenden Regionen pflanzen zu
60–100% Sangiovese an:

● Toskana
CHIANTI
BRUNELLO DI MONTALCINO
ROSSO DI MONTALCINO
VINO NOBILE DI MONTEPULCIANO
MORELLINO DI SCANSANO
CARMIGNANO
MONTECUCCO

● Umbrien
MONTEFALCO ROSSO

Sangiovese passt gut zu fettigem Fleisch
und tomatigen Speisen, wie Lasagne,
Pasta Bolognese und Pizza.

Sangiovese ist der Spitzenwein Italiens.
Er wird vorwiegend in der Toskana, der
Campania und Umbrien produziert.

Sangiovese-Reben gelangten in den 1980ern
nach Kalifornien.

VALPOLICELLA-CUVÉE

 »Wal-po-li-tschel-la«

Alias: Amarone

PROFIL

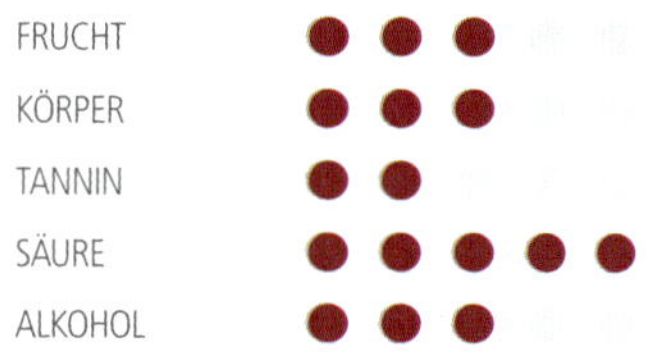

FRUCHT	●●●○○
KÖRPER	●●●○○
TANNIN	●●○○○
SÄURE	●●●●●
ALKOHOL	●●●○○

DOMINIERENDE NOTEN

 SAUERKIRSCHE

 ZIMT

 GRÜNER PFEFFER

 CAROB

 GRÜNE MANDEL

winefolly.com / learn / wine / valpolicella-blend

MÖGLICHE NOTEN

TERTIÄR
- Carob
- Geröstete Haselnuss
- Teriyaki
- Melasse
- Brauner Zucker
- Sassafras

EICHE
- Tabak
- Gewürznelke
- Muskat

ERDE/ANDERE
- Rinderbrühe
- Holzkohlerauch
- Nasser Kies
- Wild
- Asche
- Teer
- Leder

TROCKENOBST
- Dattel
- Rosine
- Feige

DUNKLE FRUCHT
- Pflaume
- Schwarzkirsche
- Schattenmorelle

ROTE FRUCHT
- Cranberry
- Rote Johannisbeere
- Kirsch-Hustensaft
- Reife Erdbeere

KRÄUTER/BLÜTEN
- Steppen-Schwertlilie
- Rose
- Potpourri
- Hibiskus
- Zimt
- Grüner Pfeffer
- Rotes Lakritz
- Bittermandel
- Schwarzer Tee

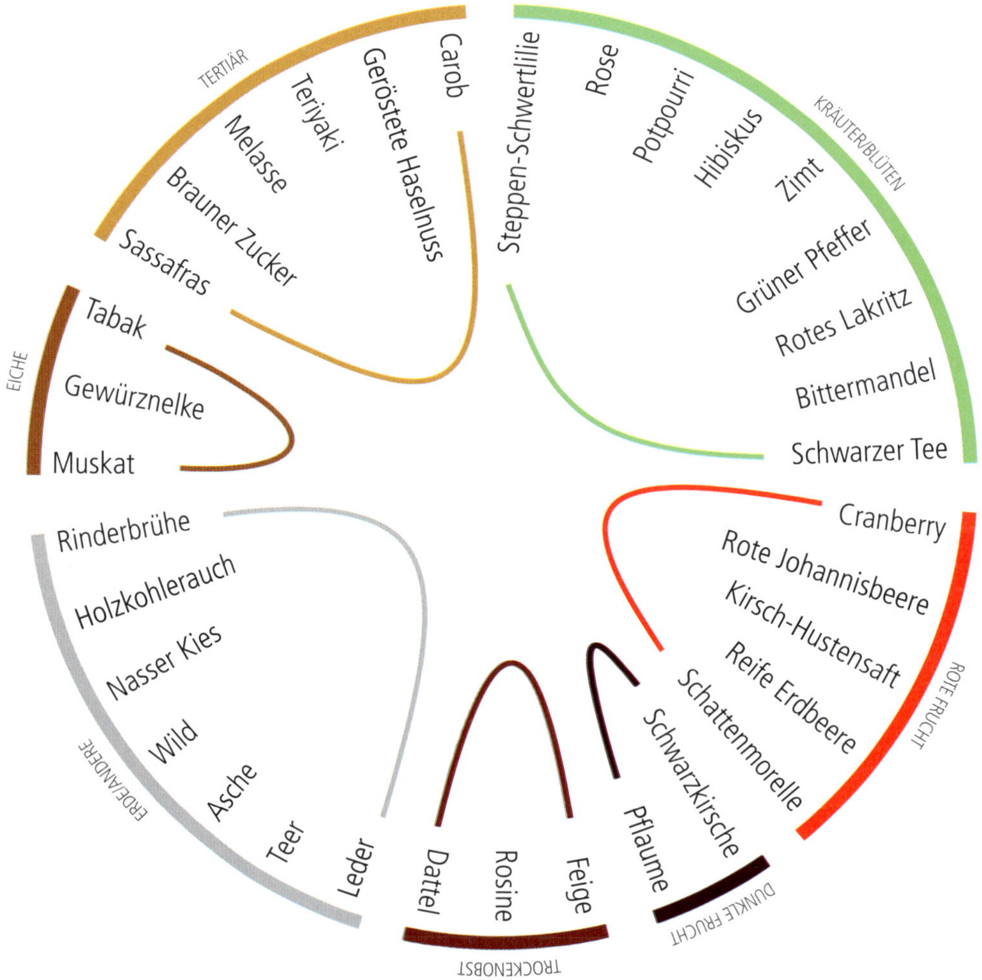

📍 Herkunft: Veneto, Italien

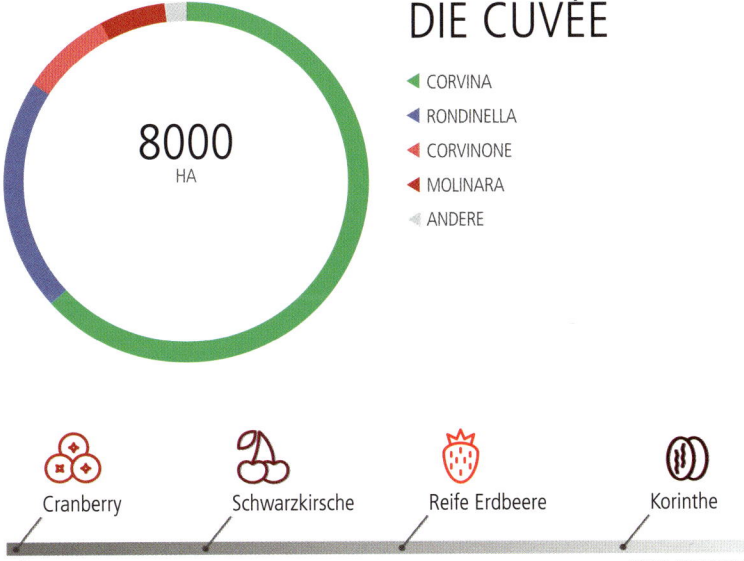

DIE CUVÉE

◀ CORVINA
◀ RONDINELLA
◀ CORVINONE
◀ MOLINARA
◀ ANDERE

8000
HA

ROTWEINGLAS

KELLERTEMPERATUR

BIS ZU 5 JAHRE

€ € € € €

winefolly.com / learn / wine / valpolicella-blend

Cranberry Schwarzkirsche Reife Erdbeere Korinthe

KÜHLER JAHRGANG   WARMER JAHRGANG

Neben den vorgeschriebenen Corvina- und Rondinella-Trauben dürfen Valpolicellas noch bis zu 25% andere zugelassene Rebsorten enthalten.

🍇 **CORVINA & CORVINONE**
Würzige rote Frucht- und grüne Mandelnoten

🍇 **RONDINELLA**
Gibt florale Aromen und ist tanninarm.

🍇 **MOLINARA**
Für hohe Säure bekannt.

QUALITÄTSSTUFEN

€ VALPOLICELLA CLASSICO
   herbe Kirsche und Asche

€€ VALPOLICELLA SUPERIORE
   dunkle Beeren und hohe Säure

€€€ VALPOLICELLA SUPERIORE RIPASSO
   Kirschsoße, grüner Pfeffer und Carob

€€€€ AMARONE DELLA VALPOLICELLA
   Schwarzkirsche, Feige, Sassafras, Schokolade und brauner Zucker

€€€€€ RECIOTO DELLA VALPOLICELLA
   süße Korinthe, Schwarzkirsche, Gewürznelke und geröstete Haselnuss

Manche Ripassos schmecken sehr ähnlich wie Amarone, kosten aber einen Bruchteil.

Amarone und Recioto entstehen nach der *appassimento*-Methode: Trauben werden den Winter über auf Strohmatten getrocknet, um den Zucker zu konzentrieren, dann gekeltert und sehr langsam vergoren. Die Weine sind hell, aber reich an Körper und Geschmack.

127

ZINFANDEL

🔊 »Sin-fan-del«
Alias: Primitivo, Tribidrag

PROFIL

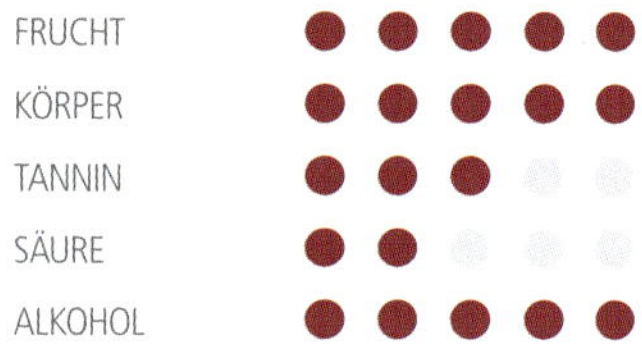

FRUCHT
KÖRPER
TANNIN
SÄURE
ALKOHOL

DOMINIERENDE NOTEN

BROMBEERE | ERDBEERE | PFIRSICHKOMPOTT | 5-GEWÜRZE-PULVER | TABAK

MÖGLICHE NOTEN

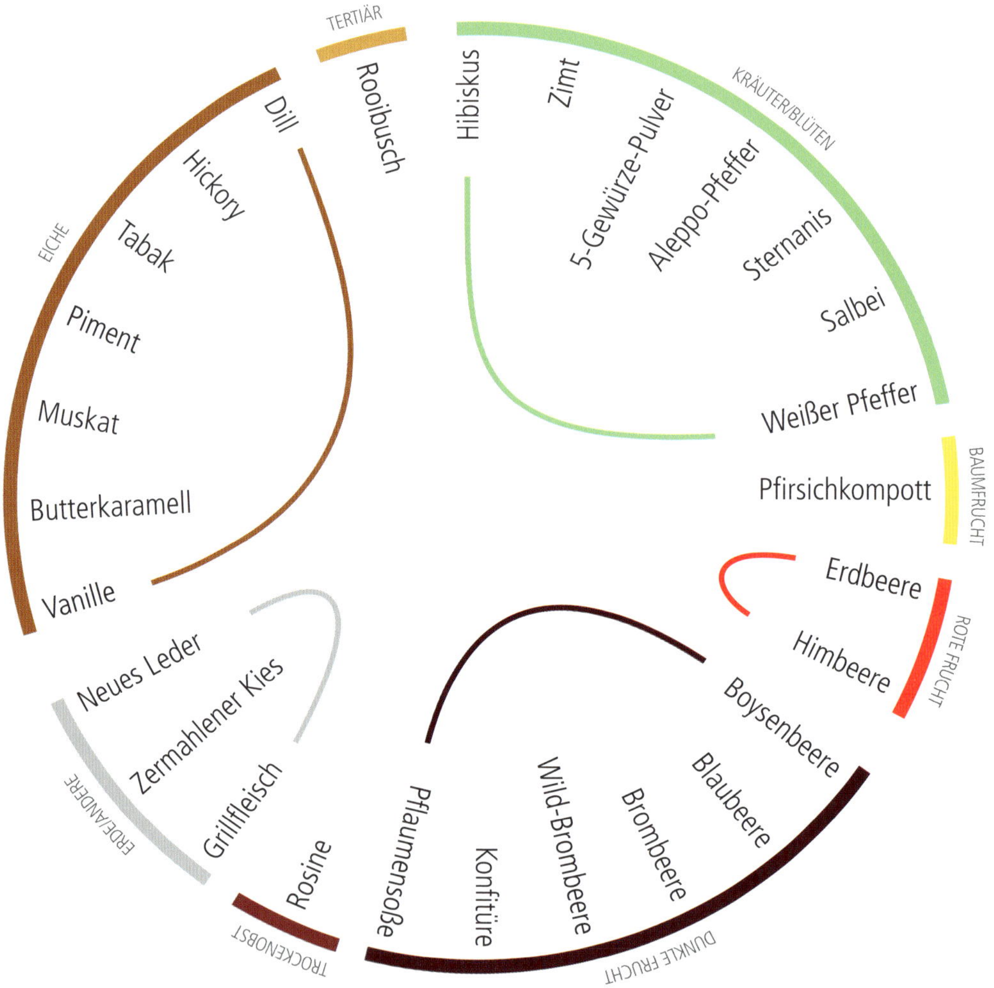

TERTIÄR

Rooibusch
Dill

Hibiskus
Zimt
5-Gewürze-Pulver
Aleppo-Pfeffer
Sternanis
Salbei

KRÄUTER/BLÜTEN

EICHE

Hickory
Tabak
Piment
Muskat
Butterkaramell
Vanille

Weißer Pfeffer

Pfirsichkompott

BAUMFRUCHT

Erdbeere
Himbeere

ROTE FRUCHT

Neues Leder
Zermahlener Kies
Grillfleisch

ERDE/ANDERE

Boysenbeere
Blaubeere
Brombeere
Wild-Brombeere
Konfitüre
Pflaumensoße

Rosine

TROCKENOBST

DUNKLE FRUCHT

128

● Herkunft: Kroatien

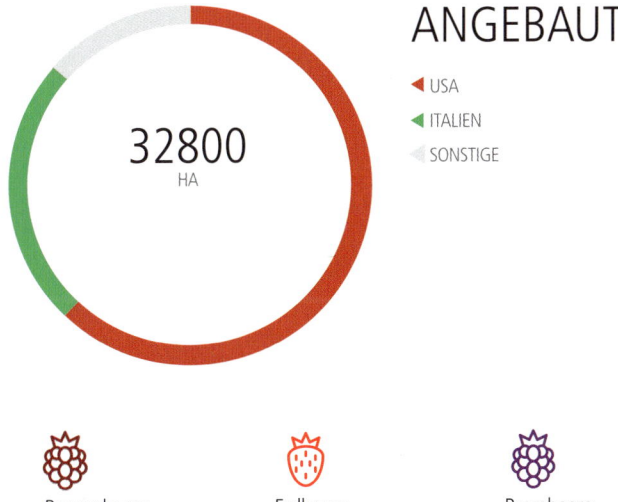

32800
HA

ANGEBAUT IN:

◄ USA
◄ ITALIEN
◄ SONSTIGE

ROTWEINGLAS

ZIMMERTEMPERATUR

BIS ZU 2 JAHRE

€ € € € €

 Boysenbeere

Erdbeere

 Brombeere

 Rosine

KÜHLES KLIMA — WARMES KLIMA

Der Ursprung der Zinfandel-Traube war unklar, bis ein DNS-Vergleich belegte, dass sie identisch mit der italienischen Primitivo und der kroatischen Tribidrag ist. Sie war im Venedig des 15. Jahrhunderts ein begehrtes Handelsgut.

Zinfandel gibt einen schweren Rotwein, allerdings fließen nur etwa 15% der US-Produktion in diesen Stil. Der Rest wird zu einem klebrig-süßen Rosé namens White Zinfandel verarbeitet.

ANBAUGEBIETE

KALIFORNIEN (USA)
Der beste Zinfandel wächst in den Hügeln von Napa, Sonoma, Paso Robles und den Sierra Foothills. In Lodi gibt es herausragende alte Weingärten.

ITALIEN
Der meiste Primitivo aus Apulien ist leichter, kann aber in und um Manduria eine unglaubliche Tiefe erreichen. Er wird oft mit Negro-amaro verschnitten.

STILE

ROTE FRÜCHTE & GEWÜRZE
Ein leichterer Stil mit relativ wenig Alkohol (~13,5%) und Noten von Himbeeren, Rosenblättern, Gewürz-kuchen und schwarzem Pfeffer.

KONFITÜRE & GERÄUCHERTER KARAMELL
Ein schwerer Stil mit mehr Alkohol (~15%) und Noten von Brombeeren, Zimt, Karamell, Konfitüre, Schokolade und Tabak.

winefolly.com / learn / variety / zinfandel

129

Körperreicher Rotwein

AGLIANICO

BORDEAUX-CUVÉE

CABERNET
SAUVIGNON

MALBEC

MOURVÈDRE

NEBBIOLO

NERO D'AVOLA

PETIT VERDOT

PETITE SIRAH

PINOTAGE

SYRAH

TEMPRANILLO

TOURIGA NACIONAL

Körperreiche Rotweine besitzen meist viel Tannin, eine dichte rote Farbe und volle Fruchtnoten. Derartige Weine kann man für sich genießen oder auch mit gleichermaßen kräftigen Speisen kombinieren.

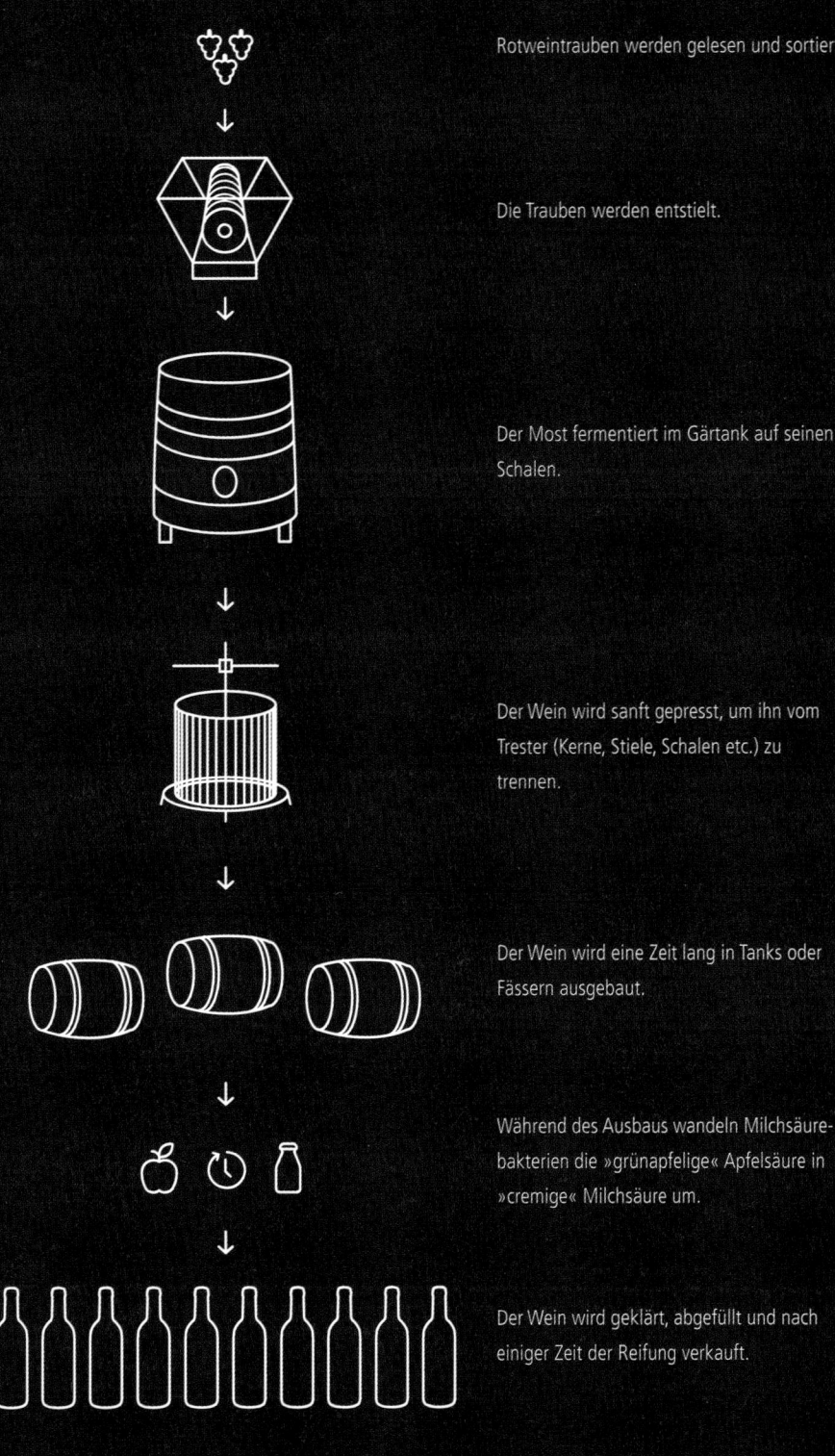

Rotweintrauben werden gelesen und sortiert.

Die Trauben werden entstielt.

Der Most fermentiert im Gärtank auf seinen Schalen.

Der Wein wird sanft gepresst, um ihn vom Trester (Kerne, Stiele, Schalen etc.) zu trennen.

Der Wein wird eine Zeit lang in Tanks oder Fässern ausgebaut.

Während des Ausbaus wandeln Milchsäurebakterien die »grünapfelige« Apfelsäure in »cremige« Milchsäure um.

Der Wein wird geklärt, abgefüllt und nach einiger Zeit der Reifung verkauft.

AGLIANICO

🔊 »Ali-ja-ni-ko«
Alias: Taurasi

☁ PROFIL

FRUCHT	●●
KÖRPER	●●●●
TANNIN	●●●●●
SÄURE	●●●
ALKOHOL	●●●

DOMINIERENDE NOTEN

WEISSER PFEFFER

SCHWARZKIRSCHE

RAUCH

WILD

WÜRZIGE PFLAUME

MÖGLICHE NOTEN

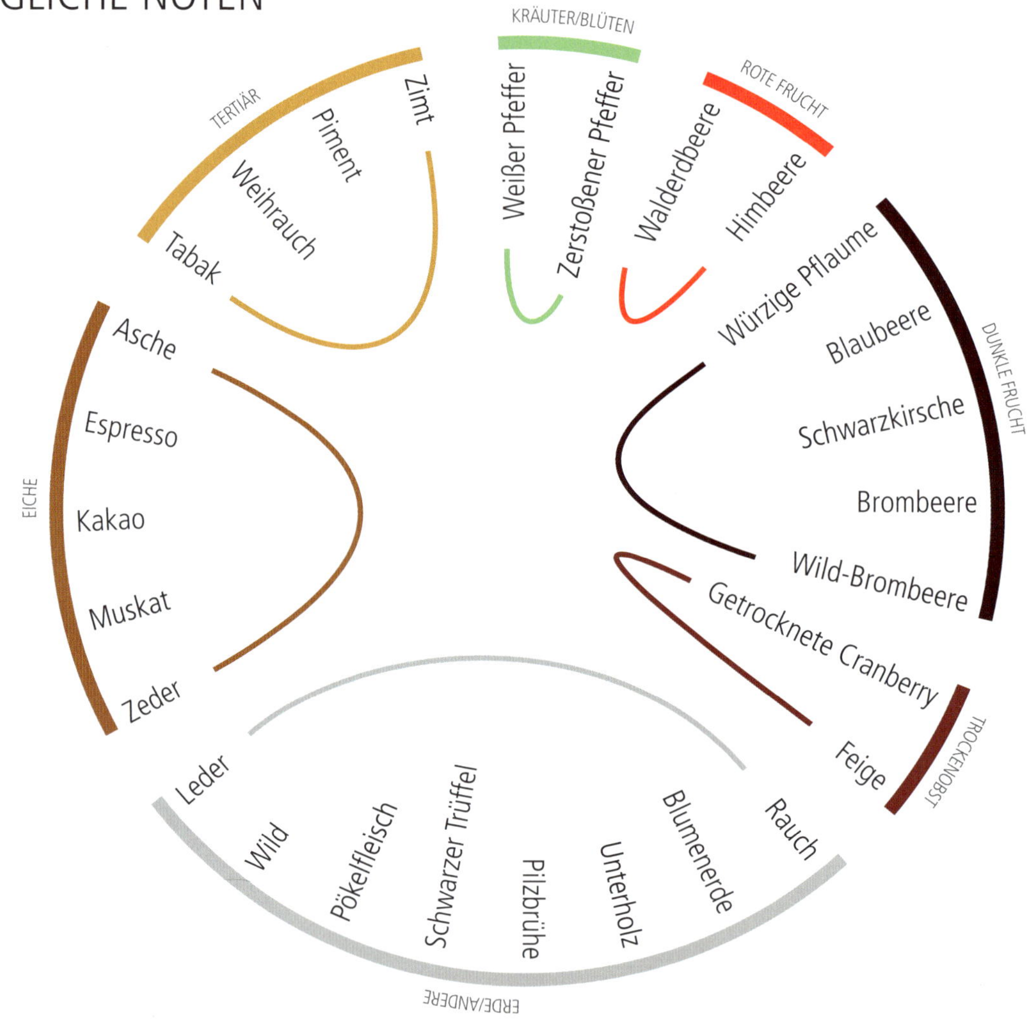

KRÄUTER/BLÜTEN
- Weißer Pfeffer
- Zerstoßener Pfeffer

ROTE FRUCHT
- Walderdbeere
- Himbeere

DUNKLE FRUCHT
- Würzige Pflaume
- Blaubeere
- Schwarzkirsche
- Brombeere
- Wild-Brombeere

TROCKENOBST
- Getrocknete Cranberry
- Feige

TERTIÄR
- Zimt
- Piment
- Weihrauch
- Tabak

EICHE
- Asche
- Espresso
- Kakao
- Muskat
- Zeder

ERDE/ANDERE
- Leder
- Wild
- Pökelfleisch
- Schwarzer Trüffel
- Pilzbrühe
- Unterholz
- Blumenerde
- Rauch

132

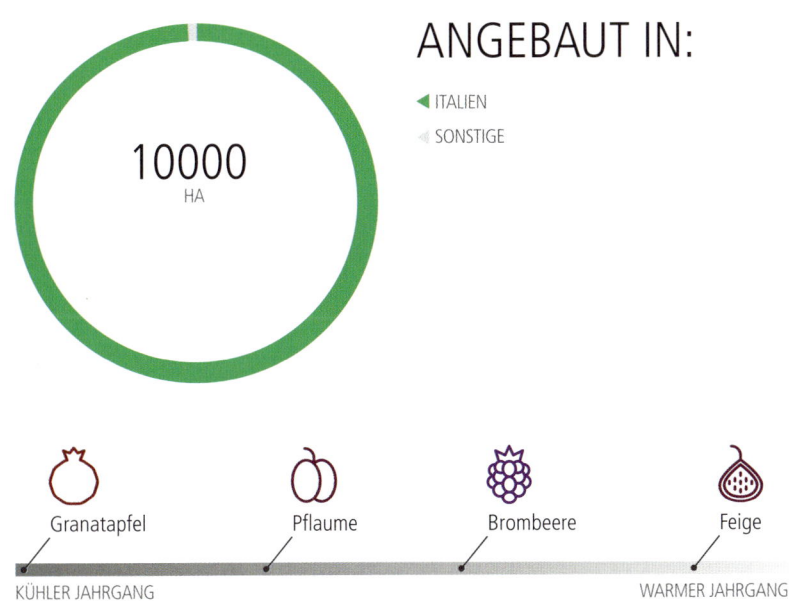

ANGEBAUT IN:

◀ ITALIEN
◀ SONSTIGE

10000
HA

BALLON

ZIMMERTEMPERATUR

BIS ZU 15 JAHRE

€ € € €

Granatapfel

Pflaume

Brombeere

Feige

KÜHLER JAHRGANG   WARMER JAHRGANG

Aglianico liefert Weine mit tiefroter Farbe
sowie viel Tannin und Säure. Er gilt als einer
der klassischen Weine Süditaliens.

AGLIANICO-WEINE

 AGLIANICO DEL VULTURE
Noten von Brombeersoße, Süßholz
und Rauch. 100% Aglianico vom
Monte Vulture in Basilicata.

TAURASI
Noten von Oregon-Himbeere,
Räucherfleisch und Zigarre. Suchen
Sie mindestens 10 Jahre alte Weine.

Kräftige Rote wie der Aglianico schmecken
besser, wenn man sie mindestens zwei
Stunden vor dem Servieren dekantiert.

AGLIANICO DEL TABURNO
Noten von Schwarzkirsche, ge-
trockneter Cranberry, Kakaopulver,
Piment und Rauch. 100% Aglianico
vom Taburno Camposauro in der
Campania.

IRPINIA, BENEVENTANO &
CAMPANIA
Noten von dunklen Früchten, grünen
Kräutern und Holzkohle. Größer
gefasste Anbaugebiete bieten
preiswertere Weine, die dekantiert
werden sollten.

133

BORDEAUX-CUVÉE

🔊 »Bor-doh«

Alias: Meritage, Cabernet-Merlot

PROFIL

FRUCHT	●●●●○
KÖRPER	●●●●○
TANNIN	●●●●●
SÄURE	●●●○○
ALKOHOL	●●●○○

DOMINIERENDE NOTEN

PFLAUME

SCHWARZE JOHANNISBEERE

VEILCHEN

GRAFIT

ZEDER

MÖGLICHE NOTEN

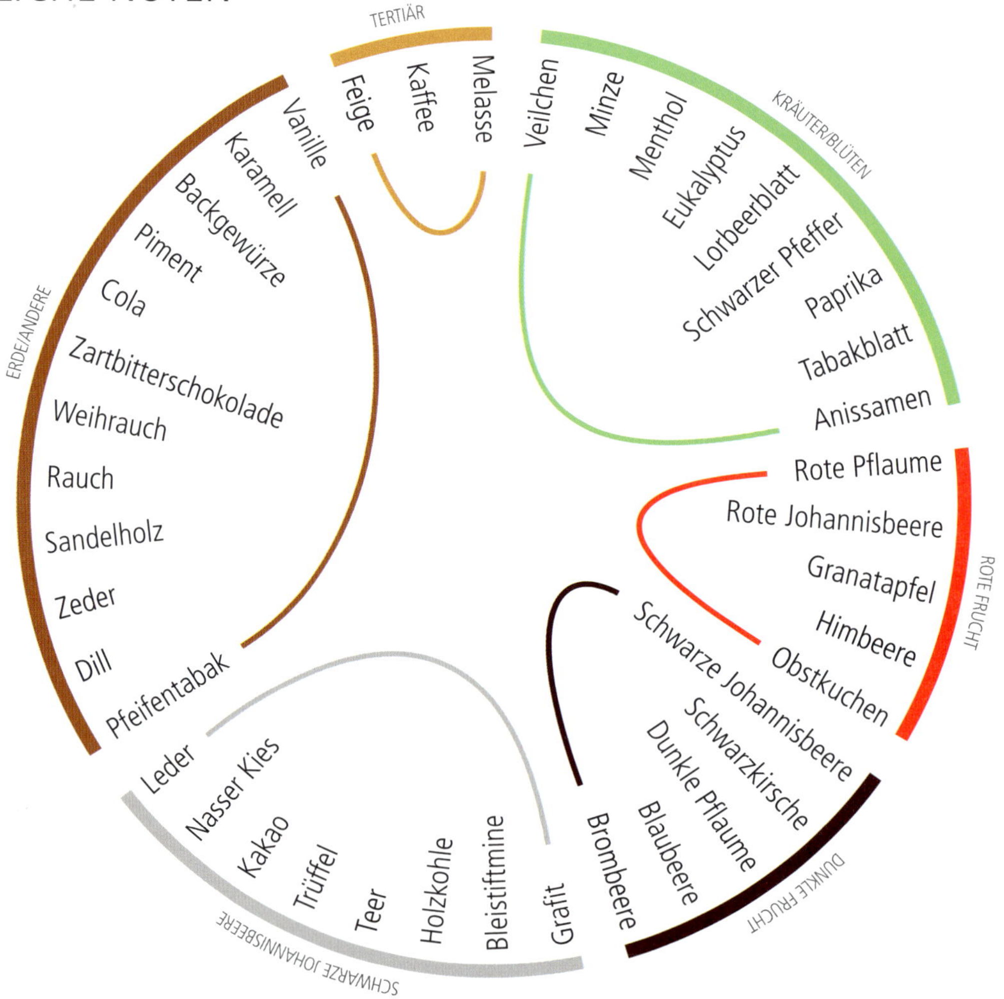

TERTIÄR

Feige · Kaffee · Melasse

Veilchen · Minze · Menthol · Eukalyptus · Lorbeerblatt · Schwarzer Pfeffer · Paprika · Tabakblatt · Anissamen

KRÄUTER/BLÜTEN

Vanille · Karamell · Backgewürze · Piment · Cola · Zartbitterschokolade · Weihrauch · Rauch · Sandelholz · Zeder · Dill · Pfeifentabak

ERDE/ANDERE

Rote Pflaume · Rote Johannisbeere · Granatapfel · Himbeere · Obstkuchen

ROTE FRUCHT

Schwarze Johannisbeere · Schwarzkirsche · Dunkle Pflaume · Blaubeere · Brombeere

DUNKLE FRUCHT

Leder · Nasser Kies · Kakao · Trüffel · Teer · Holzkohle · Bleistiftmine · Grafit

SCHWARZE JOHANNISBEERE

wine folly.com / learn / wine / bordeaux-blend

134

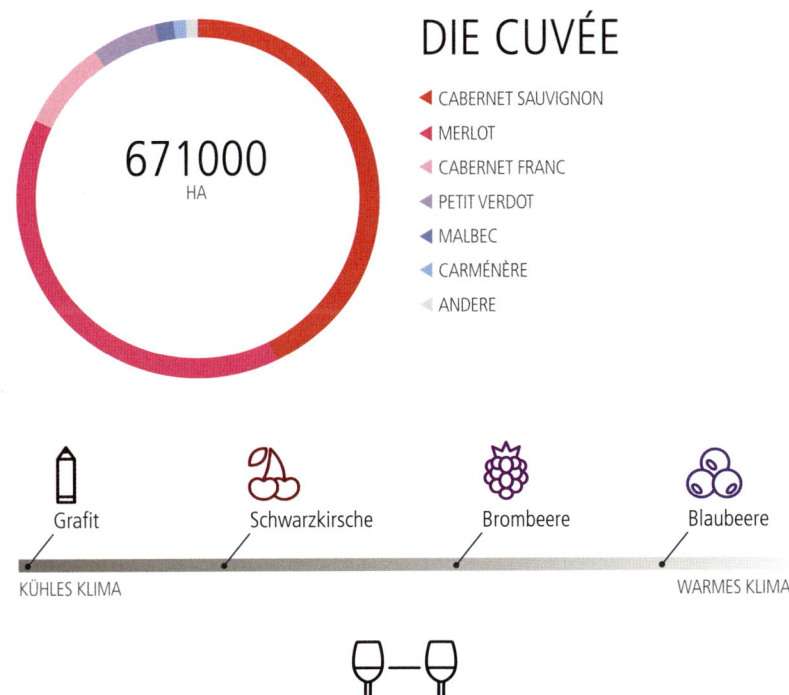

DIE CUVÉE

◀ CABERNET SAUVIGNON
◀ MERLOT
◀ CABERNET FRANC
◀ PETIT VERDOT
◀ MALBEC
◀ CARMÉNÈRE
◀ ANDERE

671000
HA

BALLON

ZIMMERTEMPERATUR

BIS ZU 10 JAHRE

€ € € € €

winefolly.com / learn / wine / bordeaux-blend

Grafit

Schwarzkirsche

Brombeere

Blaubeere

KÜHLES KLIMA   WARMES KLIMA

REGIONALE UNTERSCHIEDE: Vergleicht man Bordeaux-Cuvées aus verschiedenen Regionen, entdeckt man einige Unterschiede:

BROMBEERE, MENTHOL & ZEDER
Reife dunkle Frucht mit Untertönen von Menthol, Schokolade und Piment. Die Weine können kräftiger mit reifer schmeckendem Tannin ausfallen.

● PASO ROBLES & NAPA (USA)
● AUSTRALIEN
● MENDOZA (ARGENTINIEN)
● SÜDAFRIKA
● TOSKANA (ITALIEN)
● SPANIEN

SCHWARZKIRSCHE, VEILCHEN & LORBEERBLATT
Herbe dunkle und rote Fruchtnoten mit Untertönen von Veilchen, schwarzem Pfeffer und Lorbeerblatt. Leichtere Weine mit mehr Säure.

● BORDEAUX (FRANKREICH)
● SÜDWESTFRANKREICH
● CHILE
● VENETO (ITALIEN)
● WASHINGTON STATE (USA)
● COASTAL SONOMA (USA)
● MENDOCINO (USA)

Von Cabernet Sauvignon dominierte Cuvées haben meist das griffigere Tannin und grüne Pfeffernoten, während Merlot-Cuvées weicheres Tannin und mehr rote Fruchtnoten besitzen.

Die erste berühmte Bordeaux-Cuvée war kein Rotwein, sondern ein hellroter Rosé namens Clairet. Heute ist Clairet rar, lässt sich aber immer noch unter der Appellation Bordeaux finden.

135

CABERNET SAUVIGNON

🔊 »Ka-ber-neh So-vin-jong«

🍇 PROFIL

FRUCHT	●●●●○
KÖRPER	●●●●●
TANNIN	●●●●○
SÄURE	●●●○○
ALKOHOL	●●●○○

DOMINIERENDE NOTEN

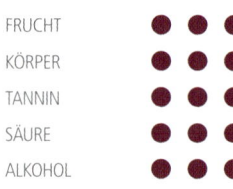     

SCHWARZKIRSCHE | SCHWARZE JOHANNISBEERE | ROTE PAPRIKA | BACKGEWÜRZE | ZEDER

MÖGLICHE NOTEN

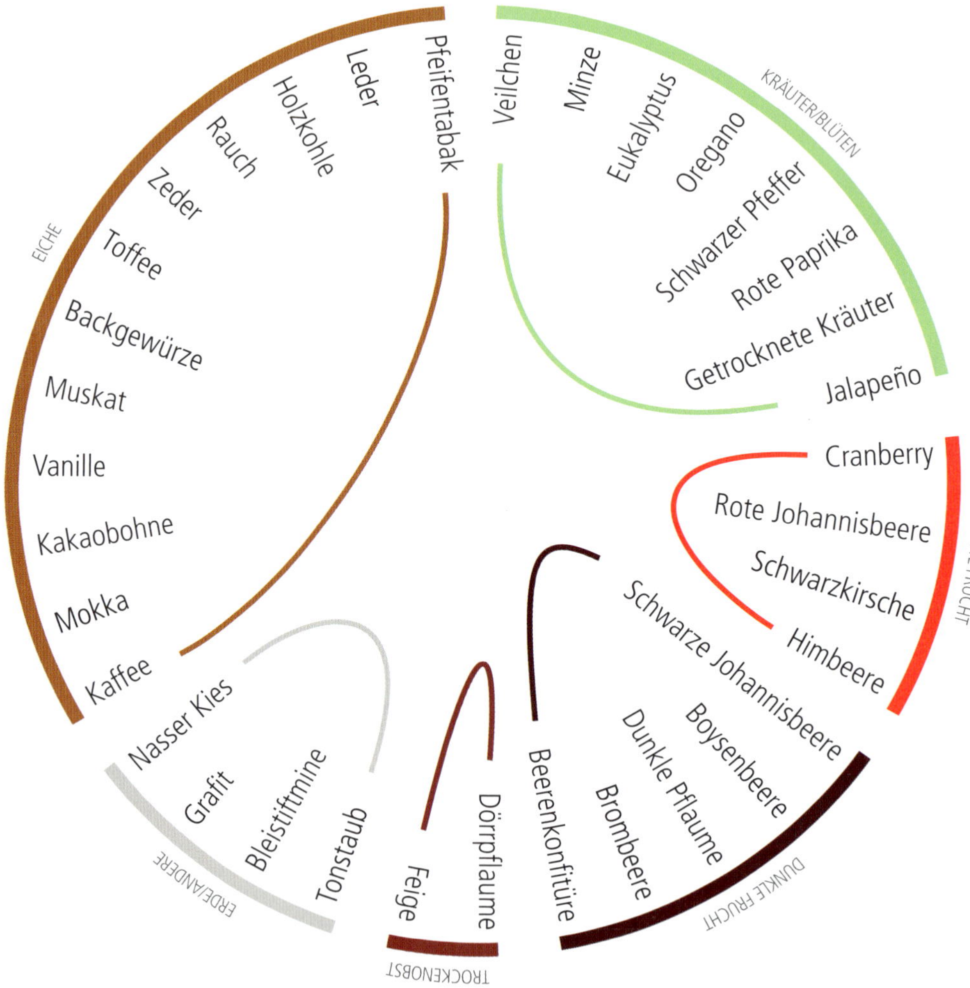

EICHE: Pfeifentabak, Leder, Holzkohle, Rauch, Zeder, Toffee, Backgewürze, Muskat, Vanille, Kakaobohne, Mokka, Kaffee

KRÄUTER/BLÜTEN: Veilchen, Minze, Eukalyptus, Oregano, Schwarzer Pfeffer, Rote Paprika, Getrocknete Kräuter, Jalapeño

ROTE FRUCHT: Cranberry, Rote Johannisbeere, Schwarzkirsche, Himbeere

DUNKLE FRUCHT: Schwarze Johannisbeere, Boysenbeere, Dunkle Pflaume, Brombeere

TROCKENOBST: Beerenkonfitüre, Dörrpflaume, Feige

ERDE/ANDERE: Nasser Kies, Grafit, Bleistiftmine, Tonstaub

ANGEBAUT IN:

290000 HA

◀ FRANKREICH   ◀ ITALIEN
◀ CHILE   ◀ SÜDAFRIKA
◀ USA   ◀ SONSTIGE
◀ AUSTRALIEN
◀ SPANIEN
◀ CHINA
◀ ARGENTINIEN

BALLON

ZIMMERTEMPERATUR

BIS ZU 10 JAHRE

€ € € €

Rote Johannisbeere   Schw. Johannisbeere   Schwarzkirsche   Brombeere

KÜHLES KLIMA   WARMES KLIMA

REGIONALE UNTERSCHIEDE: Vergleicht man Cabernet Sauvignons aus verschiedenen Regionen, entdeckt man einige Unterschiede:

 DUNKLE FRÜCHTE, SCHWARZER PFEFFER & KAKAOPULVER

Warme Anbauregionen liefern fruchtigere Weine mit mehr Alkohol und reiferem Tannin.

● KALIFORNIEN (USA)
● AUSTRALIEN
● ARGENTINIEN
● SÜDAFRIKA
● MITTEL- UND SÜDITALIEN
● SPANIEN

 ROTE FRÜCHTE, MINZE & GRÜNER PFEFFER

Cabernet aus kühlem Klima neigt zu roten Fruchtnoten und leichterem Körper.

● BORDEAUX (FRANKREICH)
● CHILE
● NORDITALIEN
● WASHINGTON STATE (USA)
● NORDKALIFORNIEN (USA)

Cabernet Sauvignon ist eine natürliche Kreuzung aus Cabernet Franc und Sauvignon Blanc, die erstmals Mitte des 17. Jahrhunderts in Bordeaux auftauchte. Heute ist sie die meistgepflanzte Rebsorte der Welt.

MALBEC

🐖 PROFIL

FRUCHT	●●●●●
KÖRPER	●●●●○
TANNIN	●●●○○
SÄURE	●●●○○
ALKOHOL	●●●○○

DOMINIERENDE NOTEN

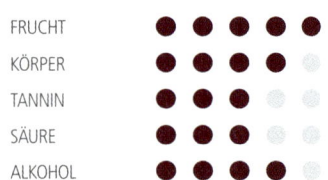  

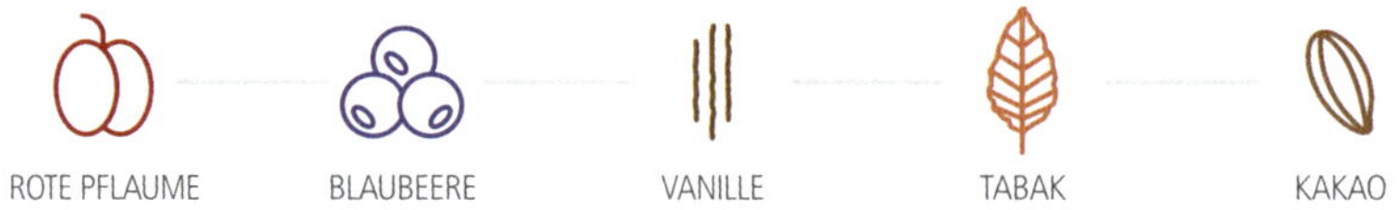

ROTE PFLAUME   BLAUBEERE   VANILLE   TABAK   KAKAO

MÖGLICHE NOTEN

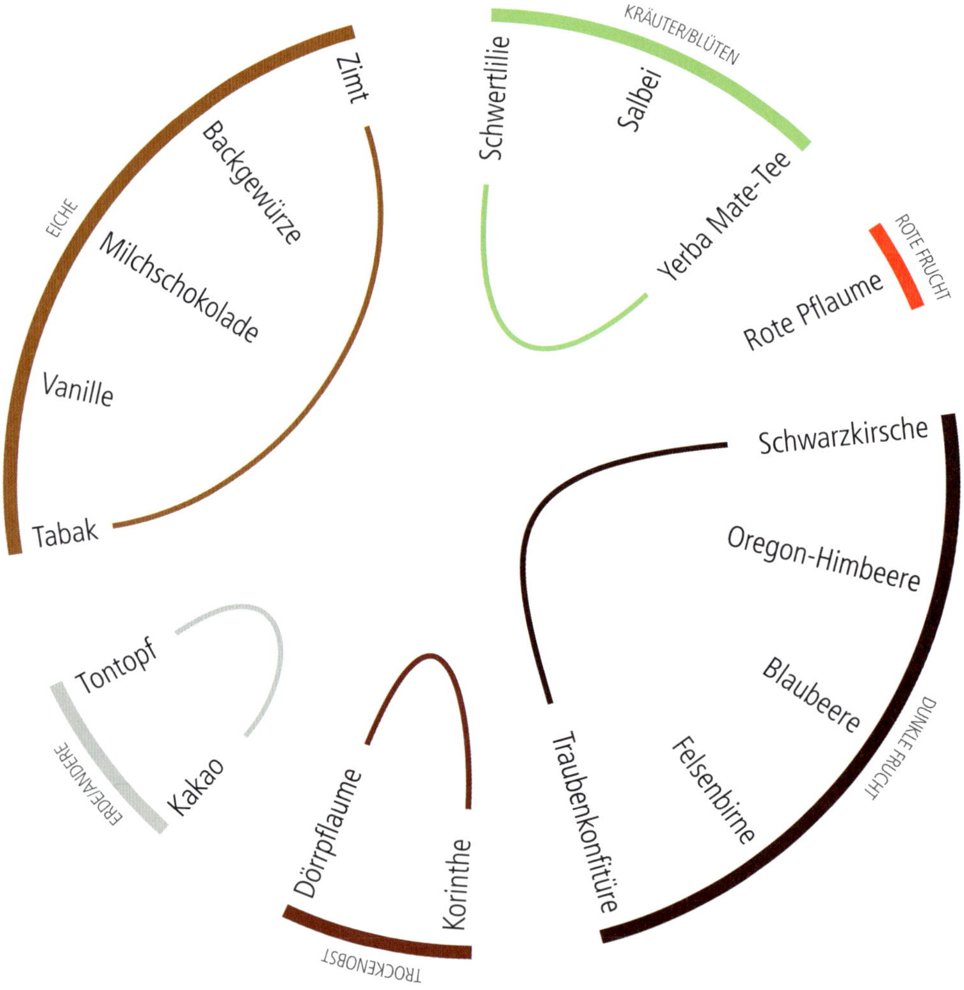

EICHE
- Zimt
- Backgewürze
- Milchschokolade
- Vanille
- Tabak

KRÄUTER/BLÜTEN
- Schwertlilie
- Salbei
- Yerba Mate-Tee

ROTE FRUCHT
- Rote Pflaume

DUNKLE FRUCHT
- Schwarzkirsche
- Oregon-Himbeere
- Blaubeere
- Felsenbirne
- Traubenkonfitüre

ERDE/ANDERE
- Tontopf
- Kakao

TROCKENOBST
- Dörrpflaume
- Korinthe

138

♥ Herkunft: Südwestfrankreich

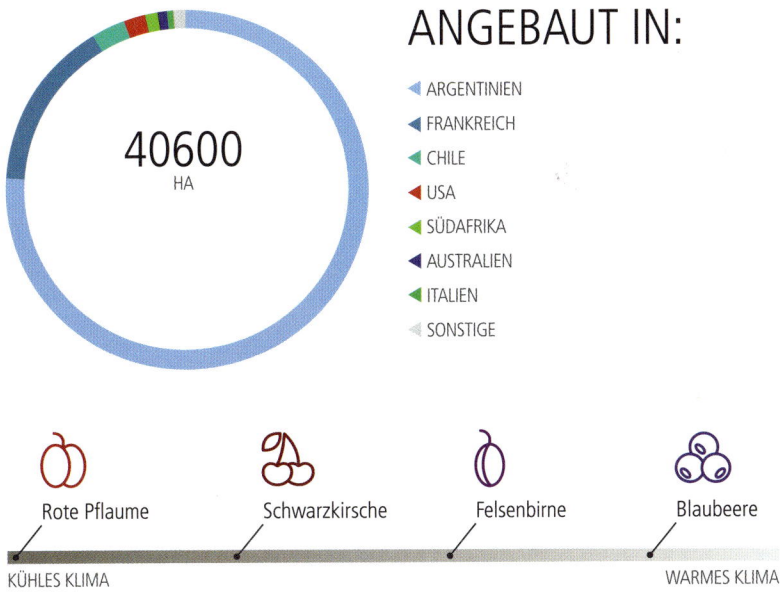

40600
HA

ANGEBAUT IN:

◄ ARGENTINIEN
◄ FRANKREICH
◄ CHILE
◄ USA
◄ SÜDAFRIKA
◄ AUSTRALIEN
◄ ITALIEN
◄ SONSTIGE

ROTWEINGLAS

ZIMMERTEMPERATUR

BIS ZU 2 JAHRE

Rote Pflaume

Schwarzkirsche

Felsenbirne

Blaubeere

KÜHLES KLIMA   WARMES KLIMA

Malbec stammt aus der Gegend um Cahors im Südwesten Frankreichs und erlangte erst Aufmerksamkeit, als Argentinien, das heute 75% der weltweiten Produktion stellt, die Sorte wiederbelebte.

Der Großteil des argentinischen Malbecs kommt aus der Region um Mendoza und die besten Weine stammen aus den hoch gelegenen Anbaugebieten Valle de Uco und Luján de Cuyo.

STILE

EINFACHER MALBEC
Ein saftiger Rotwein mit dominierenden roten Fruchtnoten und ausgewogenem Tannin, der kaum oder gar nicht im Fass ausgebaut ist.

RESERVA
Hochwertigerer Wein, der länger im Fass ausgebaut wird und Noten von dunklen Früchten, Schokolade, Tabak und Schwertlilien bietet.

In Argentinien entscheidet die Höhenlage über die Qualität. Höhere Lagen liefern mehr Säure, mehr Tannin und zusätzliche Blüten- und Kräuternoten.

In Frankreich entsteht der meiste Malbec rund um Cahors im Südwesten. Er unterscheidet sich mit seinem erdigeren Profil vom argentinischen Malbec durch mehr Tannin und Noten von roten und schwarzen Johannisbeeren, Rauch und Lakritz.

winefolly.com / learn / variety / malbec

MOURVÈDRE

🔊 »Muhr-wäh-dre«
Alias: Monastrell, Mataro

winefolly.com / learn / variety / mourvèdre

PROFIL

FRUCHT
KÖRPER
TANNIN
SÄURE
ALKOHOL

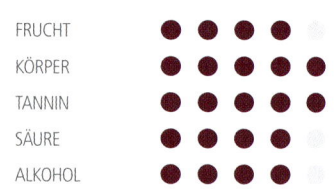

DOMINIERENDE NOTEN

BROMBEERE

SCHWARZER PFEFFER

KAKAO

TABAK

SCHMORBRATEN

MÖGLICHE NOTEN

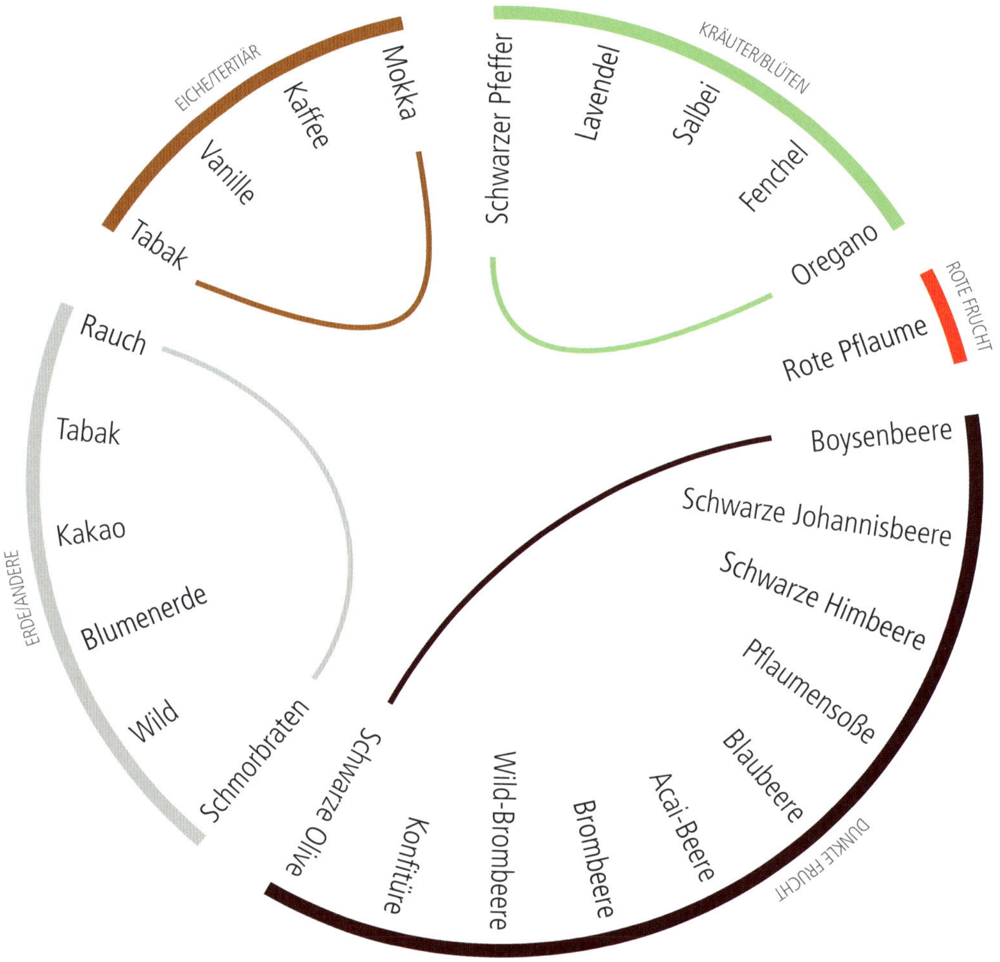

EICHE/TERTIÄR

Mokka
Kaffee
Vanille
Tabak

KRÄUTER/BLÜTEN

Schwarzer Pfeffer
Lavendel
Salbei
Fenchel
Oregano

ROTE FRUCHT

Rote Pflaume

ERDE/ANDERE

Rauch
Tabak
Kakao
Blumenerde
Wild
Schmorbraten

Schwarze Olive
Konfitüre
Wild-Brombeere
Brombeere
Acai-Beere
Blaubeere
Pflaumensoße
Schwarze Himbeere
Schwarze Johannisbeere
Boysenbeere

DUNKLE FRUCHT

140

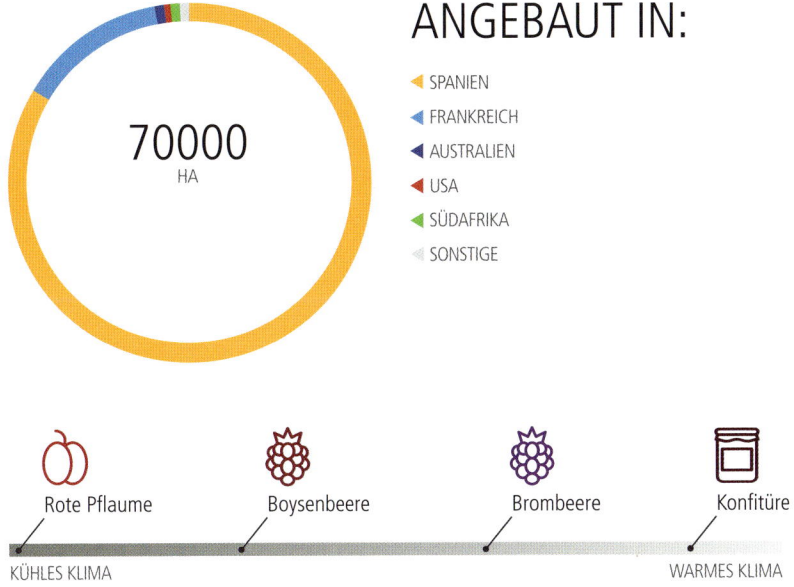

ANGEBAUT IN:

◀ SPANIEN
◀ FRANKREICH
◀ AUSTRALIEN
◀ USA
◀ SÜDAFRIKA
◀ SONSTIGE

70000
HA

ROTWEINGLAS

ZIMMERTEMPERATUR

BIS ZU 10 JAHRE

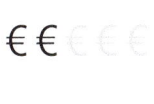

€ € € € €

winefolly.com / learn / variety / mourvedre

Rote Pflaume   Boysenbeere   Brombeere   Konfitüre

KÜHLES KLIMA   WARMES KLIMA

Die Rebsorte ist sehr alt und könnte schon um 500 v.Chr. mit den Phöniziern nach Katalonien gekommen sein.

Die Mourvèdre wird meist zum Verschneiden verwendet und ist das »M« in der Rhône-/GSM-Cuvée. Sie gibt Farbe, Tanninstruktur und dunkle Fruchtnoten.

ANBAUGEBIETE

SPANIEN
Die Rebsorte heißt in Spanien Monastrell und wächst in Valencia, Jumilla, Yecla, Almansa und Alicante.

FRANKREICH
In der französischen Provence dominiert die Mourvèdre die Cuvée Bandol.

AUSTRALIEN
In Südaustralien heißt die Sorte Mataro und ist Teil der GSM-Cuvées.

Spanische Monastrell-Weine bieten viel Qualität fürs Geld und müssen nicht lagern, sollten aber eine Stunde im Voraus dekantiert werden.

In Spanien fließt Monastrell auch in Cava-Rosés

In Frankreich stellt man in Bandol in der Provence mit Mourvèdre auch einen stillen Rosé her.

NEBBIOLO

Alias: Barolo, Barbaresco, Spanna, Chiavennasca

PROFIL

FRUCHT
KÖRPER
TANNIN
SÄURE
ALKOHOL

DOMINIERENDE NOTEN

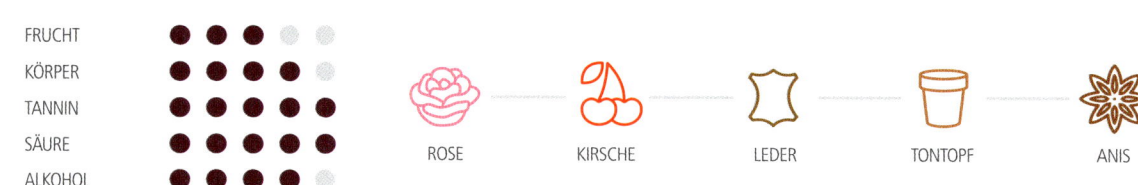

ROSE · KIRSCHE · LEDER · TONTOPF · ANIS

MÖGLICHE NOTEN

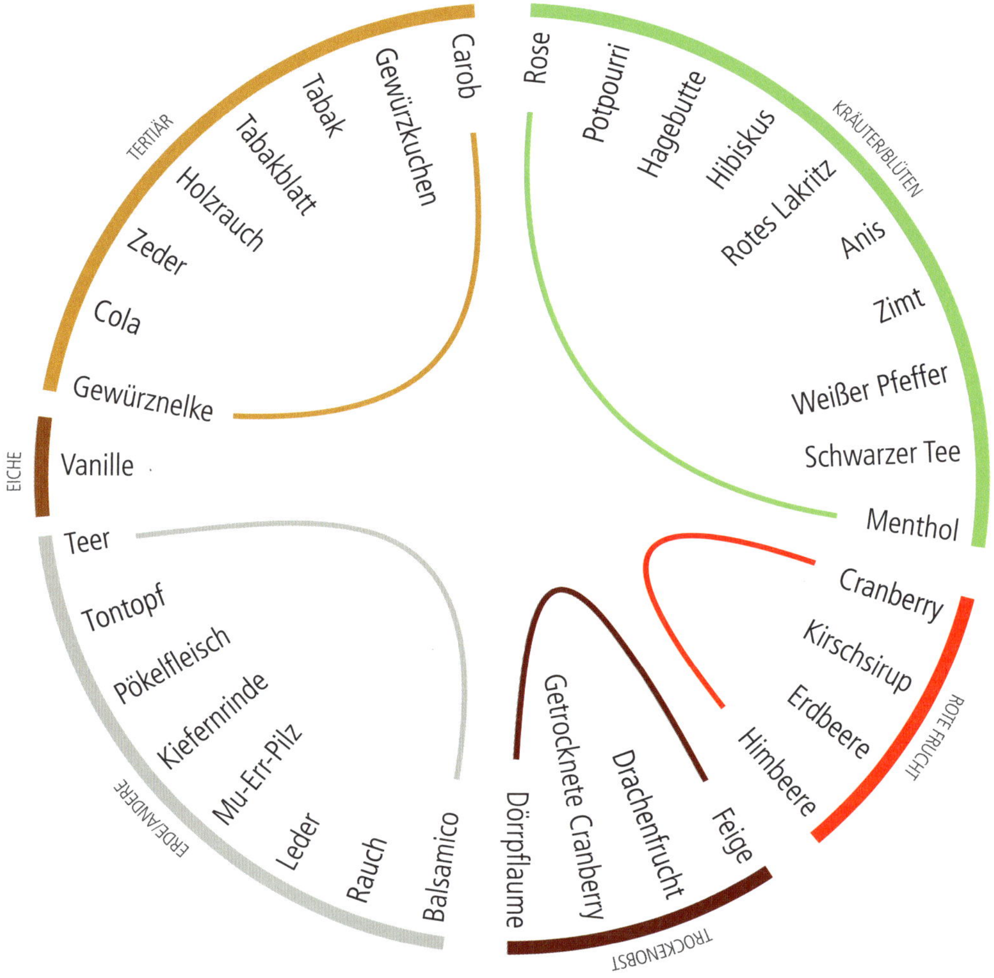

TERTIÄR
Carob
Gewürzkuchen
Tabak
Tabakblatt
Holzrauch
Zeder
Cola
Gewürznelke

EICHE
Vanille
Teer

ERDE/ANDERE
Tontopf
Pökelfleisch
Kiefernrinde
Mu-Err-Pilz
Leder
Rauch
Balsamico

TROCKENOBST
Dörrpflaume
Getrocknete Cranberry
Drachenfrucht
Feige

ROTE FRUCHT
Cranberry
Kirschsirup
Erdbeere
Himbeere

KRÄUTER/BLÜTEN
Rose
Potpourri
Hagebutte
Hibiskus
Rotes Lakritz
Anis
Zimt
Weißer Pfeffer
Schwarzer Tee
Menthol

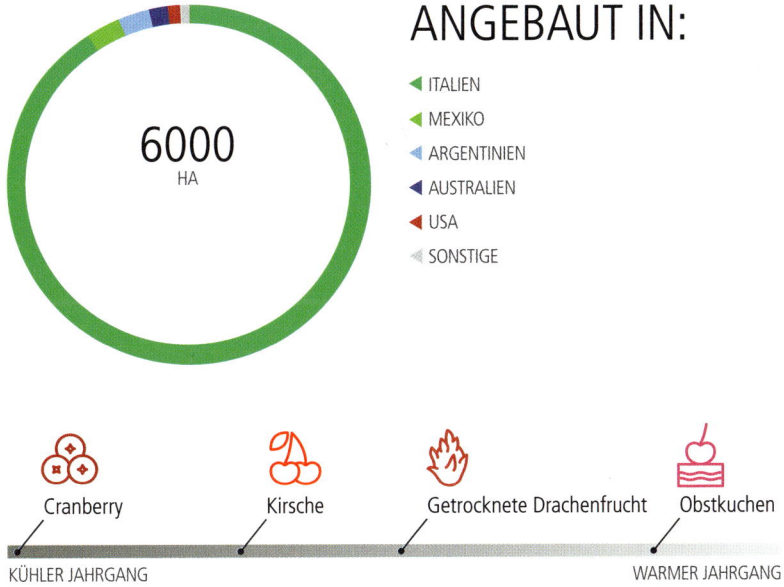

ANGEBAUT IN:

◀ ITALIEN
◀ MEXIKO
◀ ARGENTINIEN
◀ AUSTRALIEN
◀ USA
◀ SONSTIGE

6000
HA

WEITER KELCH

KELLERTEMPERATUR

ÜBER 15 JAHRE

Cranberry

Kirsche

Getrocknete Drachenfrucht

Obstkuchen

KÜHLER JAHRGANG   WARMER JAHRGANG

Der Nebbiolo gilt als einer der Spitzen-Rotweine Italiens. Am bekanntesten ist er unter den Namen seiner beiden besten Anbaugebiete: Barolo und Barbaresco. Nebbiolos sind blass in der Farbe und aromatisch – eigentlich Merkmale eines leichten Weins, aber da sie viel Tannin besitzen, gelten sie als körperreich.

Nebbiolos gewinnen mit dem Alter und entwickeln subtile Melasse-, Feigen- und Ledernoten.

REGIONALE BEZEICHNUNGEN: Nebbiolo wird in der Regel nach seinen Anbaugebieten etikettiert, in denen jeweils zwischen 70 und 100% Nebbiolo-Reben kultiviert werden:

● Piemont
  BAROLO
  BARBARESCO
  NEBBIOLO D'ALBA
  LANGHE NEBBIOLO
  ROERO
  GATTINARA
  CAREMA
  GHEMME

● Lombardei
  VALTELLINA & SFORZATO

Weine mit der Bezeichnung »Langhe Nebbiolo« bieten einen außergewöhnlich guten Gegenwert fürs Geld.

Mitte des 19. Jahrhunderts war Nebbiolo ein lieblicher Rotwein.

Barolo Chinato ist ein sehr würziger roter Wermut aus Nebbiolo.

NERO D'AVOLA

»Ne-ro Da-wo-lah«
Alias: Calabrese

winefolly.com / learn / variety / nero-davola

PROFIL

FRUCHT
KÖRPER
TANNIN
SÄURE
ALKOHOL

DOMINIERENDE NOTEN

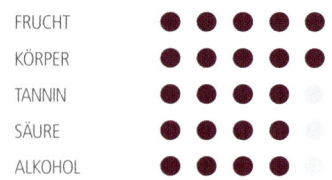

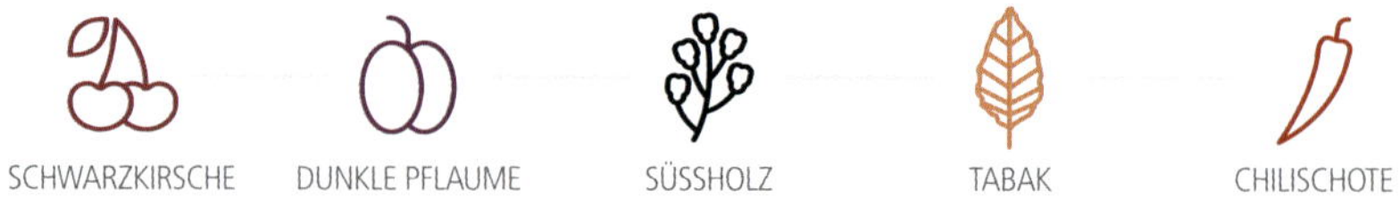

SCHWARZKIRSCHE
DUNKLE PFLAUME
SÜSSHOLZ
TABAK
CHILISCHOTE

MÖGLICHE NOTEN

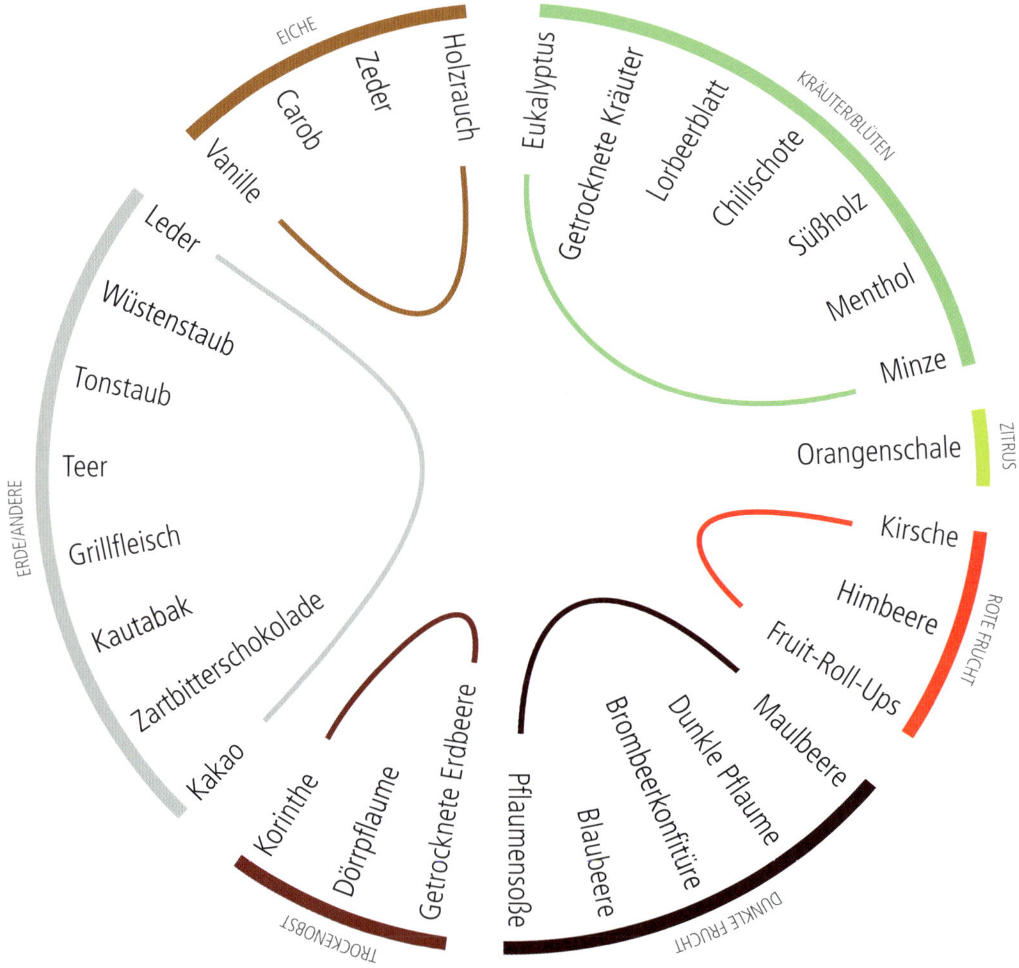

EICHE
Holzrauch
Zeder
Carob
Vanille
KRÄUTER/BLÜTEN
Eukalyptus
Getrocknete Kräuter
Lorbeerblatt
Chilischote
Süßholz
Menthol
Minze
ZITRUS
Orangenschale
ROTE FRUCHT
Kirsche
Himbeere
Fruit-Roll-Ups
DUNKLE FRUCHT
Maulbeere
Dunkle Pflaume
Brombeerkonfitüre
Blaubeere
Pflaumensoße
TROCKENOBST
Getrocknete Erdbeere
Dörrpflaume
Korinthe
ERDE/ANDERE
Kakao
Zartbitterschokolade
Kautabak
Grillfleisch
Teer
Tonstaub
Wüstenstaub
Leder

● Herkunft: Sizilien, Italien

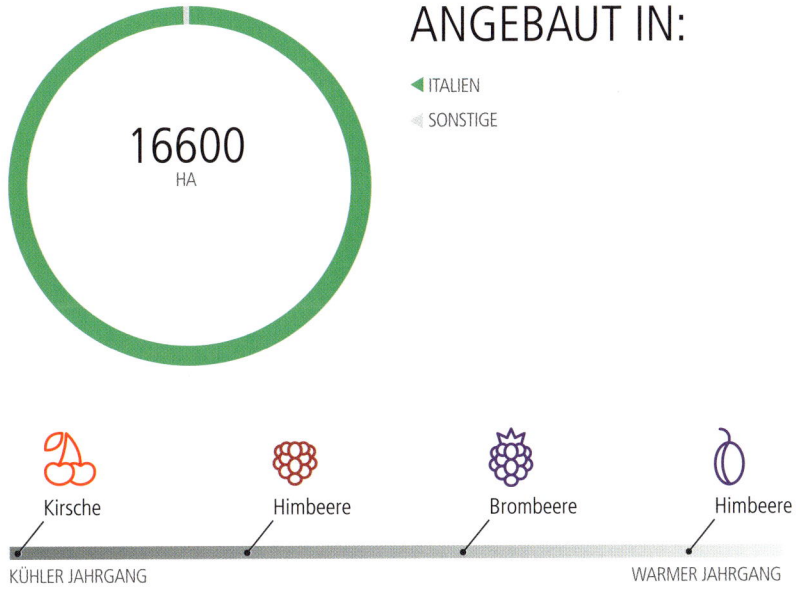

ANGEBAUT IN:

16600
HA

◄ ITALIEN
◄ SONSTIGE

BALLON

ZIMMERTEMPERATUR

BIS ZU 10 JAHRE

€ € € € €

Kirsche

Himbeere

Brombeere

Himbeere

KÜHLER JAHRGANG   WARMER JAHRGANG

Die Nero d'Avola ist die meist gepflanzte Rebe Siziliens. Die Weine besitzen sehr kräftige süße Fruchtnoten und einen oft subtil süßen, rauchigen Abgang.

Hochwertige Nero d'Avolas zeigen häufig Noten von roten Früchten, schwarzem Pfeffer, Süßholz und Gewürzkuchen.

Die würzigen Pfeffernoten des Nero d'Avola mildern sich eine Stunde nach dem Dekantieren ab.

Wenn Sie die kandierten roten Früchte des Nero d'Avola mögen, probieren Sie auch diese Sizilianer:

▼ FRAPPATO
▼ NERELLO MASCALESE

Servieren Sie Nero d'Avola zu Ochsenschwanzsuppe, Rindereintopf mit Graupen oder Bacon Burgern. Wild- und Fleischgerichte bringen seine hellen, süßen Fruchtnoten zum Vorschein.

OCHSENSCHWANZSUPPE

RINDEREINTOPF MIT GRAUPEN

BACON BURGER

PETIT VERDOT

PROFIL

FRUCHT	●●●●○
KÖRPER	●●●●●
TANNIN	●●●●●
SÄURE	●●●○○
ALKOHOL	●●●●○

DOMINIERENDE NOTEN

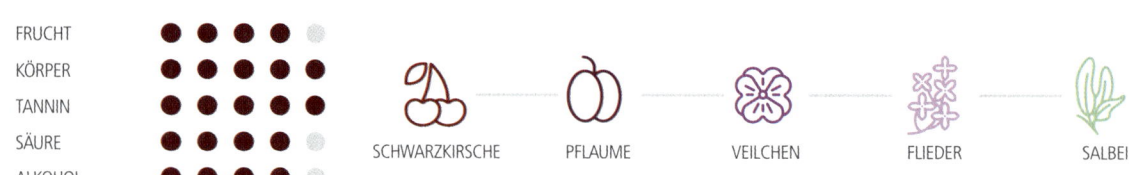

SCHWARZKIRSCHE   PFLAUME   VEILCHEN   FLIEDER   SALBEI

MÖGLICHE NOTEN

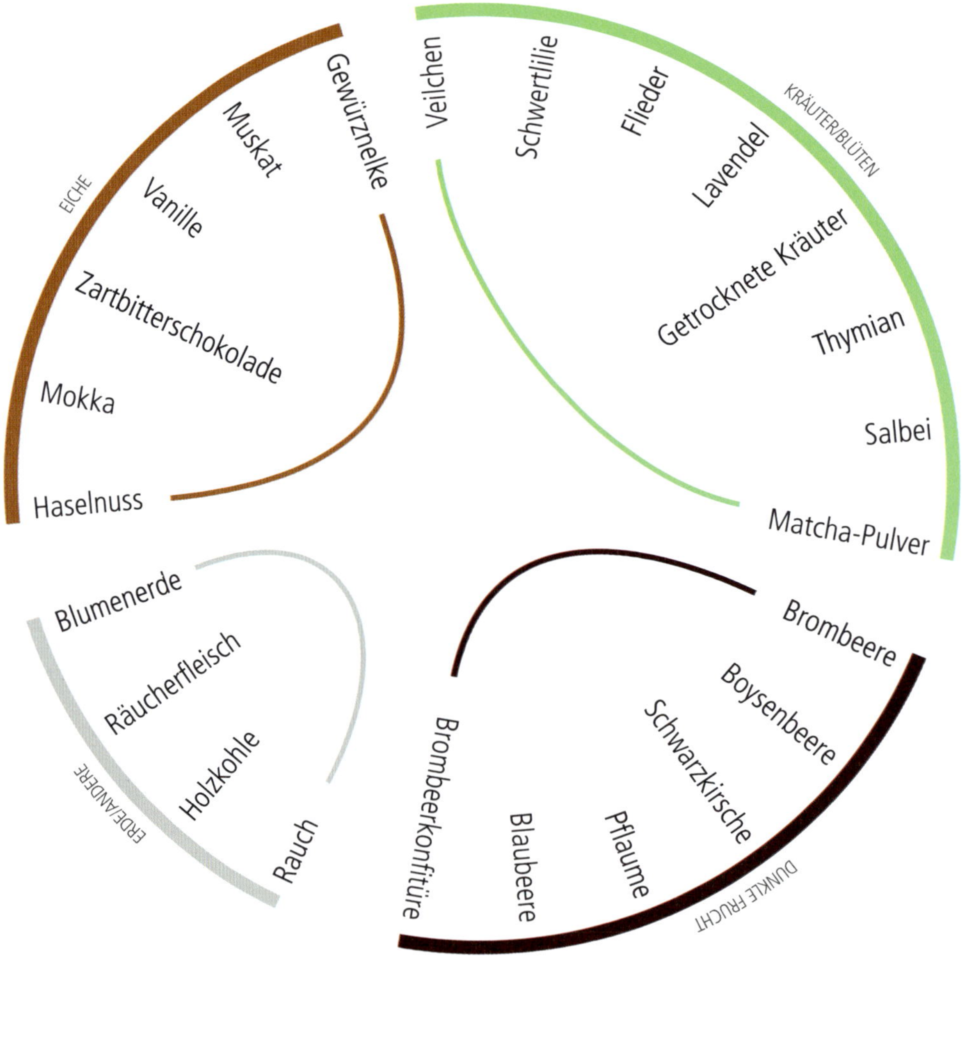

EICHE
- Gewürznelke
- Muskat
- Vanille
- Zartbitterschokolade
- Mokka
- Haselnuss

KRÄUTER/BLÜTEN
- Veilchen
- Schwertlilie
- Flieder
- Lavendel
- Getrocknete Kräuter
- Thymian
- Salbei
- Matcha-Pulver

ERDE/ANDERE
- Blumenerde
- Räucherfleisch
- Holzkohle
- Rauch

DUNKLE FRUCHT
- Brombeere
- Boysenbeere
- Schwarzkirsche
- Pflaume
- Blaubeere
- Brombeerkonfitüre

Herkunft: Frankreich

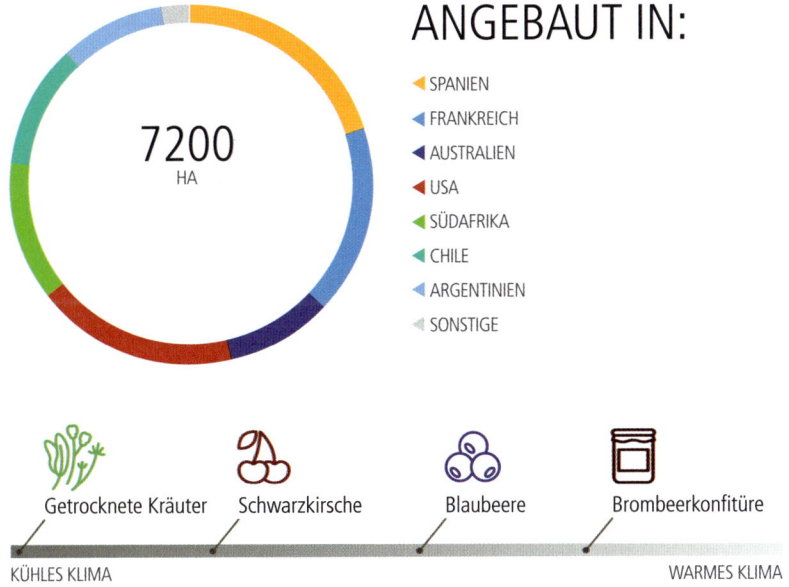

7200
HA

ANGEBAUT IN:

- ◀ SPANIEN
- ◀ FRANKREICH
- ◀ AUSTRALIEN
- ◀ USA
- ◀ SÜDAFRIKA
- ◀ CHILE
- ◀ ARGENTINIEN
- ◀ SONSTIGE

BALLON

ZIMMERTEMPERATUR

BIS ZU 5 JAHRE

€ € € € €

Getrocknete Kräuter

Schwarzkirsche

Blaubeere

Brombeerkonfitüre

KÜHLES KLIMA   WARMES KLIMA

Die Petit Verdot ist wegen ihrer tief violetten Farbe, ihrem hohen Tanningehalt und den floralen Aromen für Verschnitte begehrt und findet sich am häufigsten in Bordeaux-Cuvées wieder.

Sortenreiner Petit Verdot kommt aus Washington State, Kalifornien, Spanien und Australien, wo das Wetter sonnig genug ist, dass die Trauben ausreifen können.

ANBAUGEBIETE

SPANIEN
In Castilla-La Mancha liefert die Petit Verdot dunkle Fruchtnoten für Cuvées.

BORDEAUX, FRANKREICH
Die klassische Bordeaux-Cuvée vom »Linken Ufer« enthält 1–2% Petit Verdot.

AUSTRALIEN & USA
Sortenreiner Petit Verdot schmeckt nach Blaubeeren, Vanille und Veilchen.

Kräftigere Bordeaux-Cuvées enthalten einen höheren Anteil an Petit Verdot und/oder Petite Sirah.

Der berühmteste chilenische Carménère, der »Purple Angel«, enthält 10% Petit Verdot, der ihm kräftige Noten von dunklen Früchten, Schokolade und Salbei gibt.

PETITE SIRAH

»Pö-tiht Sie-rah«
Alias: Durif, Petite Syrah

winefolly.com / learn / variety / petite-sirah

PROFIL

FRUCHT
KÖRPER
TANNIN
SÄURE
ALKOHOL

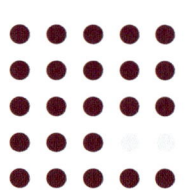

DOMINIERENDE NOTEN

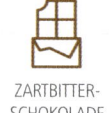

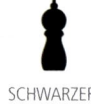

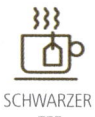

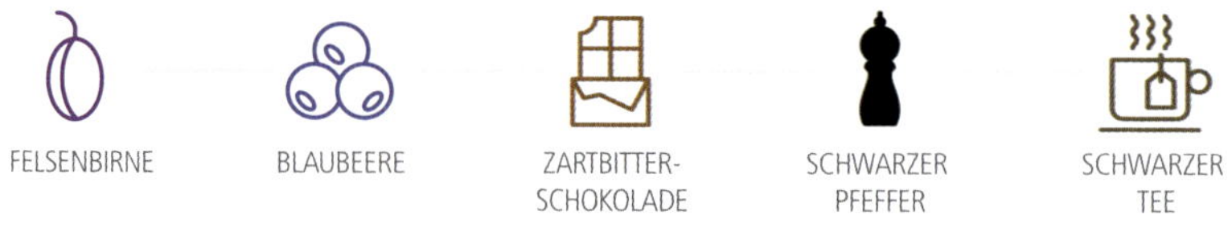
FELSENBIRNE
BLAUBEERE
ZARTBITTER-SCHOKOLADE
SCHWARZER PFEFFER
SCHWARZER TEE

MÖGLICHE NOTEN

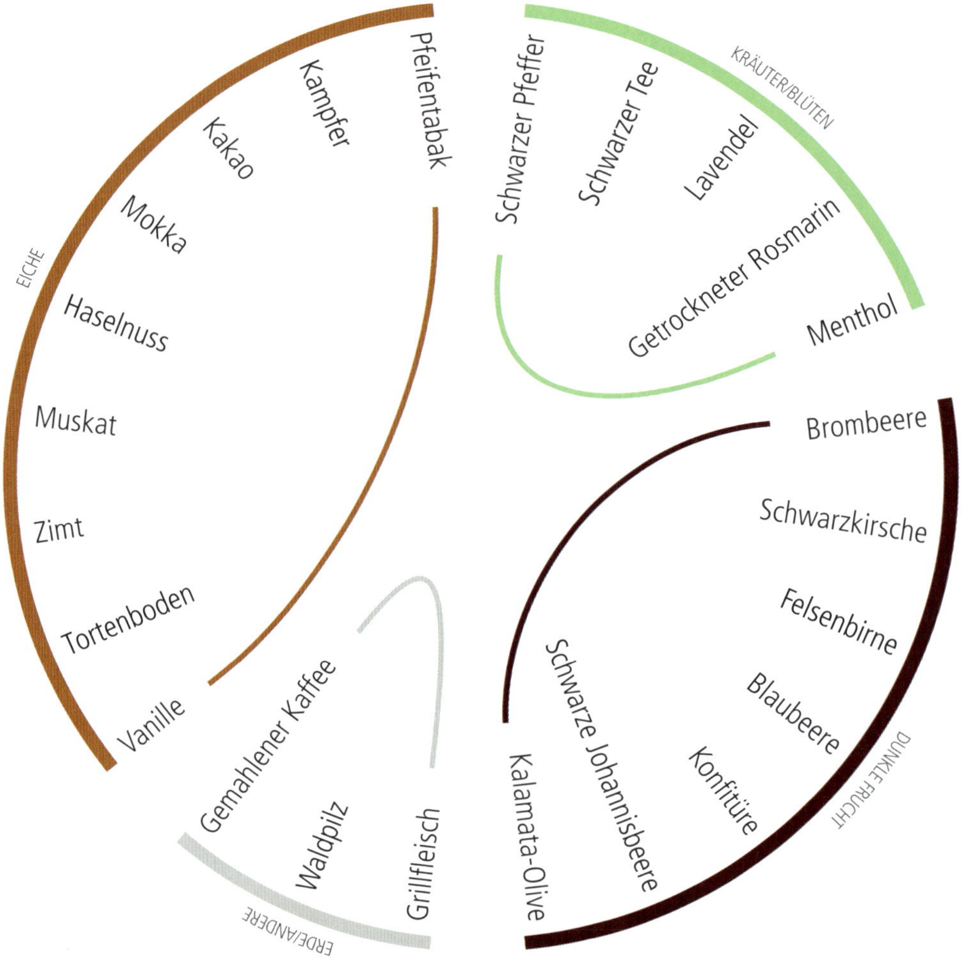
EICHE
Pfeifentabak
Kampfer
Kakao
Mokka
Haselnuss
Muskat
Zimt
Tortenboden
Vanille
KRÄUTER/BLÜTEN
Schwarzer Pfeffer
Schwarzer Tee
Lavendel
Getrockneter Rosmarin
Menthol
DUNKLE FRUCHT
Brombeere
Schwarzkirsche
Felsenbirne
Blaubeere
Konfitüre
Schwarze Johannisbeere
Kalamata-Olive
ERDE/ANDERE
Gemahlener Kaffee
Waldpilz
Grillfleisch

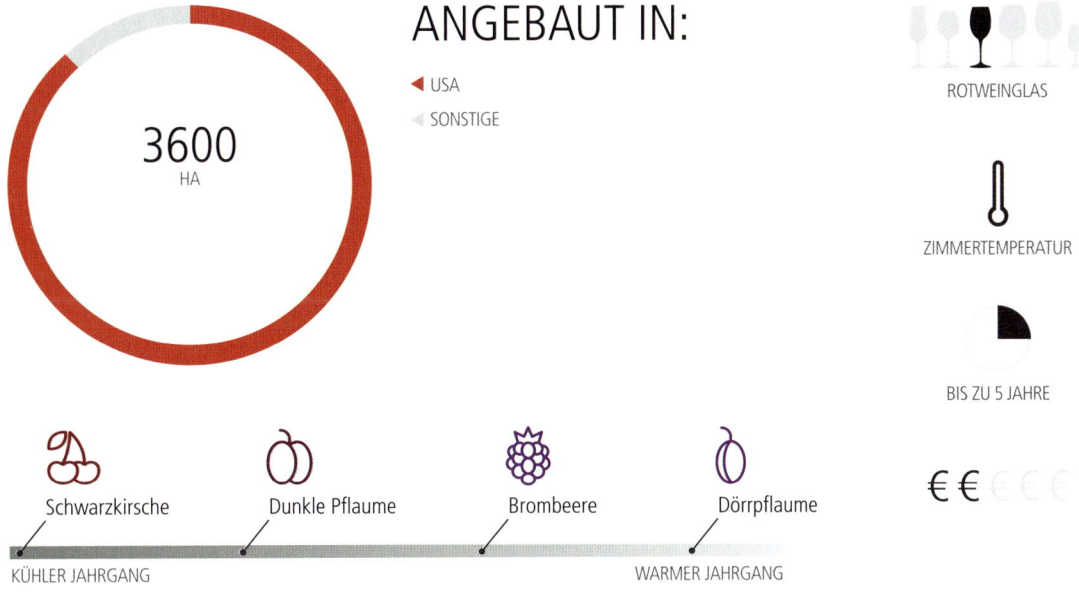

3600
HA

ANGEBAUT IN:

◀ USA
◀ SONSTIGE

ROTWEINGLAS

ZIMMERTEMPERATUR

BIS ZU 5 JAHRE

€ € € € €

Schwarzkirsche

Dunkle Pflaume

Brombeere

Dörrpflaume

KÜHLER JAHRGANG

WARMER JAHRGANG

Die Petite Sirah stammt von der Syrah und einer seltenen schwarzen Traube aus dem Südwesten Frankreichs namens Peloursin ab.

Heute wird sie vor allem in Kalifornien angebaut, wo sie oft dazu dient, Cabernet Sauvignon und Zinfandel Festigkeit zu verleihen.

Als körperreicher Rotwein bietet Petite Sirah ein sehr gutes Preis-Leistungsverhältnis, vor allem bei längerem Ausbau im Fass oder als Verschnitt mit Zinfandel, der das Tannin zähmt.

Petite Sirah und andere dichte, tannin-reiche Weine enthalten 2–3 Mal so viele Antioxidantien wie leichte, helle Weine wie Zinfandel und Gamay.

Petite Sirah passt hervorragend zu Schmor-gerichten, Barbecues, Aufläufen und Pasta-gerichten mit Fleisch.

BARBECUE

PASTAGERICHTE MIT FLEISCH

AUFLÄUFE

winefolly.com / learn / variety / petite-sirah

PINOTAGE

🔊 »Pih-no-tasch«

PROFIL

FRUCHT		
KÖRPER		
TANNIN		
SÄURE		
ALKOHOL		

DOMINIERENDE NOTEN

SCHWARZKIRSCHE   BROMBEERE   FEIGE   MENTHOL   SCHMORBRATEN

MÖGLICHE NOTEN

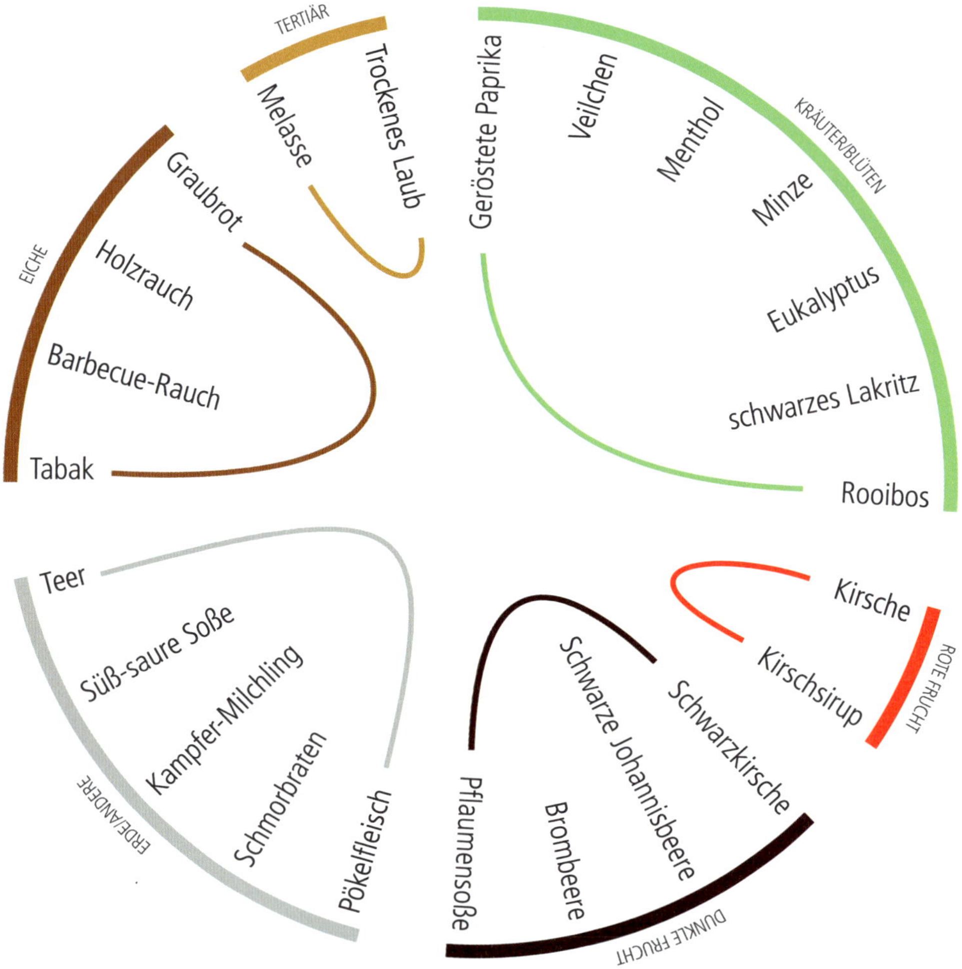

TERTIÄR
- Melasse
- Trockenes Laub

EICHE
- Graubrot
- Holzrauch
- Barbecue-Rauch
- Tabak

ERDE/ANDERE
- Teer
- Süß-saure Soße
- Kampfer-Milchling
- Schmorbraten
- Pökelfleisch

KRÄUTERBLÜTEN
- Geröstete Paprika
- Veilchen
- Menthol
- Minze
- Eukalyptus
- schwarzes Lakritz
- Rooibos

ROTE FRUCHT
- Kirsche
- Kirschsirup

DUNKLE FRUCHT
- Schwarzkirsche
- Schwarze Johannisbeere
- Brombeere
- Pflaumensoße

150

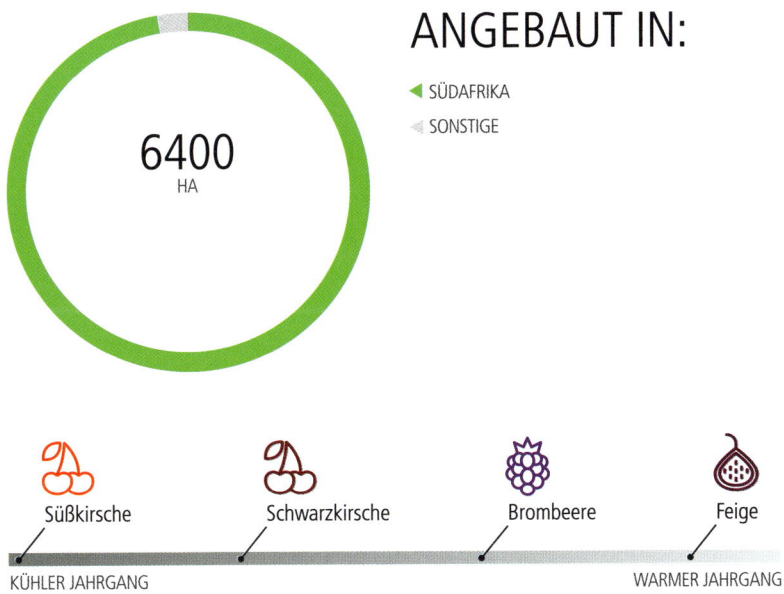

ANGEBAUT IN:

◀ SÜDAFRIKA
◀ SONSTIGE

6400
HA

ROTWEINGLAS

ZIMMERTEMPERATUR

BIS ZU 5 JAHRE

Süßkirsche

Schwarzkirsche

Brombeere

Feige

KÜHLER JAHRGANG

WARMER JAHRGANG

Pinotage ist die meist gepflanzte Rotweintraube Südafrikas. Sie entstand 1925 aus
einer Kreuzung von Cinsaut und Pinot Noir.
Ihr Schöpfer Abraham Herold versuchte
einen Wein zu schaffen, der wie Pinot Noir
schmeckt, aber robust genug für das
südafrikanische Klima ist.

Rätselhafterweise schmeckt die Pinotage
aber nach keiner ihrer Vorfahren.

Gute Pinotage-Weine bieten Noten von
roten und dunklen Früchten, was für einen
ausgewogenen und komplexen Wein spricht.

Meiden Sie billige Massenware, die
gerne stechende Noten von Teer und
Nagellackentferner besitzt, was auf das
Vorhandensein von Essigsäure hindeutet.

ÄHNLICHE WEINE: Wenn Sie australischen
Shiraz und amerikanischen Petite Sirah
mögen, gefallen Ihnen wahrscheinlich auch
die dunklen Frucht- und Tabaknoten des
südafrikanischen Pinotage.

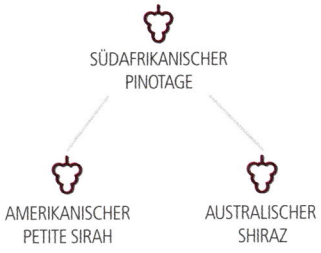

SÜDAFRIKANISCHER
PINOTAGE

AMERIKANISCHER
PETITE SIRAH

AUSTRALISCHER
SHIRAZ

SYRAH

»Sie-rah«
Alias: Shiraz

winefolly.com / learn / variety / syrah

PROFIL

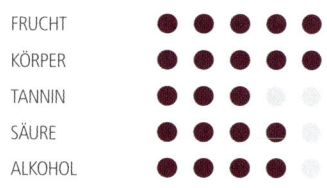

FRUCHT	
KÖRPER	
TANNIN	
SÄURE	
ALKOHOL	

DOMINIERENDE NOTEN

BLAUBEERE   PFLAUME   MILCHSCHOKOLADE   TABAK   GRÜNER PFEFFER

MÖGLICHE NOTEN

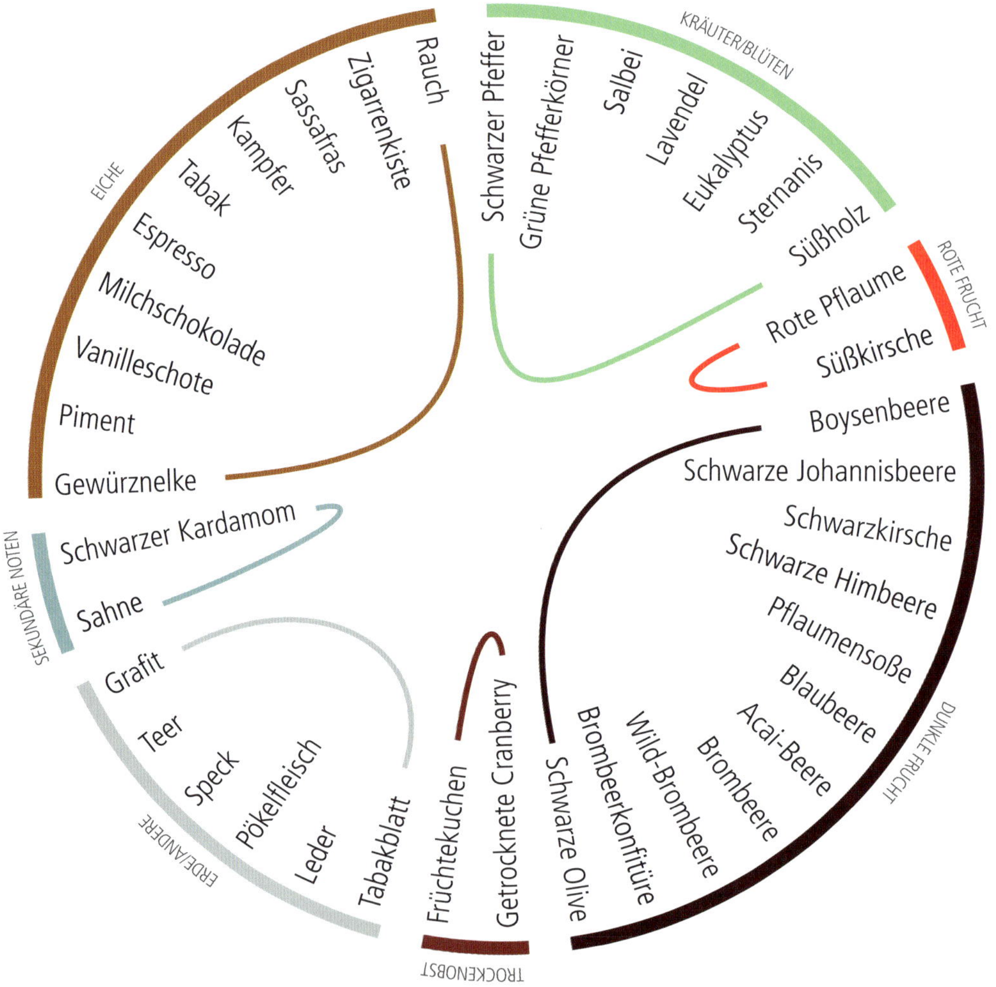

EICHE
- Rauch
- Zigarrenkiste
- Sassafras
- Kampfer
- Tabak
- Espresso
- Milchschokolade
- Vanilleschote
- Piment
- Gewürznelke

KRÄUTER/BLÜTEN
- Schwarzer Pfeffer
- Grüne Pfefferkörner
- Salbei
- Lavendel
- Eukalyptus
- Sternanis
- Süßholz

ROTE FRUCHT
- Rote Pflaume
- Süßkirsche

DUNKLE FRUCHT
- Boysenbeere
- Schwarze Johannisbeere
- Schwarzkirsche
- Schwarze Himbeere
- Pflaumensoße
- Blaubeere
- Acai-Beere
- Brombeere
- Wild-Brombeere
- Brombeerkonfitüre
- Schwarze Olive

SEKUNDÄRE NOTEN
- Schwarzer Kardamom
- Sahne

ERDE/ANDERE
- Grafit
- Teer
- Speck
- Pökelfleisch
- Leder
- Tabakblatt

TROCKENOBST
- Früchtekuchen
- Getrocknete Cranberry

winefolly.com / learn / variety / syrah

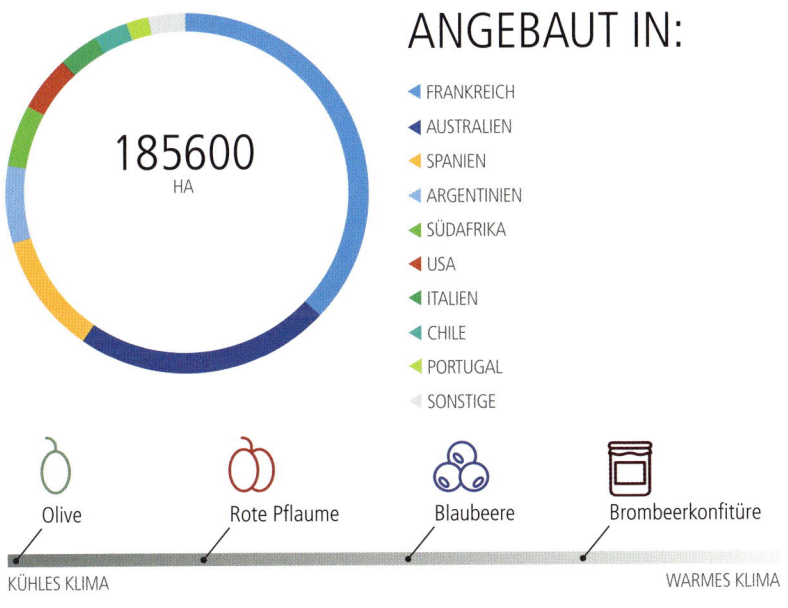

ANGEBAUT IN:

185600
HA

◄ FRANKREICH
◄ AUSTRALIEN
◄ SPANIEN
◄ ARGENTINIEN
◄ SÜDAFRIKA
◄ USA
◄ ITALIEN
◄ CHILE
◄ PORTUGAL
◄ SONSTIGE

ROTWEINGLAS

ZIMMERTEMPERATUR

BIS ZU 10 JAHRE

Olive

Rote Pflaume

Blaubeere

Brombeerkonfitüre

KÜHLES KLIMA   WARMES KLIMA

REGIONALE UNTERSCHIEDE: Vergleicht man Syrah-Weine aus verschiedenen Regionen, entdeckt man einige Unterschiede:

VOLLFRUCHTIGE BROMBEERE, BLAUBEERE & TABAK

Körperreiche Weine mit fruchtbetonten Noten von Brombeere, Himbeere, Tabakrauch, Schokolade, Backgewürzen und Vanille.

● KALIFORNIEN (USA)
● SÜDAUSTRALIEN
● SPANIEN
● ARGENTINIEN
● SÜDAFRIKA

HERZHAFTE PFLAUME, OLIVE & GRÜNE PFEFFERKÖRNER

Mittelschwere bis körperreiche Weine mit herzhaften Noten von Pflaume, Boysenbeere, Leder, grünen Pfefferkörnern, Speck und Kakaopulver.

● RHÔNE (FRANKREICH)
● COLUMBIA VALLEY (USA)
● VICTORIA (AUSTRALIEN)
● WESTAUSTRALIEN
● CHILE

Anbaugebiete für sortenreinen Syrah:

● SÜDAUSTRALIEN
● NÖRDLICHE RHÔNE (FRANKREICH)
● KALIFORNIEN (USA)
● COLUMBIA VALLEY (USA)

Anbaugebiete, in denen Syrah verschnitten wird:

● CÔTES DU RHÔNE (FRANKREICH)
● LANGUEDOC-ROUSSILLON (FRANKREICH)
● CASTILLA-LA MANCHA (SPANIEN)
● EXTREMADURA (SPANIEN)
● KATALONIEN (SPANIEN)
● VALENCIA (SPANIEN)
● ARAGON (SPANIEN)

TEMPRANILLO

◀ »Tem-pra-nih-jo«
Alias: Cencibel, Tinta Roriz, Tinta de Toro,
Rioja, Ribera del Duero

PROFIL

FRUCHT	
KÖRPER	
TANNIN	
SÄURE	
ALKOHOL	

DOMINIERENDE NOTEN

KIRSCHE GETROCKNETE FEIGE ZEDER TABAK DILL

MÖGLICHE NOTEN

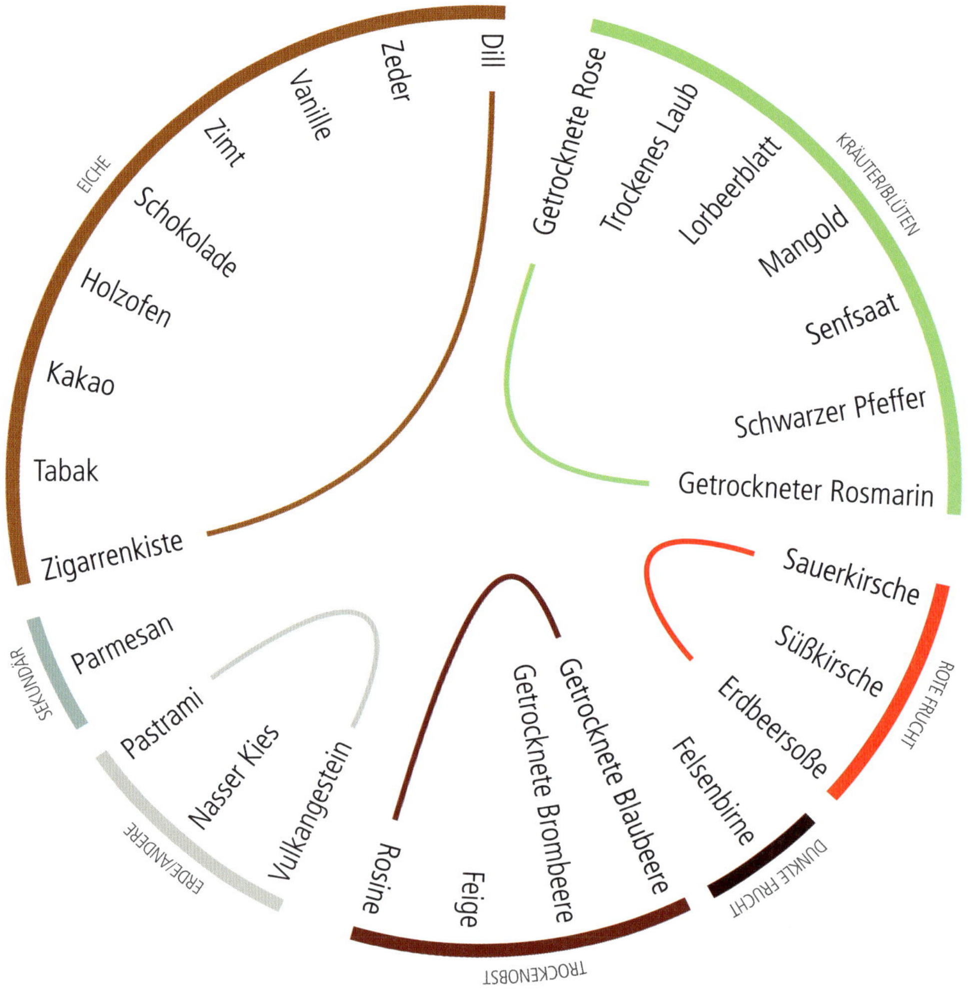

EICHE
Dill
Zeder
Vanille
Zimt
Schokolade
Holzofen
Kakao
Tabak
Zigarrenkiste

KRÄUTER/BLÜTEN
Getrocknete Rose
Trockenes Laub
Lorbeerblatt
Mangold
Senfsaat
Schwarzer Pfeffer
Getrockneter Rosmarin

ROTE FRUCHT
Sauerkirsche
Süßkirsche
Erdbeersoße
Felsenbirne

DUNKLE FRUCHT
Getrocknete Blaubeere
Getrocknete Brombeere

TROCKENOBST
Getrocknete Blaubeere
Feige
Rosine

ERDLANDERIE
Vulkangestein
Nasser Kies

SEKUNDÄR
Parmesan
Pastrami

154

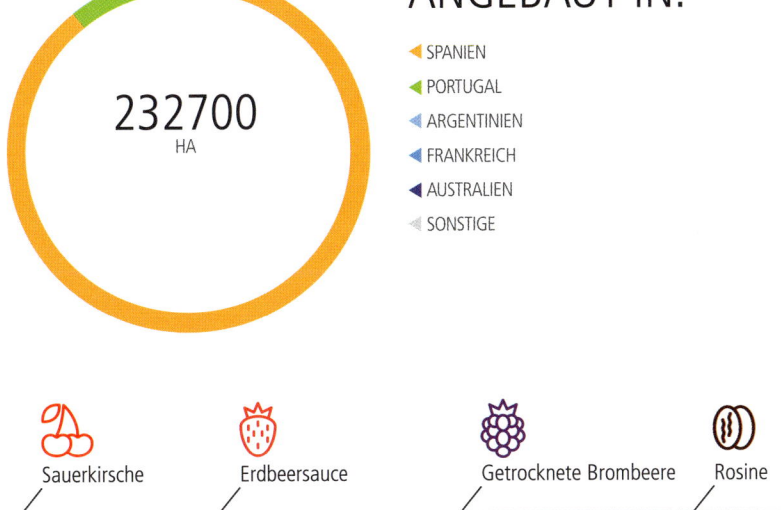

232700
HA

ANGEBAUT IN:

◀ SPANIEN
◀ PORTUGAL
◀ ARGENTINIEN
◀ FRANKREICH
◀ AUSTRALIEN
◀ SONSTIGE

ROTWEINGLAS

KELLERTEMPERATUR

BIS ZU 10 JAHRE

€ € € € €

Sauerkirsche   Erdbeersauce   Getrocknete Brombeere   Rosine

KÜHLER JAHRGANG   WARMER JAHRGANG

REGIONALE WEINE: Tempranillo ist der Spitzenrotwein Spaniens und wird meist nach seinem Anbaugebiet etikettiert.

- **La Rioja**
  RIOJA
- **Castilla y León**
  RIBERA DEL DUERO
  CIGALES
  TORO
- **La Mancha**
  VALDEPEÑAS
- **Extremadura**
  RIBERA DEL GUADIANA

AUSBAU: Man kann spanische Weine nach ihrem Ausbau unterscheiden, wobei die Regeln regional variieren.

☑ ROBLE/TINTO
  Wenig bis kein Fassausbau.

☑ CRIANZA
  6–12 Monate Ausbau im Fass

☑ RESERVA
  12 Monate Ausbau im Fass, plus bis zu 2 Jahre Ausbau in der Flasche.

☑ GRAN RESERVA
  18–24 Monate Fassausbau, plus bis zu 4 Jahre Ausbau in der Flasche.

STILE

JUNG (ROBLE/CRIANZA)
Saftige rote Fruchtnoten, Kräuter und ein würziger Kick.

KURZER AUSBAU (RESERVA)
Rote und dunkle Fruchtnoten, getrocknete Rosen und Backgewürze.

LANGER AUSBAU (RESERVA ETC.)
Trockenobst und dunkle Früchte, Feige, Zimt und Zeder-, Leder- und Laubnoten.

155

TOURIGA NACIONAL

»Tu-rih-ga Nas-jo-nall«

winefolly.com / learn / variety / touriga-nacional

PROFIL

FRUCHT
KÖRPER
TANNIN
SÄURE
ALKOHOL

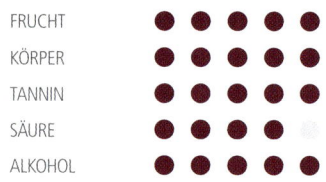

DOMINIERENDE NOTEN

VEILCHEN
BLAUBEERE
PFLAUME
MINZE
NASSER SCHIEFER

MÖGLICHE NOTEN

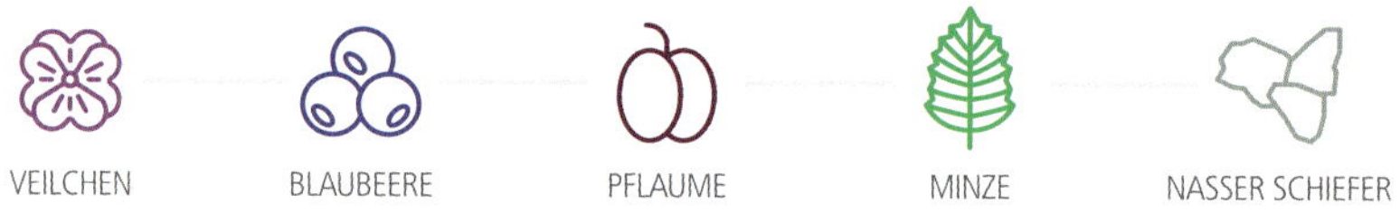

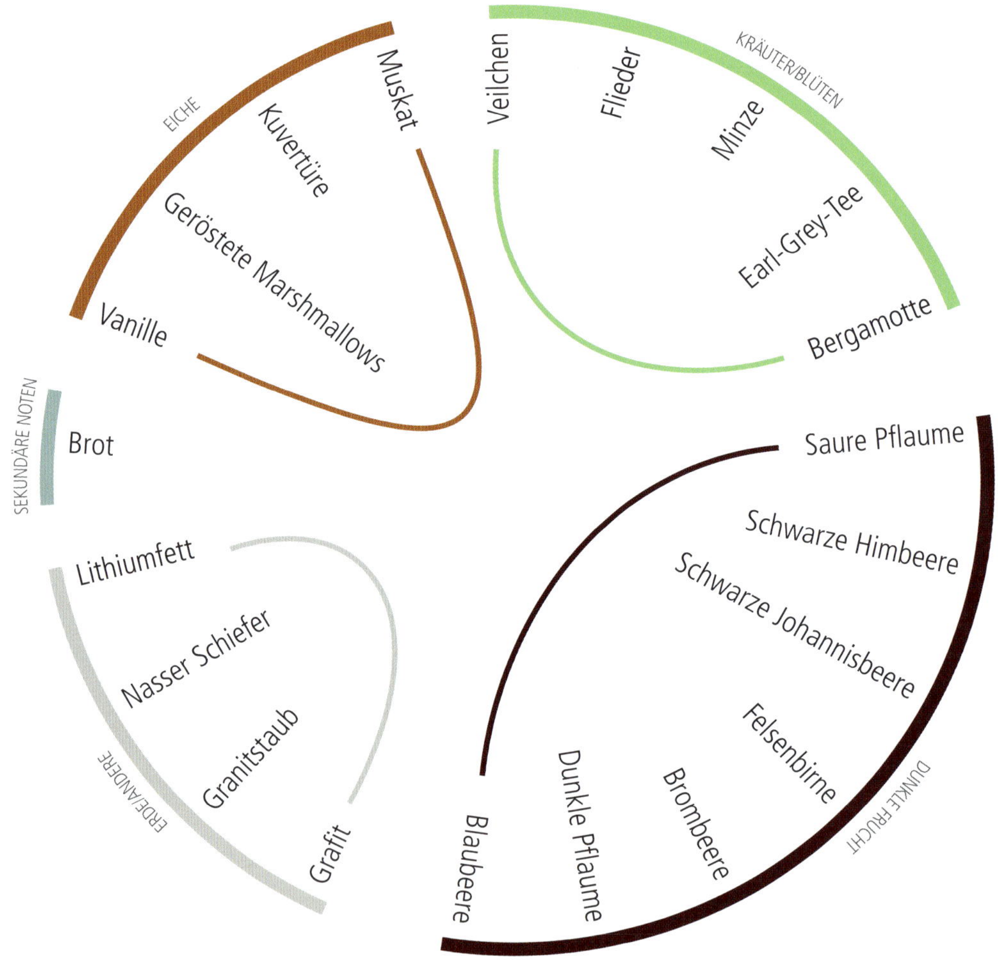

EICHE
Muskat
Kuvertüre
Geröstete Marshmallows
Vanille
KRÄUTER/BLÜTEN
Veilchen
Flieder
Minze
Earl-Grey-Tee
Bergamotte
SEKUNDÄRE NOTEN
Brot
ERDE/ANDERE
Lithiumfett
Nasser Schiefer
Granitstaub
Grafit
DUNKLE FRUCHT
Saure Pflaume
Schwarze Himbeere
Schwarze Johannisbeere
Felsenbirne
Brombeere
Dunkle Pflaume
Blaubeere

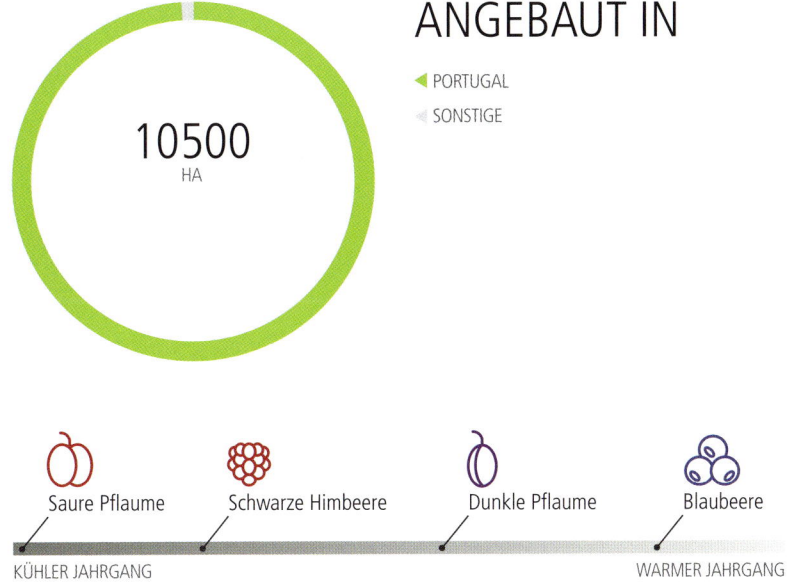

ANGEBAUT IN

10500
HA

◄ PORTUGAL
◄ SONSTIGE

BALLON

ZIMMERTEMPERATUR

BIS ZU 5 JAHRE

€ € € € €

Saure Pflaume   Schwarze Himbeere   Dunkle Pflaume   Blaubeere

KÜHLER JAHRGANG   WARMER JAHRGANG

Die Touriga Nacional ist eine kräftig gefärbte Rotweintraube, die aus dem Douro-Tal in Portugal stammt. Sie wurde traditionell für Portweine genutzt, wobei diverse Winzer mittlerweile aus Touriga Nacional und den anderen Portweinrebsorten auch trockene Rotweine bereiten.

Die Weine zeichnen sich durch üppige dunkle Fruchtnoten, kräftiges Tannin und ein subtiles Veilchenaroma aus.

ANBAUGEBIETE

DOURO
Noten von Blaubeere, Schwarzer Johannisbeere, Veilchen, Vanille und Bratenfleisch. Strukturierte Weine mit feinkörnigen Tanninen.

DÃO
Dão ist kühler und liegt höher als Douro. Aus dieser Region stammen Weine mit mehr roten Fruchtnoten, Bergamotte und Veilchen, gestützt von würziger Säure.

ALENTEJO
Alentejo produziert einen saftigen Stil mit dunklen und roten Früchten, Veilchen, Lakritz und gerne einem Hauch Vanille vom Eichenfass.

In den USA werden nur rund 40 ha Touriga Nacional angebaut, hauptsächlich rund um Lodi in Kalifornien.

Dessertwein

MADEIRA

MARSALA

PORTWEIN

SAUTERNES

SHERRY

VIN SANTO

Stilistisch reichen Dessertweine von halbtrocken bis süß. Die Weine mit der größten Süße und der meisten Säure können über viele Jahre im Keller subtile nussige Noten entwickeln.

Manche Dessertweine werden mit Branntwein aufgespritet, um sie zu stabilisieren. Aufgespritete Weine haben einen hohen Alkoholgehalt und halten sich offen bis zu einen Monat.

In diesem Buch behandeln wir die bekanntesten Dessertweine, aber es gibt weltweit eine große und variantenreiche Fülle dieser Weine.

DIE VERSCHIEDENEN DESSERTWEINE

AUFGESPRITETER WEIN

Der Wein wird meist vor der vollständigen Vergärung des Fruchtzuckers durch Zugabe von Alkohol stabilisiert.

SPÄTLESEWEIN

Die Trauben werden erst spät und mit maximalem Zuckergehalt geerntet (gelesen).

WEIN VON ROSINIERTEN TRAUBEN

In Italien auch Passito genannt. Die Trauben werden getrocknet und verlieren so bis zu 70% ihres Wassergehalts.

EISWEIN

Die Trauben bekommen noch an der Rebe Frost und werden gefroren gelesen und gekeltert, was einen sehr süßen Wein ergibt.

EDELSÜSSER WEIN

Die Edelfäule *Botrytis cinerea* lässt die Trauben schrumpeln und verleiht ihnen süße Honig- und Ingwernoten.

MADEIRA

 »Ma-däh-ra«
Stil: Aufgespriteter Wein

 PROFIL

FRUCHT
KÖRPER
SÜSSE
SÄURE
ALKOHOL

DOMINIERENDE NOTEN

 GEBRANNTER KARAMELL

 WALNUSSÖL

 PFIRSICH

 HASELNUSS

 ORANGENSCHALE

 winefolly.com / learn / wine / madeira

MÖGLICHE NOTEN

TERTIÄR

Walnussöl
Schwarznuss
Pekannuss
Vanille
Zimt
Ahornsirup
Erdnussschale
Erdnusskrokant
Haselnuss
Gebrannter Karamell
Rauch

KRÄUTER/BLÜTEN

Geröstete Paprika
Getrocknete Chilischote
Frisch gemähtes Gras
Szechuan-Pfeffer
Curry-Gewürze
Heu

ZITRUS

Zitronenschale
Orangenschale
Orangenmarmelade
Pfirsich

BAUMFRUCHT

ERDE/ANDERE

Montagekleber
Hoisin-Soße
Chutney
Saline
Karamell-Popcorn

160

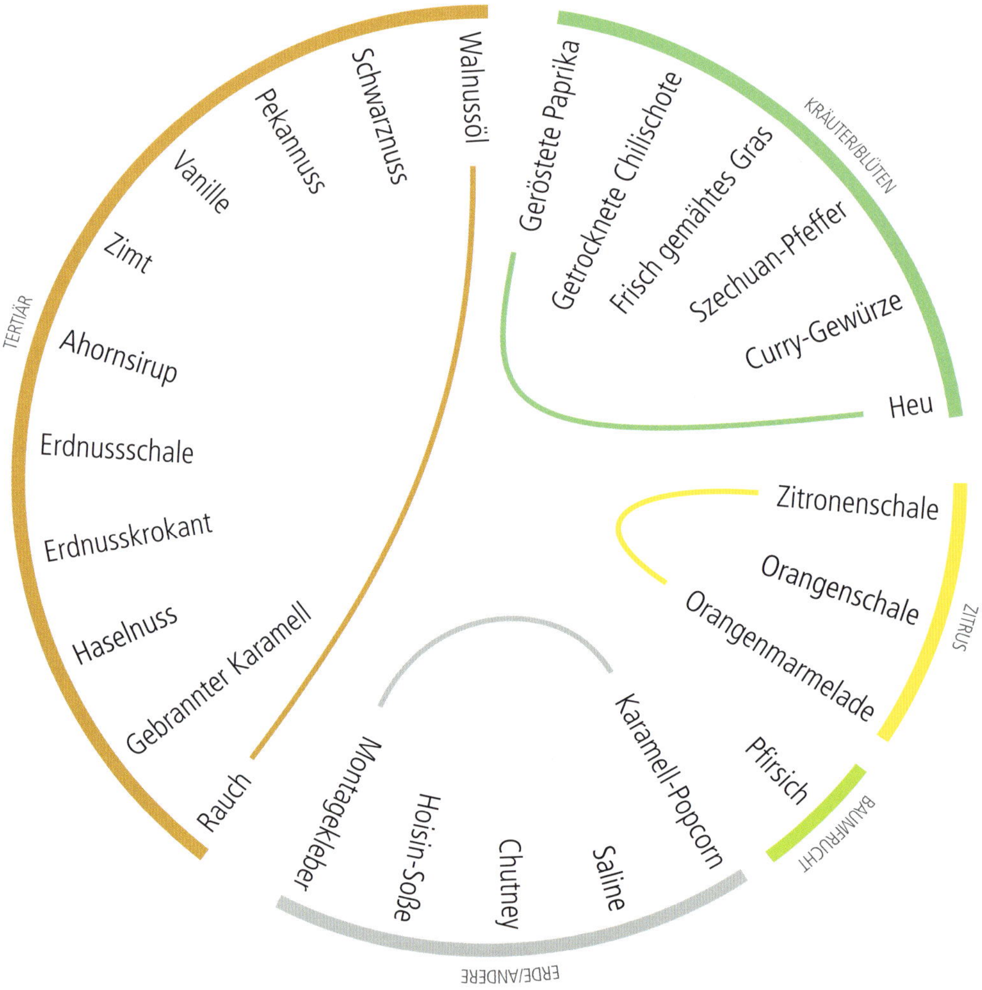

400
HA

GARANTIE

HERSTELLER

STIL
SÜSSE

QUALITÄT &
REIFUNG

SÜSSEGRADE

- EXTRA DRY: 0–50 G/L RS
- DRY: 50–65 G/L RS
- MEDIUM DRY: 65–80 G/L RS
- MEDIUM RICH/SWEET: 80–96 G/L RS
- RICH/SWEET: MIND. 96 G/L RS

HERGESTELLT IN

◄ MADEIRA, PORTUGAL

OHNE JAHRGANGSANGABE

QUALITÄTSSTUFEN & REIFUNG

FINEST/CHOICE/SELECT
Aus Tinta Negra Mole, Estufa-Methode, 3 Jahre gereift.

RAINWATER
Medium-Dry, meist mit Tinta Negra Mole verschnitten, 3 Jahre alt.

FIVE YEARS OLD/RESERVE/MATURE
5–10 Jahre alt, meist mit Tinta Negra Mole verschnitten.

TEN YEARS OLD/SPECIAL RESERVE
10–15 Jahre alt, Canteiro-Methode, oft sortenrein.

FIFTEEN YEARS OLD/EXTRA RESERVE
15–20 Jahre alt, Canteiro-Methode, oft sortenrein.

JAHRGANGS-MADEIRA

COLHEITA
Über 5 Jahre alter Jahrgangswein, Canteiro-Methode, oft sortenrein.

SOLERA
Fassgereifte Cuvée mehrerer Jahrgänge. Der älteste genannte Jahrgang ist nicht mehr unvermischt verfügbar.

VINTAGE MADEIRA/FRASQUEIRA
Über 20 Jahre alter sortenreiner Wein, Canteiro-Methode, sehr selten.

WEISS- ODER SÜSSWEINGLAS (23 CL)

KELLERTEMPERATUR

BIS ZU 2 JAHRE

ESTUFA-METHODE
Der Wein wird für begrenzte Zeit in Tanks erhitzt.

CANTEIRO-METHODE
Der Wein reift in Fässern in warmen Hallen oder in der Sonne.

MADEIRA-STILE

RAINWATER
Trocken bis lieblich, einfache Qualität.

SERCIAL
Der leichteste, trockene Stil
(kalt servieren)

VERDELHO
Leicht, aromatisch, trocken bis halbtrocken (kalt servieren)

BUAL
Halbsüß und nussig

MALMSEY
Der süßeste Madeira

MARSALA

Stil: Aufgespriteter Wein

PROFIL

FRUCHT	●●●○○
KÖRPER	●●●●○
SÜSSE	●●●○○
SÄURE	●●●●○
ALKOHOL	●●●●○

DOMINIERENDE NOTEN

GEKOCHTE APRIKOSE — VANILLE — TAMARINDE — BRAUNER ZUCKER — TABAK

MÖGLICHE NOTEN

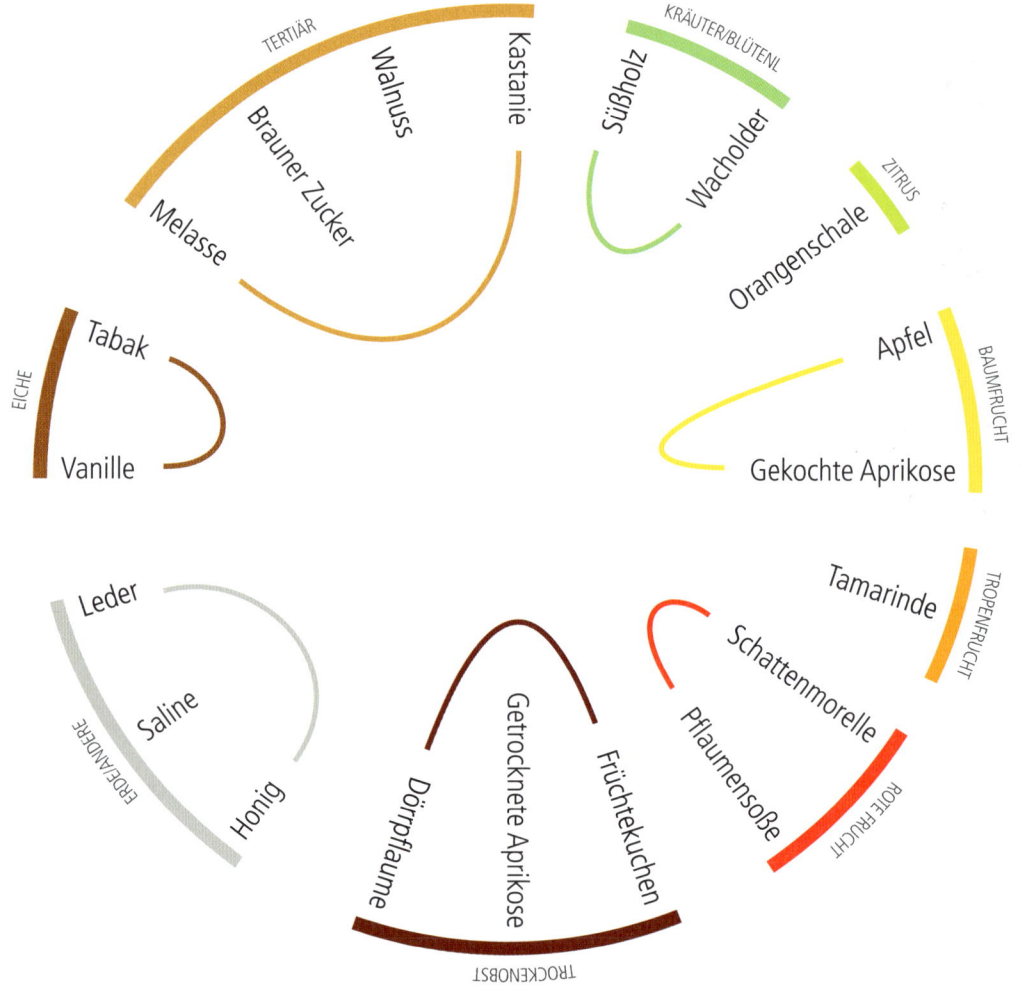

TERTIÄR
- Walnuss
- Brauner Zucker
- Kastanie
- Melasse

KRÄUTER/BLÜTENL
- Süßholz
- Wacholder

ZITRUS
- Orangenschale

BAUMFRUCHT
- Apfel
- Gekochte Aprikose

EICHE
- Tabak
- Vanille

TROPENFRUCHT
- Tamarinde

ROTE FRUCHT
- Schattenmorelle
- Pflaumensoße

ERDE/ANDERE
- Leder
- Saline
- Honig

TROCKENOBST
- Dörrpflaume
- Getrocknete Aprikose
- Früchtekuchen

162

● Herkunft: Italien

45500
HA

HERGESTELLT IN:

◀ SIZILIEN, ITALIEN

SÜSSWEINGLAS

KELLERTEMPERATUR

BIS ZU 2 JAHRE

€ € € € €

winefolly.com / learn / wine / marsala

MARSALA-STILE

🍷 ORO (GOLD)
Aus weißen Trauben.

🍷 AMBRA (BERNSTEIN)
Aus weißen Trauben und erhitztem Most.

🍷 RUBINO (RUBINROT)
Ein seltener, roter Marsala aus bis zu 30% weißen Trauben.

MARSALA-REBSORTEN

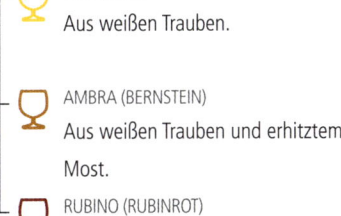

GRILLO
CATTARATO
INZOLIA
GRECIANO

NERO D'AVOLA
PIGNATELLO
NERELLO MASCALESE

ALTERSSTUFEN

KÜCHE

FINE/FINE IP
Alle Stile, 1 Jahr gereift.

SUPERIORE
Alle Stile, 2 Jahre gereift.

SUPERIORE RISERVA
Trocken bis halbtrocken, 4 Jahre gereift.

TAFEL

VERGINE/VERGINE SOLERA
Trocken, über 5 Jahre gereift.

VERGINE STRAVECCHIO/ VERGINE RESERVA
Trocken, über 10 Jahre gereift.

SÜSSEGRADE

 SECCO (TROCKEN): 0–40 G/L RS

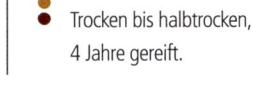 SEMISECCO (HALBTROCKEN): 40–100 G/L RS

 DULCE (SÜSS): ÜBER 100 G/L RS

MARSALA ZUM KOCHEN

SÜSSER MARSALA (DULCE)
Für süße Soßen zu Schwein und Hähnchen oder in Desserts wie Zabaione.

TROCKENER MARSALA (SECCO)
Vielseitiger verwendbar ist trockener Marsala (Secco), beispielsweise für herzhafte Hauptgerichte. Er gibt Rinderfilet, Pilzen, Pute oder Kalb nussige Noten.

163

PORTWEIN

Stil: Aufgespriteter Wein

winefolly.com / learn / wine / port

PROFIL

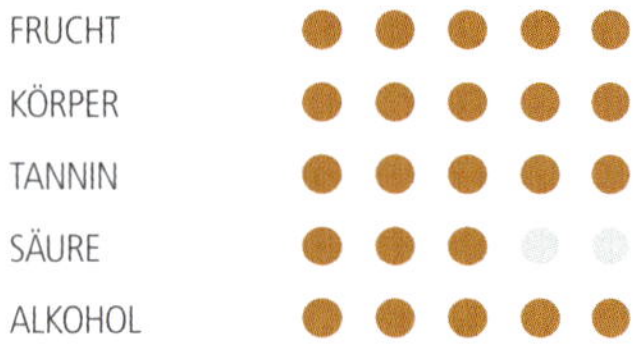
FRUCHT
KÖRPER
TANNIN
SÄURE
ALKOHOL

DOMINIERENDE NOTEN

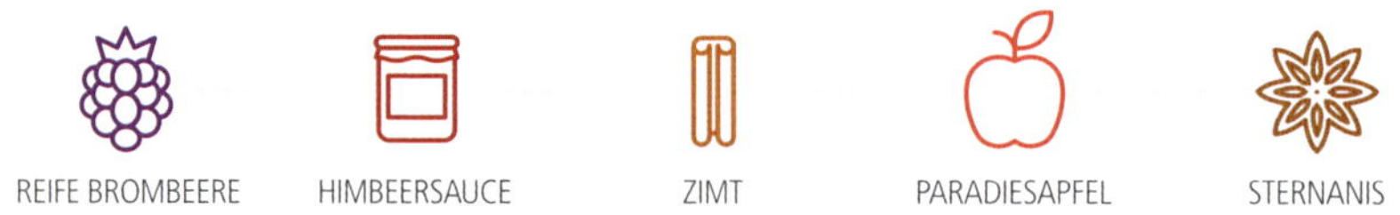

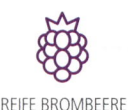

REIFE BROMBEERE
HIMBEERSAUCE
ZIMT
PARADIESAPFEL
STERNANIS

MÖGLICHE NOTEN

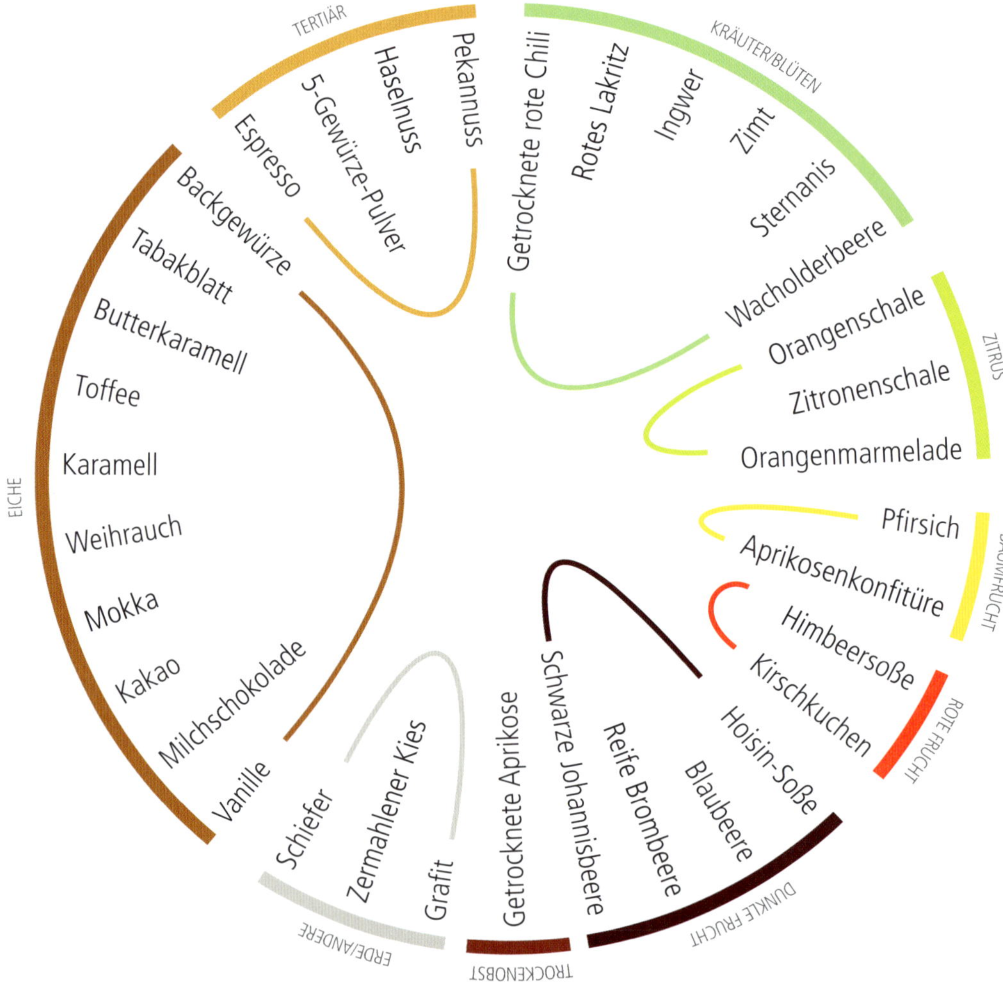
TERTIÄR
Pekannuss
Haselnuss
5-Gewürze-Pulver
Espresso
KRÄUTER/BLÜTEN
Getrocknete rote Chili
Rotes Lakritz
Ingwer
Zimt
Sternanis
Wacholderbeere
ZITRUS
Orangenschale
Zitronenschale
Orangenmarmelade
BAUMFRUCHT
Pfirsich
Aprikosenkonfitüre
ROTE FRUCHT
Himbeersoße
Kirschkuchen
DUNKLE FRUCHT
Hoisin-Soße
Blaubeere
Reife Brombeere
Schwarze Johannisbeere
TROCKENOBST
Getrocknete Aprikose
ERDE/ANDERE
Grafit
Zermahlener Kies
Schiefer
EICHE
Vanille
Milchschokolade
Kakao
Mokka
Weihrauch
Karamell
Toffee
Butterkaramell
Tabakblatt
Backgewürze

45000
HA

HERGESTELLT IN

◀ DOURO, PORTUGAL

SÜSSWEINGLAS

ZIMMERTEMPERATUR

ÜBER 15 JAHRE

€ € € € €

JUNGER PORT

Ein jugendlicher Portwein, der kurze Zeit gereift und sofort trinkbereit ist. Die Weine besitzen meist mehr Gewürznoten und Tannin.

TAWNY PORT

Über mehrere Jahre im Fass gereifte Portweine mit nussigen Oxidationsnoten. Da sie beim Hersteller gereift sind, sind sie sofort trinkbereit.

LAGERFÄHIGER PORTWEIN

Mit Naturkorken verschlossen und für mehr als 40 Jahre Lagerung vorgesehen.

RUBY
Rote Frucht- und Schokoladennoten mit würziger Säure.

LBV (LATE BOTTLED VINTAGE)
Rote und dunkle Fruchtnoten, Gewürz und Kakao mit viel Tannin und Säure.

WHITE
Getrockneter Pfirsich, weißer Pfeffer, Tangerinenschale und Weihrauch.

ROSÉ
Noten von Erdbeere, Honig, Zimt und Himbeerlikör.

10-YEAR
Himbeere, getrocknete Blaubeere, Zimt, Gewürznelke und Karamell.

20-YEAR
Feige, Rosine, Karamell, Orangenschale und Zimt.

40-YEAR
Getrocknete Aprikose, Orangenschale, Karamell und Toffee.

COLHEITA
Jahrgangs-Portwein, bei dem die Geschmacksnoten vom Alter des Weins abhängen.

VINTAGE PORT
Jahrgangs-Ports aus ausgesuchten Jahrgängen. Sollten mindestens 10 Jahre, besser 30–50 Jahre reifen.

CRUSTED PORT
Verschnitt mehrerer Jahrgänge, der wie Vintage Port reifen soll. Die Weine entwickeln oft eine »Kruste« und müssen durch einen Filter dekantiert werden.

SAUTERNES

🔊 »Soh-tern«

Stil: Edelsüßer Wein

PROFIL

FRUCHT	● ● ● ● ●
KÖRPER	● ● ● ○ ○
SÜSSE	● ● ● ● ●
SÄURE	● ● ● ● ●
ALKOHOL	● ● ● ○ ○

DOMINIERENDE NOTEN

LEMON CURD · APRIKOSE · QUITTE · HONIG · INGWER

MÖGLICHE NOTEN

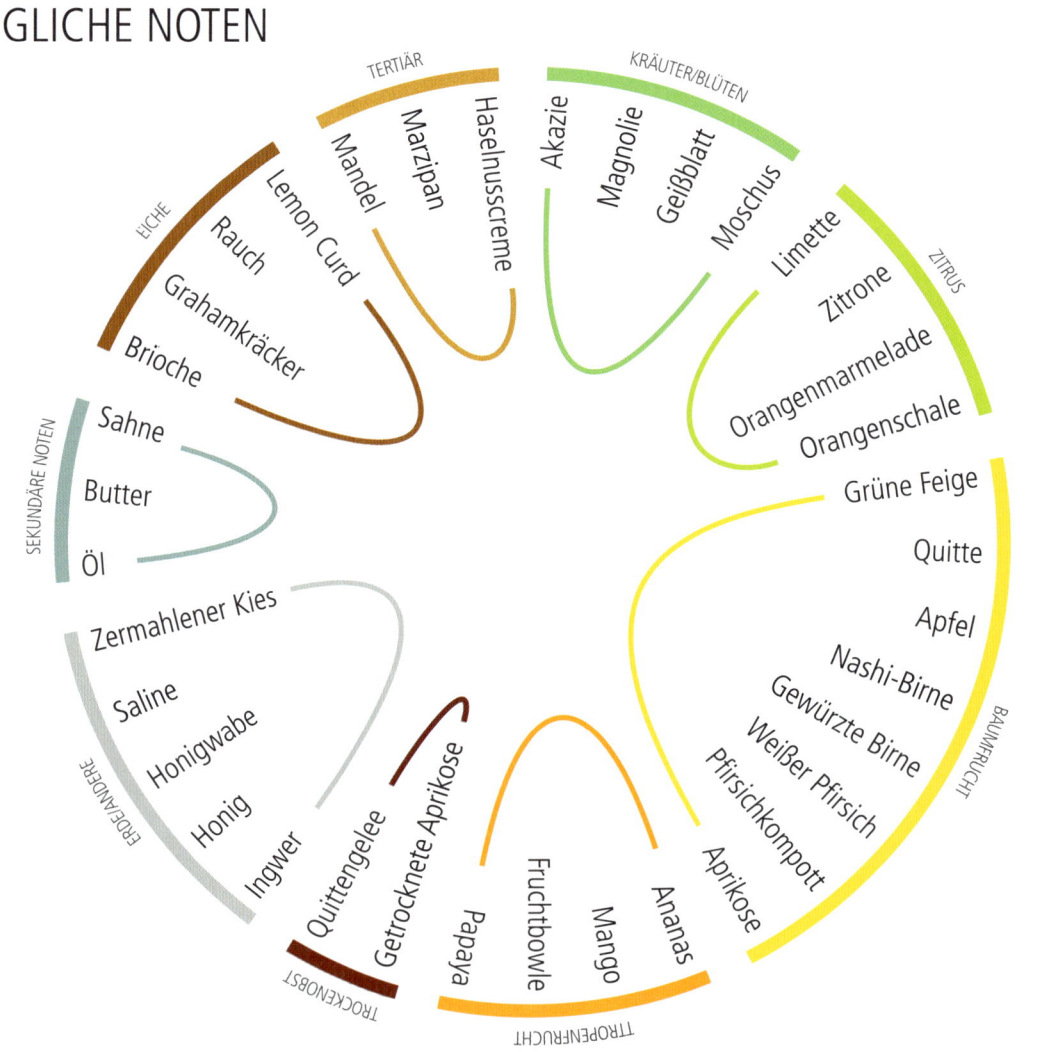

TERTIÄR: Haselnusscreme, Marzipan, Mandel

EICHE: Lemon Curd, Rauch, Grahamkräcker, Brioche

SEKUNDÄRE NOTEN: Sahne, Butter, Öl

ERDE/ANDERE: Zermahlener Kies, Saline, Honigwabe, Honig, Ingwer

TROCKENOBST: Quittengelee, Getrocknete Aprikose

TROPENFRUCHT: Papaya, Fruchtbowle, Mango, Ananas

BAUMFRUCHT: Aprikose, Pfirsichkompott, Weißer Pfirsich, Gewürzte Birne, Nashi-Birne, Apfel, Quitte, Grüne Feige

ZITRUS: Orangenschale, Orangenmarmelade, Zitrone, Limette

KRÄUTER/BLÜTEN: Akazie, Magnolie, Geißblatt, Moschus

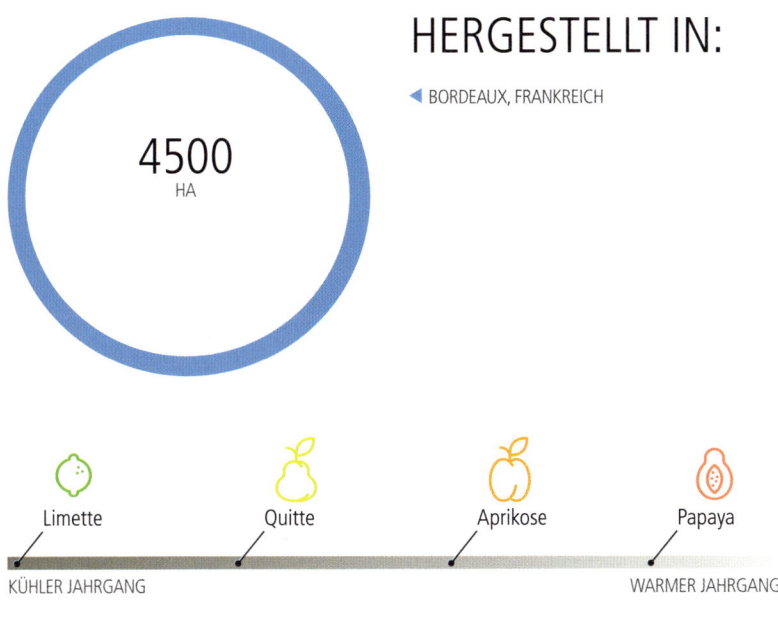

4500
HA

HERGESTELLT IN:

◄ BORDEAUX, FRANKREICH

WEISSWEINGLAS

KALT

15 JAHRE

€ € € € €

Limette   Quitte   Aprikose   Papaya

KÜHLER JAHRGANG   WARMER JAHRGANG

REBSORTEN: Die süßen Bordeaux-Weine werden ausschließlich aus weißen Trauben gekeltert.

SÉMILLON
Die beliebteste Sorte gibt Körper und Tropenfruchtnoten.

SAUVIGNON BLANC
Gibt Limetten- und Grapefruitnoten mit prickelnder Säure.

MUSCADELLE
Macht meist nur einen geringen Anteil aus.

ANBAUREGIONEN: Der Name Sauternes bezieht sich auf die Süßwein produzierenden Regionen in Bordeaux, die dank ihrer Lage in Flusstälern anfällig für Edelfäule (siehe Glossar) sind.

● SAUTERNES
● BORDEAUX MOELLEUX
● BARSAC
● SAINTE-CROIX-DU-MONT
● LOUPIAC
● GRAVES SUPÉRIEURES
● PREMIÈRES CÔTES DE BORDEAUX
● CADILLAC

Manche Hersteller produzieren nur in den Jahren Süßwein, in denen die Trauben von Edelfäule befallen sind.

Ein normales Glas Sauternes enthält nahezu 17 g Zucker, allerdings schmeckt der Wein dank seiner ausgeprägten Säure trotzdem ausgewogen.

167

SHERRY

◀ »Scher-ri«

Stil: Aufgespriteter Wein

PROFIL

FRUCHT

KÖRPER

HALBTROCKEN

SÄURE

ALKOHOL

DOMINIERENDE NOTEN

JACKFRUCHT

SALINE

SALZZITRONE

PARANUSS

MANDEL

MÖGLICHE NOTEN

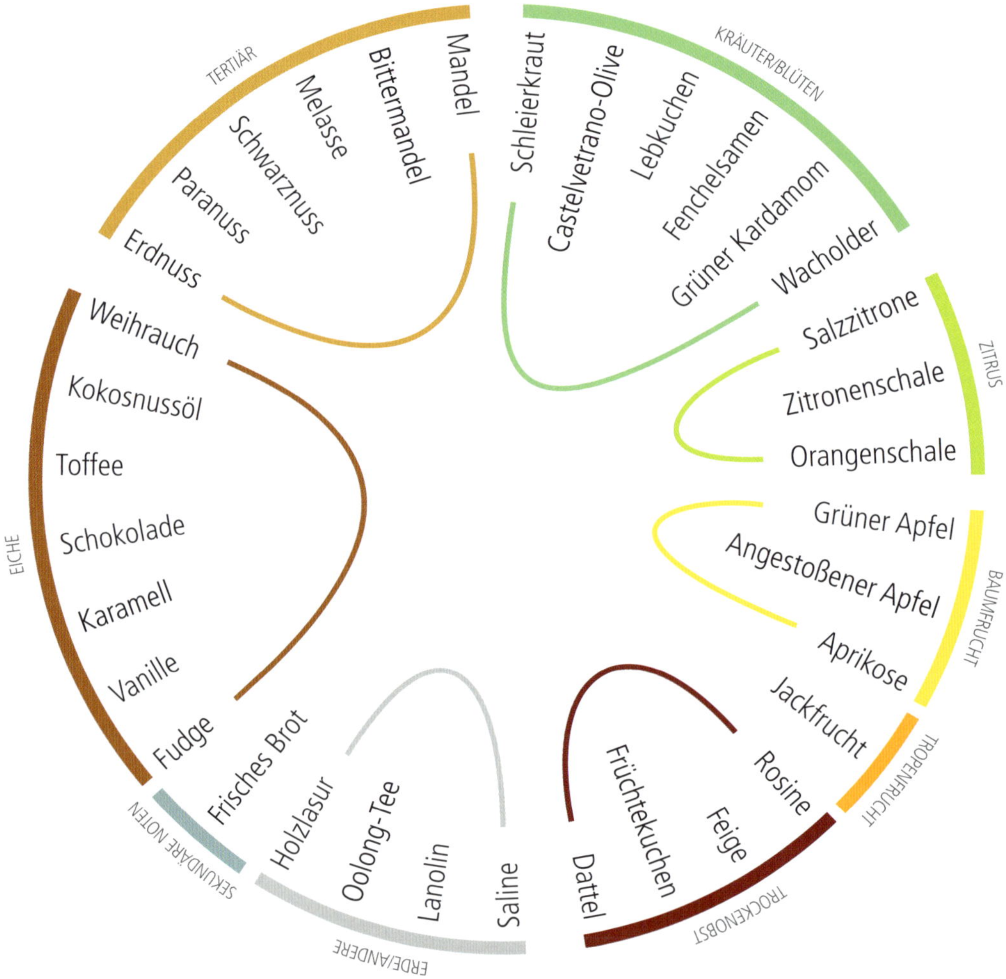

TERTIÄR

Mandel

Bittermandel

Melasse

Schwarznuss

Paranuss

Erdnuss

Weihrauch

Kokosnussöl

Toffee

Schokolade

Karamell

Vanille

Fudge

EICHE

Frisches Brot

Holzlasur

Oolong-Tee

Lanolin

Saline

SEKUNDÄRE NOTEN

ERDE/ANDERE

Dattel

Früchtekuchen

Feige

Rosine

Jackfrucht

TROCKENOBST

Aprikose

Angestoßener Apfel

Grüner Apfel

BAUMFRUCHT

Orangenschale

Zitronenschale

Salzzitrone

ZITRUS

Wacholder

Grüner Kardamom

Fenchelsamen

Lebkuchen

Castelvetrano-Olive

Schleierkraut

KRÄUTER/BLÜTEN

TROPENFRUCHT

● Herkunft: Spanien

31600
HA

HERGESTELLT IN:

◄ ANDALUSIEN, SPANIEN

WEISS- ODER SÜSSWEINGLAS

KELLERTEMPERATUR

BIS ZU 2 JAHRE

€ € € € €

TROCKENE SHERRY-STILE

Diese Sherrys werden je nach Herstellungsmethode in verschiedenen Stilen aus Palomino Fino-Trauben bereitet

FINO & MANZANILLA
Sehr leichte Weine mit salzigen Fruchtnoten. Kalt servieren.

AMONTILLADO
Etwas kräftiger und nussiger, zwischen Fino und Oloroso.

PALO CORTADO
Kräftig mit Röstaromen von Kaffee und Melasse.

OLOROSO
Dunkel-nussiger Stil nach langer oxidativer Reifung.

SÜSSE SHERRY-STILE

Süße Sherrys werden meist aus Pedro-Ximénez- oder Moscatel-Trauben bereitet.

PX (PEDRO XIMÉNEZ)
Der süßeste Stil aus Pedro-Ximénez mit Feigen- und Dattelnoten.

MOSCATEL
Ein sehr süßer Stil aus Muscat d'Alexandrie mit Karamellnoten.

CREAM SHERRY
Meist ein Verschnitt aus Oloroso Sherry und PX.

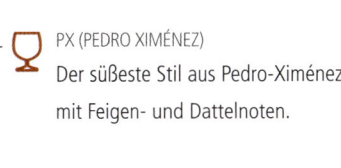

DRY: 5–45 G/L RS
MEDIUM: 5–11 G/L RS
PALE CREAM: 115–140 G/L RS
CREAM: 115–140 G/L RS
DULCE: ÜBER 160 G/L RS

DAS SOLERA-SYSTEM

Sherry entsteht aus Weinen mehrerer Jahrgänge im einzigartigen Solera-Verfahren. Dabei durchläuft er 3–9 übereinander gestapelte Fassreihen, die sogenannten *criaderas*:

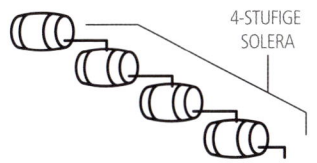

4-STUFIGE SOLERA

Die oberste Reihe wird mit neuem Wein befüllt und fertiger Wein wird in kleinen Mengen aus der untersten Reihe abgezogen. Der Wein durchläuft das System in 3–50 (oder mehr) Jahren. Nur sehr seltene Jahrgangs-Sherrys entstehen nicht in der Solera.

VIN SANTO

Stil: Wein aus rosinierten Trauben

winefolly.com / learn / wine / vin-santo

PROFIL

FRUCHT
KÖRPER
SEHR SÜSS
SÄURE
ALKOHOL

DOMINIERENDE NOTEN

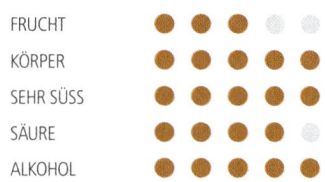

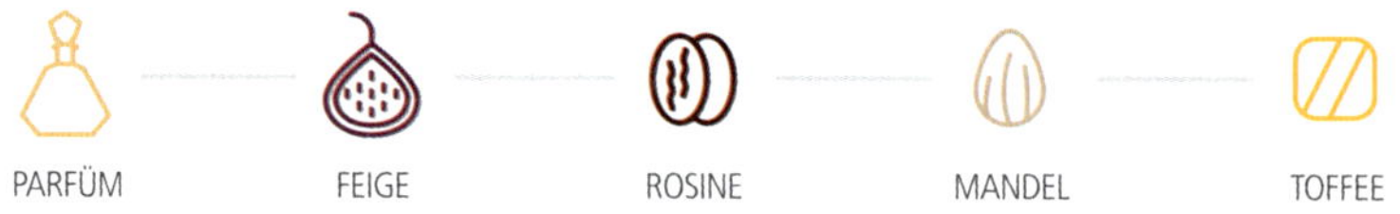
PARFÜM
FEIGE
ROSINE
MANDEL
TOFFEE

MÖGLICHE NOTEN

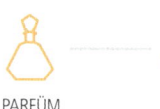

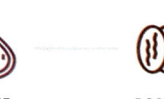

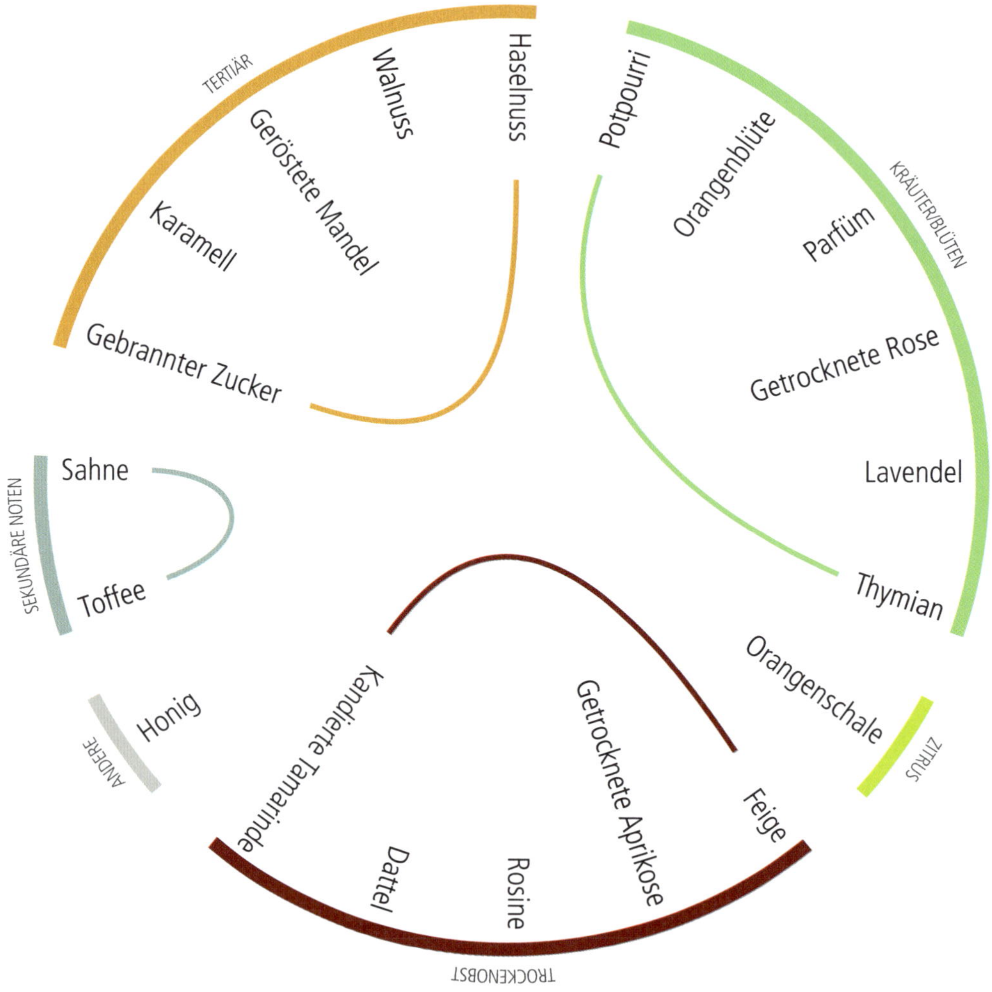
TERTIÄR
Haselnuss
Walnuss
Geröstete Mandel
Karamell
Gebrannter Zucker
KRÄUTER/BLÜTEN
Potpourri
Orangenblüte
Parfüm
Getrocknete Rose
Lavendel
Thymian
ZITRUS
Orangenschale
TROCKENOBST
Feige
Getrocknete Aprikose
Rosine
Dattel
Kandierte Tamarinde
ANDERE
Honig
SEKUNDÄRE NOTEN
Sahne
Toffee

23400
HA

HERGESTELLT IN:

◄ MITTELITALIEN

WEISSWEINGLAS

KELLERTEMPERATUR

ÜBER 15 JAHRE

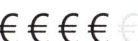

winefolly.com / learn / wine / vin-santo

Vin Santo entsteht nach der Appassimento-Methode: Die gelesenen Trauben werden zum Trocknen bis zu sechs Monate auf Strohmatten ausgebreitet und verlieren dabei bis zu 70% Wasser.

TRAUBEN   STROHMATTEN   ROSINEN

Die rosinierten Trauben werden gekeltert und der Most in Eichen- oder Kastanienfässer abgefüllt, wo er in bis zu vier Jahren langsam fermentiert.

STILE

 WEISSER VIN SANTO
Der bekannteste Vin Santo besitzt Noten von getrockneten Feigen, Mandeln und Toffee und wird vorwiegend aus Malvasia Bianca und Trebbiano bereitet.

ROTER VIN SANTO
Ein seltener, roséfarbener Stil namens Occhio di Pernice aus Sangiovese-Trauben mit Karamell-, Kaffee- und Haselnussnoten.

Die Hauptanbaugebiete von Vin Santo sind die Toskana und Umbrien in Italien. Daneben entsteht in Sizilien auch ein hervorragender Wein aus Malvasia-Trauben namens Malvasia delle Lipari.

Traditionell trinkt man Vin Santo in der Osterwoche und reicht dazu Cantuccini.

Anbaugebiete

Anbaugebiete

ANBAUREGIONEN
IN ALLER WELT

ARGENTINIEN

AUSTRALIEN

CHILE

DEUTSCHLAND

FRANKREICH

ITALIEN

NEUSEELAND

ÖSTERREICH

PORTUGAL

SPANIEN

SÜDAFRIKA

USA

WEINREGIONEN IN ALLER WELT

Wein wird in über 90 Ländern der Welt angebaut. Die zwölf hier beschriebenen Länder erzeugen 80% der weltweit produzierten Weine.

WELTWEITE WEINPRODUKTION

25,7 Mrd.
LITER WEIN JÄHRLICH (2012)

◄ ITALIEN

◄ FRANKREICH

◄ SPANIEN

◄ USA

◄ ARGENTINIEN

◄ AUSTRALIEN

◄ SÜDAFRIKA

◄ CHILE

◄ DEUTSCHLAND

◄ PORTUGAL

◄ ÖSTERREICH

◄ NEUSEELAND

◄ ANDERE

Mit 25,7 Mrd. Litern Wein könnte man 99 Straßenblocks in Manhattan 12 m hoch mit Wein fluten.

KÜHLES ODER WARMES KLIMA

Das Klima beeinflusst den Geschmack des Weins, wobei kühles Klima Weine eher säuerlich oder herb schmecken lässt und warmes Klima für reifere Noten sorgt.

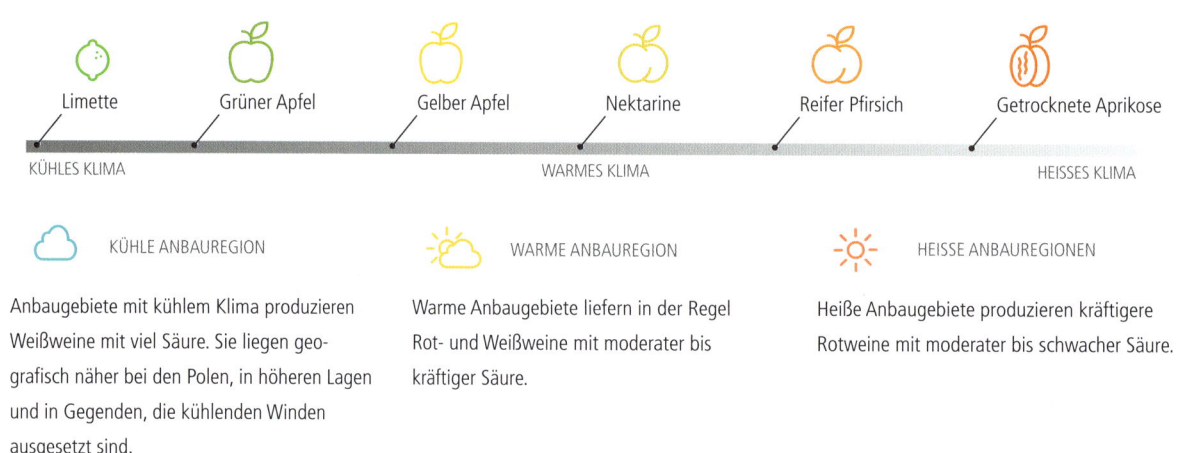

| Limette | Grüner Apfel | Gelber Apfel | Nektarine | Reifer Pfirsich | Getrocknete Aprikose |

KÜHLES KLIMA   WARMES KLIMA   HEISSES KLIMA

KÜHLE ANBAUREGION

Anbaugebiete mit kühlem Klima produzieren Weißweine mit viel Säure. Sie liegen geografisch näher bei den Polen, in höheren Lagen und in Gegenden, die kühlenden Winden ausgesetzt sind.

WARME ANBAUREGION

Warme Anbaugebiete liefern in der Regel Rot- und Weißweine mit moderater bis kräftiger Säure.

HEISSE ANBAUREGIONEN

Heiße Anbaugebiete produzieren kräftigere Rotweine mit moderater bis schwacher Säure.

WO DER WEIN WÄCHST

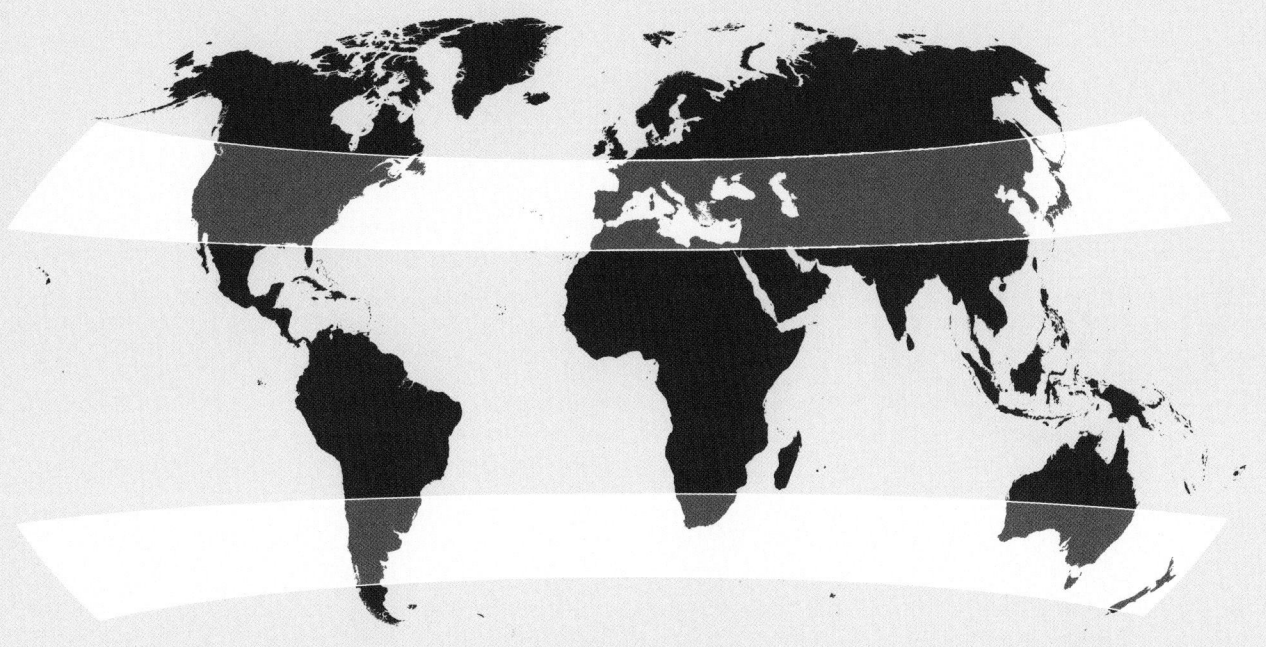

BREITENGRADE, IN DENEN
WEINANBAU MÖGLICH IST.

Die oben eingezeichneten Zonen sind diejenigen, in denen Weinreben bevorzugt gedeihen.
Daneben gibt es aber auch Regionen außerhalb
dieser Bereiche, deren besonderes Mikrokli-
ma den Weinanbau erlaubt, z.B. in Brasilien,
Mexiko und Indien.

Argentinien

Argentinien ist eine Neue-Welt-Region, die vor allem für ihren kräftigen und fruchtigen Malbec bekannt ist. 75% aller Malbecs stammen aus diesem Land.

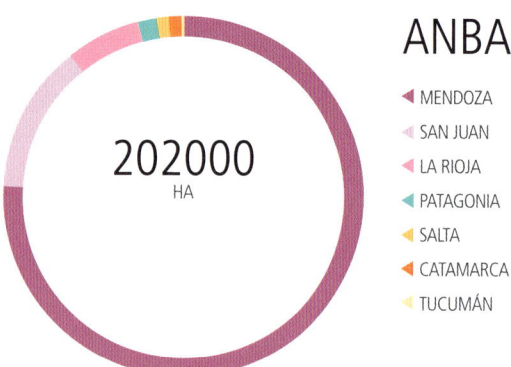

202000
HA

ANBAUREGIONEN NACH GRÖSSE

◀ MENDOZA
◀ SAN JUAN
◀ LA RIOJA
◀ PATAGONIA
◀ SALTA
◀ CATAMARCA
◀ TUCUMÁN

DIE WICHTIGSTEN WEINE ARGENTINIENS

🍇 MALBEC

Der bedeutendste Wein des Landes rangiert je nach Jahrgang, Qualität und Ausbau geschmacklich von saftigen Himbeernoten über Heidelbeere bis zu Tabak.

- MENDOZA — LUJÁN DE CUYO
- SALTA — VALLE DE UCO

🍇 CABERNET SAUVIGNON

Argentinischer Cabernet Sauvignon bietet volle Himbeer-, Mokka und Tabaknoten mit moderatem Tannin und pfeffriger Säure.

- MENDOZA — LUJÁN DE CUYO
  — MAIPÚ

🍇 BONARDA (DOUCE NOIR)

Die in Kalifornien auch Charbono genannte Bonarda ist die zweithäufigste Rebe Argentiniens. Sie bietet Noten von schwarzen Johannisbeeren, Lakritz und getrockneten Kräutern.

- LA RIOJA
- MENDOZA

🍇 SYRAH

Argentinischer Syrah bietet körperreiche Noten von Boysenbeeren, Lakritz, Pflaume und Kakao. Die besten stammen aus hoch gelegenen Lagen.

- SAN JUAN
- UCO VALLEY (MENDOZA)

🍇 TORRONTÉS

Die heimische Rebsorte rangiert geschmacklich von trocken und zitrustönig bis hin zu kräftigem Pfirsich und Guave.

- SALTA
- CATAMARCA
- LA RIOJA

🍇 PINOT NOIR

Argentinischer Pinot Noir bietet Noten von reifen Himbeeren, Rhabarber, Mineralien und würziger Pflaume.

- PATAGONIA
- UCO VALLEY (MENDOZA)

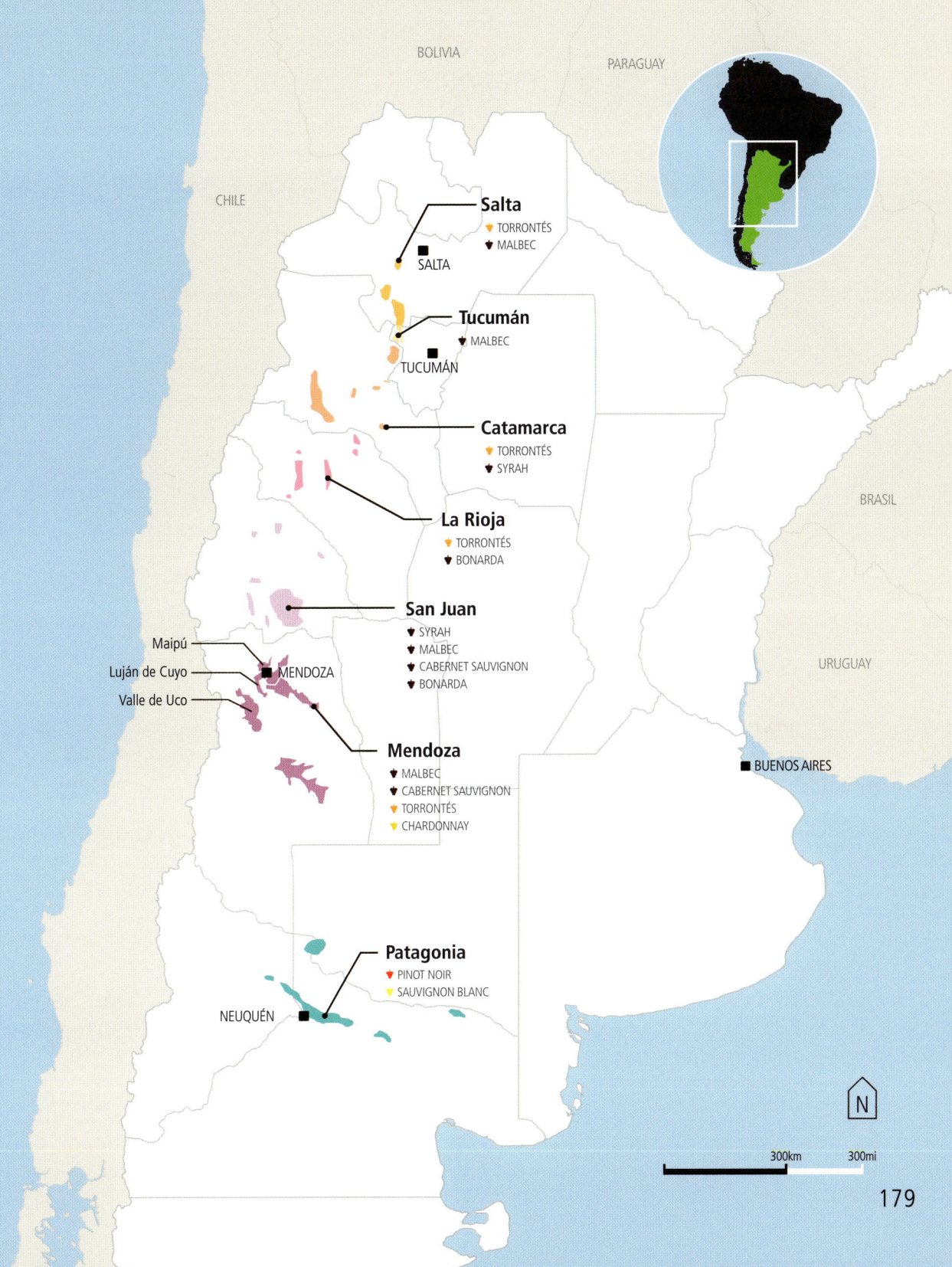

Salta
- ▼ TORRONTÉS
- ▼ MALBEC

Tucumán
- ▼ MALBEC

Catamarca
- ▼ TORRONTÉS
- ▼ SYRAH

La Rioja
- ▼ TORRONTÉS
- ▼ BONARDA

San Juan
- ▼ SYRAH
- ▼ MALBEC
- ▼ CABERNET SAUVIGNON
- ▼ BONARDA

Maipú

Luján de Cuyo

Valle de Uco

Mendoza
- ▼ MALBEC
- ▼ CABERNET SAUVIGNON
- ▼ TORRONTÉS
- ▼ CHARDONNAY

Patagonia
- ▼ PINOT NOIR
- ▼ SAUVIGNON BLANC

SALTA

TUCUMÁN

MENDOZA

NEUQUÉN

BUENOS AIRES

BOLIVIA

PARAGUAY

CHILE

BRASIL

URUGUAY

N

300km   300mi

179

Australien

Australien ist vor allem für Shiraz bekannt, eine volle, rauchige und fruchtlastige Syrah-Variante. Der Kontinent besitzt drei unterschiedliche Klimazonen.

152000
HA

ANBAUGEBIETE NACH GRÖSSE

- ◀ SOUTH AUSTRALIA
- ◀ NEW SOUTH WALES
- ◀ VICTORIA
- ◀ WESTERN AUSTRALIA
- ◀ TASMANIA
- ◀ QUEENSLAND

WESTEN

☁️ WARMES KLIMA

Westaustralien ist für ungeeichten Chardonnay berühmt, produziert aber auch einige leichtere Cabernet Sauvignons mit Noten von reifen dunklen Früchten und Veilchen sowie beharrlicher Säure.

- 🍷 UNGEEICHTER CHARDONNAY
- 🍷 SAUVIGNON BLANC
- 🍷 ELEGANTER CABERNET & MERLOT CUVÉES

SÜDEN & MITTE

☀️ HEISSES KLIMA

Der Süden und die Mitte Australiens sind bekannt für rauchig-vollen Shiraz, Sémillon und Chardonnay. Kleine kühlere Regionen liefern exzellente Rieslinge und pflaumentönige Sauvignon Blancs.

- 🍷 KRÄFTIGER SHIRAZ
- 🍷 BUTTRIGER CHARDONNAY
- 🍷 TROCKENER RIESLING

VICTORIA & TASMANIEN

☁️ KÜHLES KLIMA

Die wesentlich kühleren Regionen erzeugen Pinot Noir und Chardonnay mit hervorragender Säure und tendenziell schlanke, elegante Rotweine.

- 🍷 PFLAUMENTÖNIGER PINOT NOIR
- 🍷 CREMIGER CHARDONNAY
- 🍷 ZITRUSTÖNIGER SAUVIGNON BLANC

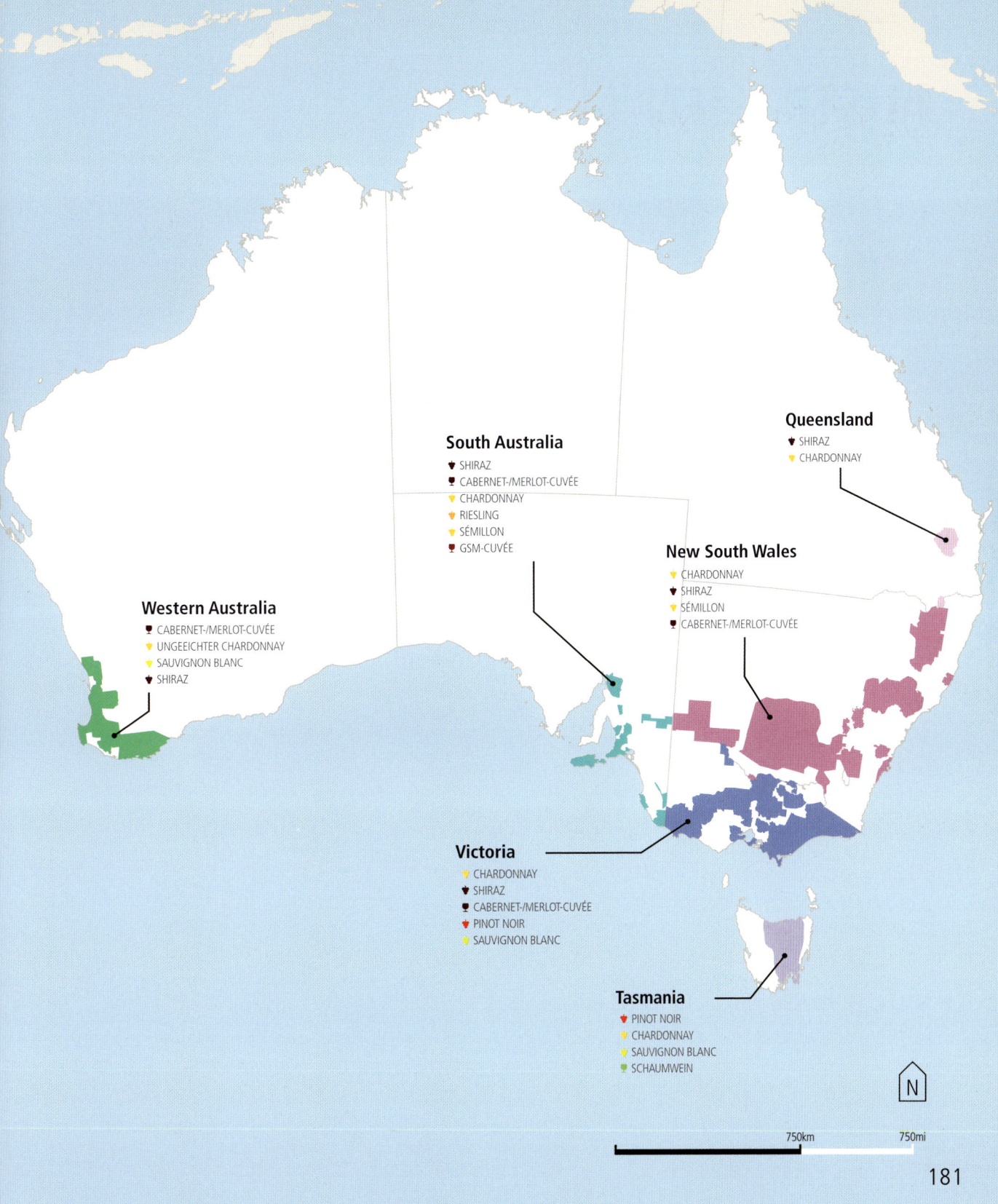

Queensland
- SHIRAZ
- CHARDONNAY

South Australia
- SHIRAZ
- CABERNET-/MERLOT-CUVÉE
- CHARDONNAY
- RIESLING
- SÉMILLON
- GSM-CUVÉE

New South Wales
- CHARDONNAY
- SHIRAZ
- SÉMILLON
- CABERNET-/MERLOT-CUVÉE

Western Australia
- CABERNET-/MERLOT-CUVÉE
- UNGEEICHTER CHARDONNAY
- SAUVIGNON BLANC
- SHIRAZ

Victoria
- CHARDONNAY
- SHIRAZ
- CABERNET-/MERLOT-CUVÉE
- PINOT NOIR
- SAUVIGNON BLANC

Tasmania
- PINOT NOIR
- CHARDONNAY
- SAUVIGNON BLANC
- SCHAUMWEIN

N

750km   750mi

AUSTRALIEN IM DETAIL

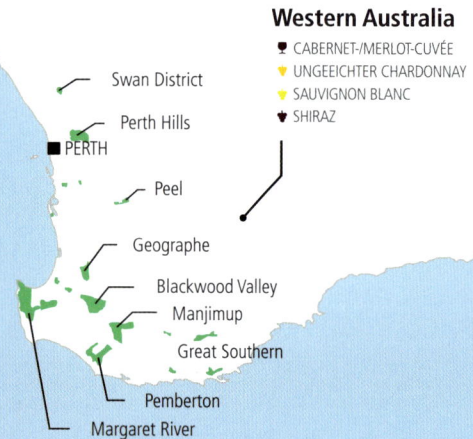

Western Australia

🍷 CABERNET-/MERLOT-CUVÉE
🔻 UNGEEICHTER CHARDONNAY
🔻 SAUVIGNON BLANC
🔻 SHIRAZ

Swan District

Perth Hills

■ PERTH

Peel

Geographe

Blackwood Valley

Manjimup

Great Southern

Pemberton

Margaret River

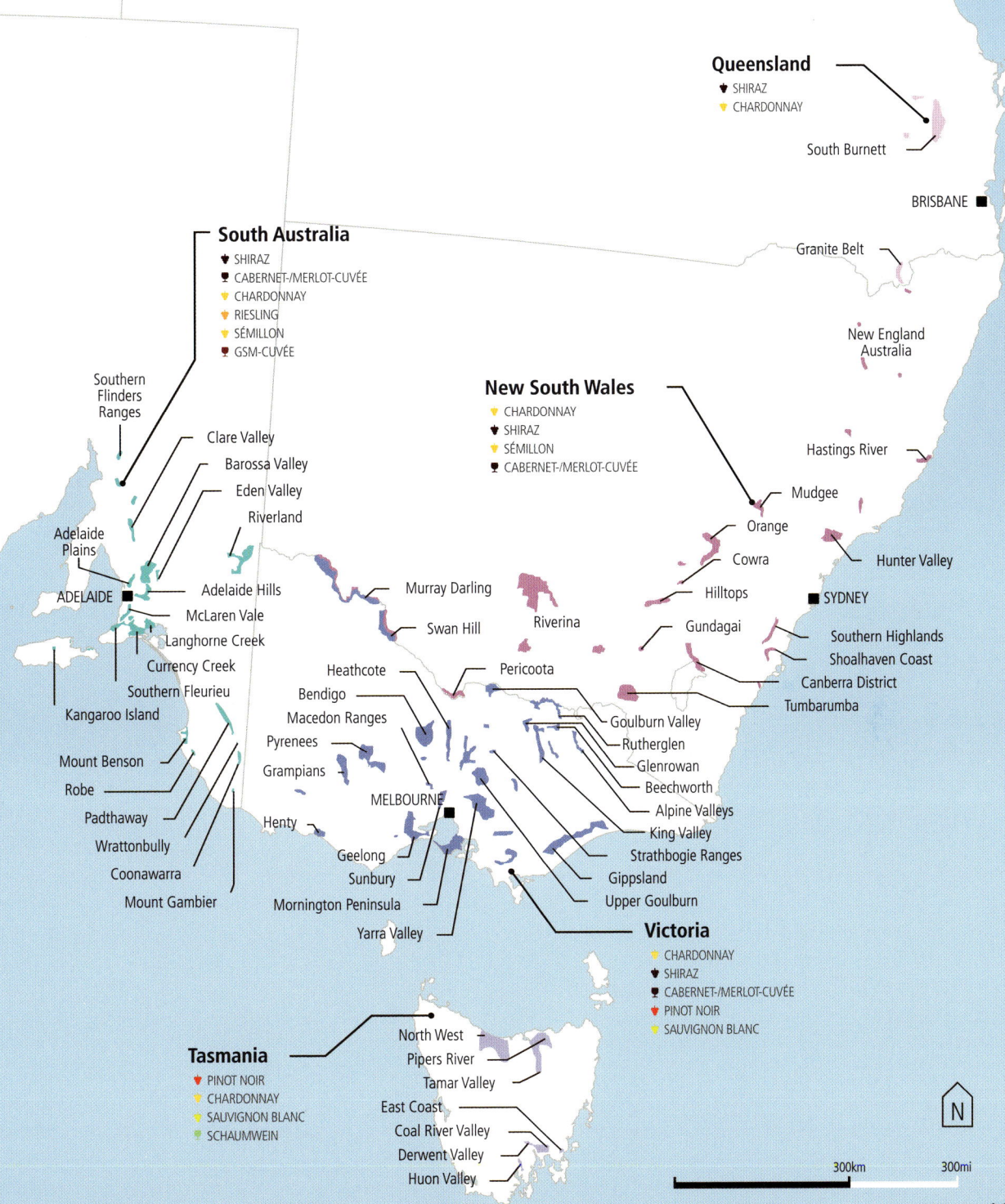

Queensland
- ♟ SHIRAZ
- ▽ CHARDONNAY

South Burnett

BRISBANE ■

Granite Belt

South Australia
- ♟ SHIRAZ
- ♟ CABERNET-/MERLOT-CUVÉE
- ▽ CHARDONNAY
- ▽ RIESLING
- ▽ SÉMILLON
- ♟ GSM-CUVÉE

New England
Australia

New South Wales
- ▽ CHARDONNAY
- ♟ SHIRAZ
- ▽ SÉMILLON
- ♟ CABERNET-/MERLOT-CUVÉE

Hastings River

Southern
Flinders
Ranges

Clare Valley

Barossa Valley

Eden Valley

Riverland

Mudgee

Orange

Cowra

Hunter Valley

Adelaide
Plains

ADELAIDE ■

Adelaide Hills

Murray Darling

Hilltops

SYDNEY ■

McLaren Vale

Swan Hill

Riverina

Gundagai

Langhorne Creek

Southern Highlands

Currency Creek

Shoalhaven Coast

Southern Fleurieu

Pericoota

Canberra District

Kangaroo Island

Heathcote

Tumbarumba

Goulburn Valley

Mount Benson

Bendigo

Rutherglen

Robe

Macedon Ranges

Glenrowan

Pyrenees

Beechworth

Padthaway

Grampians

MELBOURNE ■

Alpine Valleys

Wrattonbully

Henty

King Valley

Coonawarra

Geelong

Strathbogie Ranges

Mount Gambier

Sunbury

Gippsland

Mornington Peninsula

Upper Goulburn

Yarra Valley

Victoria
- ♟ CHARDONNAY
- ♟ SHIRAZ
- ♟ CABERNET-/MERLOT-CUVÉE
- ▼ PINOT NOIR
- ♟ SAUVIGNON BLANC

North West

Pipers River

Tasmania
- ♟ PINOT NOIR
- ▽ CHARDONNAY
- ♟ SAUVIGNON BLANC
- ♟ SCHAUMWEIN

Tamar Valley

East Coast

Coal River Valley

Derwent Valley

Huon Valley

N

300km   300mi

183

Chile

Chile besitzt ein kühles Klima und liefert schlanke, fruchtige Bordeaux-Cuvées. Das Land gliedert sich zwischen Pazifikküste und Anden in drei Regionen.

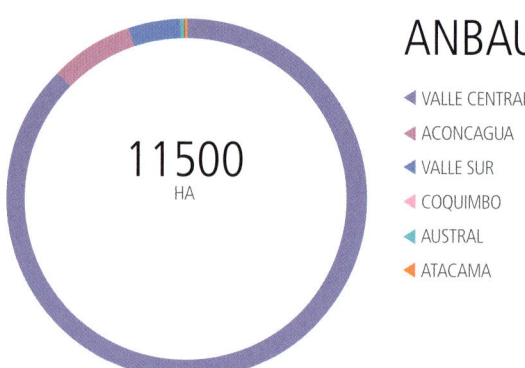

ANBAUGEBIETE NACH GRÖSSE

11500
HA

◀ VALLE CENTRAL
◀ ACONCAGUA
◀ VALLE SUR
◀ COQUIMBO
◀ AUSTRAL
◀ ATACAMA

PAZIFIKKÜSTE

 KÜHLES KLIMA

Die Küste Chiles wird durch den Humboldt-strom gekühlt. Hier entstehen unter anderem leicht salzige, zitrusstarke Weißweine und saftige Pinot Noirs.

- 🍷 CHARDONNAY
- 🍷 SAUVIGNON BLANC
- 🍷 PINOT NOIR

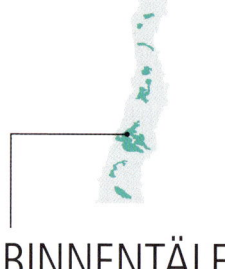

BINNENTÄLER

 WARMES KLIMA

Das Landesinnere beherbergt das Valle Central und ist für elegante Rotweine bekannt. Man konzentriert sich auf rote Bordeaux-Cuvées mit roten Fruchtnoten und kräftiger Säure.

- 🍷 BORDEAUX-CUVÉE
- 🍷 PETIT VERDOT
- 🍷 SYRAH
- 🍷 CARMÉNÈRE
- 🍷 CARIÑENA (CARIGNAN)

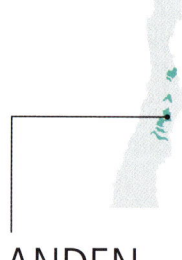

ANDEN

 WARMES KLIMA

Die höher gelegenen Weingärten zu Füßen der Anden produzieren Rotweine mit strukturiertem Tannin sowie in guten Jahren reichlich Fruchtnoten und betonter Säure.

- 🍷 SYRAH
- 🍷 CABERNET SAUVIGNON
- 🍷 CABERNET FRANC
- 🍷 CARMÉNÈRE

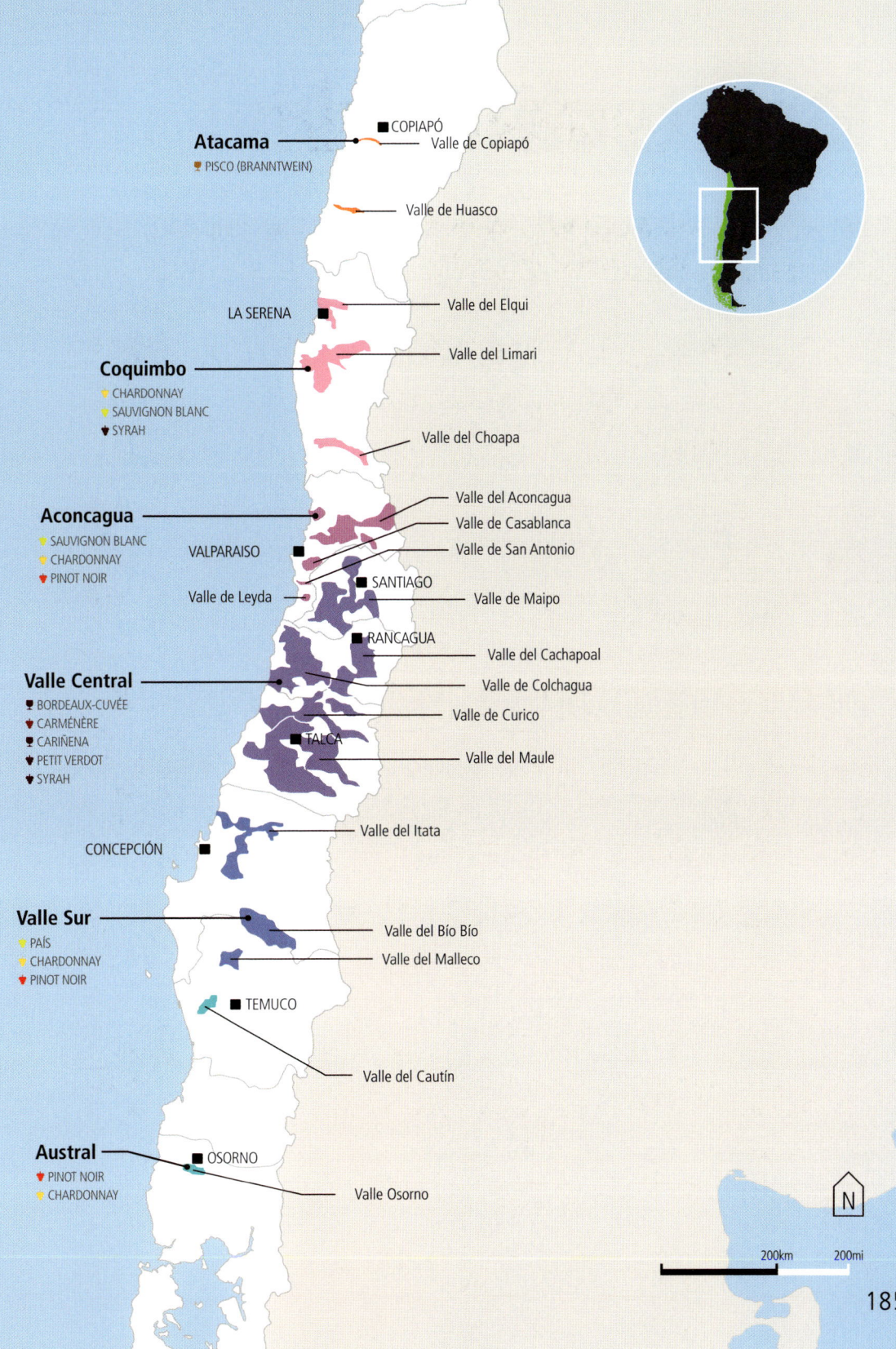

Atacama

🍷 PISCO (BRANNTWEIN)

■ COPIAPÓ
Valle de Copiapó

Valle de Huasco

LA SERENA
Valle del Elqui

Coquimbo

🌟 CHARDONNAY
🌟 SAUVIGNON BLANC
🍷 SYRAH

Valle del Limari

Valle del Choapa

Aconcagua

🌟 SAUVIGNON BLANC
🌟 CHARDONNAY
🍷 PINOT NOIR

Valle del Aconcagua
Valle de Casablanca
Valle de San Antonio

VALPARAISO ■

SANTIAGO ■
Valle de Leyda
Valle de Maipo

RANCAGUA ■

Valle Central

🍷 BORDEAUX-CUVÉE
🍷 CARMÉNÈRE
🍷 CARIÑENA
🍷 PETIT VERDOT
🍷 SYRAH

Valle del Cachapoal

Valle de Colchagua

Valle de Curico

TALCA ■
Valle del Maule

CONCEPCIÓN ■
Valle del Itata

Valle Sur

🌟 PAÍS
🍷 CHARDONNAY
🍷 PINOT NOIR

Valle del Bío Bío

Valle del Malleco

■ TEMUCO

Valle del Cautín

Austral

🍷 PINOT NOIR
🌟 CHARDONNAY

OSORNO ■

Valle Osorno

N

200km   200mi

185

Deutschland

Deutschland, mit seinem kühlen Klima ist international vor allem für Rieslinge und reife, rustikale Spätburgunder bekannt.

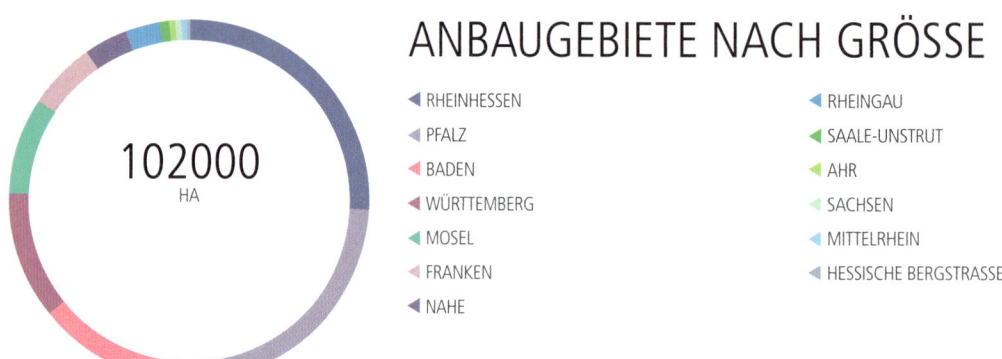

ANBAUGEBIETE NACH GRÖSSE

102000
HA

◀ RHEINHESSEN
◀ PFALZ
◀ BADEN
◀ WÜRTTEMBERG
◀ MOSEL
◀ FRANKEN
◀ NAHE

◀ RHEINGAU
◀ SAALE-UNSTRUT
◀ AHR
◀ SACHSEN
◀ MITTELRHEIN
◀ HESSISCHE BERGSTRASSE

DIE WICHTIGSTEN DEUTSCHEN WEINE

🍇 RIESLING

Die große weiße Traubensorte Deutschlands mit aromatischen Weinen, die im Stil von trocken bis zu süßem Eiswein rangieren.

- MOSEL
- RHEINGAU
- RHEINHESSEN
- MITTELRHEIN

🍇 MÜLLER-THURGAU

Ein einfacher aromatischer Weißwein mit Pfirsich- und floralen Noten und oft einem Hauch Süße.

- RHEINHESSEN
- FRANKEN
- PFALZ

🍇 SPÄTBURGUNDER

Deutscher Spätburgunder (Pinot Noir) bietet Noten von Cranberry, Kirsche und Erde. Die Weine werden oft mit rotem Burgunder verglichen.

- BADEN
- FRANKEN
- AHR

🍇 DORNFELDER

Ein schlichter, mittelschwerer Rotwein mit dem Geschmack von süßen roten Früchten, einer kräutrig-grünen Note, mittlerem Tannin und würziger Säure.

- RHEINHESSEN
- PFALZ

🍇 GRAU- & WEISSBURGUNDER

Deutschland produziert kräftigen Weiß- (Pinot Blanc) und Grauburgunder (Pinot Gris) mit Noten von weißem Pfirsich, Zitrus und Honigwabe.

- BADEN

🍇 SILVANER

Ein leichter, trockener Weißwein mit hoher Säure und Noten von Zitrusschale und grünem Apfel.

- RHEINHESSEN
- FRANKEN

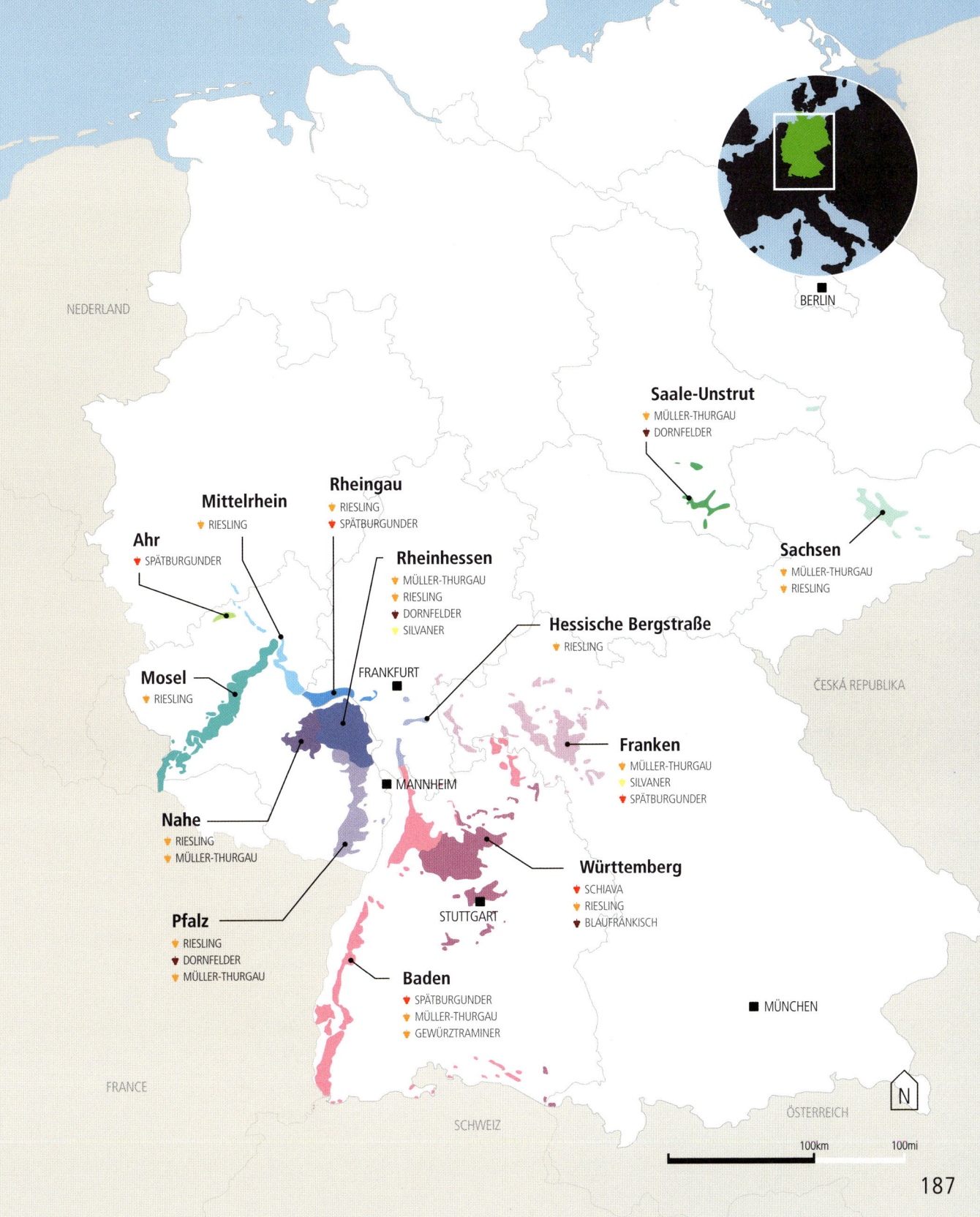

NEDERLAND

BERLIN

Saale-Unstrut
♥ MÜLLER-THURGAU
♥ DORNFELDER

Mittelrhein
♥ RIESLING

Rheingau
♥ RIESLING
♥ SPÄTBURGUNDER

Ahr
♥ SPÄTBURGUNDER

Rheinhessen
♥ MÜLLER-THURGAU
♥ RIESLING
♥ DORNFELDER
♥ SILVANER

Sachsen
♥ MÜLLER-THURGAU
♥ RIESLING

Hessische Bergstraße
♥ RIESLING

ČESKÁ REPUBLIKA

Mosel
♥ RIESLING

FRANKFURT

Franken
♥ MÜLLER-THURGAU
♥ SILVANER
♥ SPÄTBURGUNDER

MANNHEIM

Nahe
♥ RIESLING
♥ MÜLLER-THURGAU

Württemberg
♥ SCHIAVA
♥ RIESLING
♥ BLAUFRÄNKISCH

Pfalz
♥ RIESLING
♥ DORNFELDER
♥ MÜLLER-THURGAU

STUTTGART

Baden
♥ SPÄTBURGUNDER
♥ MÜLLER-THURGAU
♥ GEWÜRZTRAMINER

MÜNCHEN

FRANCE

SCHWEIZ

ÖSTERREICH

N

100km   100mi

Frankreich

Frankreich ist für erdige und mineralische Weine mit betonter Säure bekannt. Klimatisch kann man das Land in drei Zonen unterteilen.

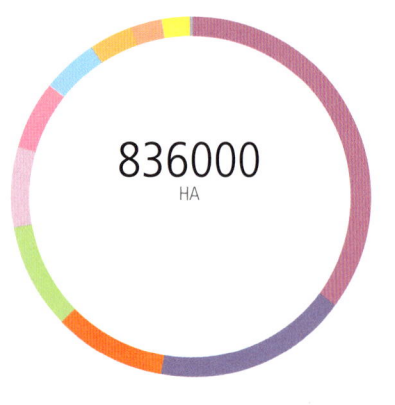

836000
HA

ANBAUGEBIETE NACH GRÖSSE

◄ LANGUEDOC-ROUSSILLON
◄ BORDEAUX
◄ RHÔNE
◄ LOIRE
◄ SÜDWESTEN
◄ PROVENCE
◄ CHAMPAGNE

◄ BOURGOGNE
◄ BEAUJOLAIS
◄ ELSASS
◄ KORSIKA

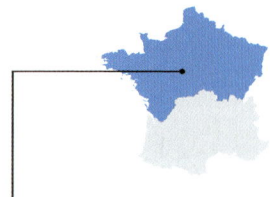

NORDEN

☁ KÜHLES KLIMA

Nordfranzösische Weine haben sehr viel Säure, saure Frucht und mineralische Noten.
REGIONALE PRODUKTE:

- ♥ CHAMPAGNER
- ♥ MUSCADET
- ♥ SAUVIGNON BLANC VON DER LOIRE
- ♥ CHARDONNAY AUS BURGUND
- ♥ CHENIN BLANC VON DER LOIRE
- ♥ RIESLING AUS DEM ELSASS
- ♥ PINOT NOIR AUS DEM BURGUND

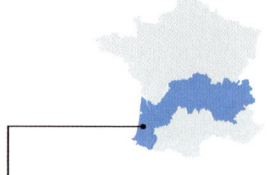

MITTE

⛅ WARMES KLIMA

Weine aus Zentralfrankreich besitzen moderate Säure, herbe Frucht und erdige Noten.
REGIONALE PRODUKTE:

- ♥ SÉMILLON AUS BORDEAUX
- ♥ GAMAY AUS BEAUJOLAIS
- ♥ ROTE BORDEAUX-CUVÉE
- ♥ SYRAH VON DER NÖRDLICHEN RHÔNE
- ♥ SAUTERNES

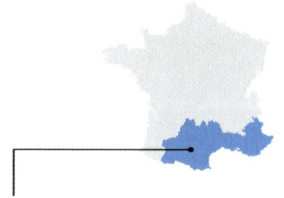

MITTELMEERRAUM

⛅ WARMES KLIMA

Weine aus dem Méditerranée bieten moderate Säure, reife Frucht und rustikal erdige Noten.
REGIONALE PRODUKTE:

- ♥ SCHAUMWEIN AUS LIMOUX
- ♥ ROSÉ AUS DER PROVENCE
- ♥ RHÔNE-/GSM-CUVÉE
- ♥ CARIGNAN & GSM AUS CORBIÈRES
- ♥ MALBEC AUS CAHORS

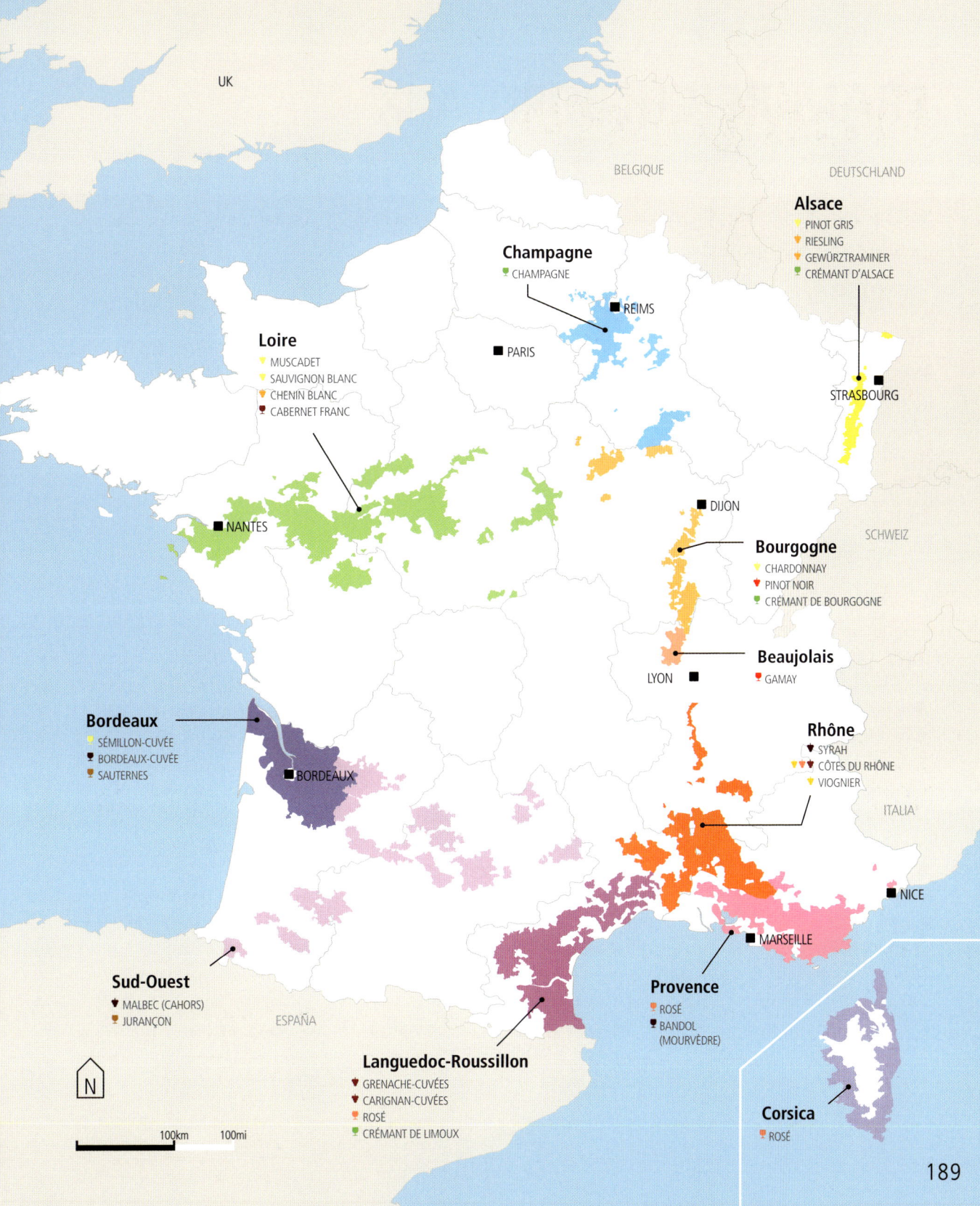

UK

BELGIQUE

DEUTSCHLAND

Alsace
- PINOT GRIS
- RIESLING
- GEWÜRZTRAMINER
- CRÉMANT D'ALSACE

Champagne
- CHAMPAGNE

■ REIMS

■ PARIS

STRASBOURG ■

Loire
- MUSCADET
- SAUVIGNON BLANC
- CHENIN BLANC
- CABERNET FRANC

■ DIJON

SCHWEIZ

■ NANTES

Bourgogne
- CHARDONNAY
- PINOT NOIR
- CRÉMANT DE BOURGOGNE

Beaujolais
- GAMAY

LYON ■

Bordeaux
- SÉMILLON-CUVÉE
- BORDEAUX-CUVÉE
- SAUTERNES

Rhône
- SYRAH
- CÔTES DU RHÔNE
- VIOGNIER

ITALIA

■ BORDEAUX

■ NICE

■ MARSEILLE

Sud-Ouest
- MALBEC (CAHORS)
- JURANÇON

Provence
- ROSÉ
- BANDOL (MOURVÈDRE)

ESPAÑA

N

100km   100mi

Languedoc-Roussillon
- GRENACHE-CUVÉES
- CARIGNAN-CUVÉES
- ROSÉ
- CRÉMANT DE LIMOUX

Corsica
- ROSÉ

189

FRANKREICH: BORDEAUX

Merlot und Cabernet Sauvignon stammen aus Bordeaux und werden dort auch zur Bordeaux-Cuvée verschnitten. Die Region produziert zu 90% Rotweine.

BORDEAUX-KLASSIFIZIERUNG

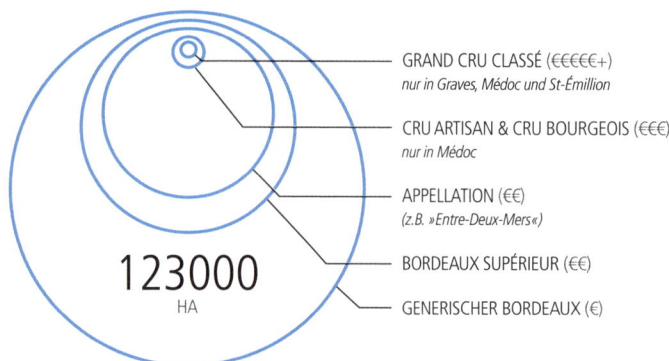

GRAND CRU CLASSÉ (€€€€€+)
nur in Graves, Médoc und St-Émillion

CRU ARTISAN & CRU BOURGEOIS (€€€)
nur in Médoc

APPELLATION (€€)
(z.B. »Entre-Deux-Mers«)

BORDEAUX SUPÉRIEUR (€€)

GENERISCHER BORDEAUX (€)

123000
HA

GUTE QUALITÄT

Achten Sie auf den Jahrgang und die Angabe der Sub-Appellation. Der Begriff »Grand Vin de Bordeaux« auf dem Etikett weist in der Regel den besten Wein eines Winzers aus.

GUTE JAHRGÄNGE:
2010, 2009, 2008, 2005, 2003
2000, 1998, 1990, 1989

DIE WICHTIGSTEN WEINE DES BORDEAUX

»LINKES UFER«

Am Westufer der Garonne wächst vorwiegend Cabernet Sauvignon. Die Weine schmecken nach schwarzer Johannisbeere, Bleistiftmine, Veilchen, Tabak, Kakao und Süßholz mit dicht strukturiertem Tannin. Viele können über 20 Jahre lagern.

BORDEAUX BLANC

Diese Cuvée besteht meist aus Sémillon und Sauvignon Blanc und schmeckt nach Zitrus, Kamille, Grapefruit und Bienenwachs. Kräftigere Weine kommen aus Pessac-Léognan und Graves, leichtere aus Entre-Deux-Mers.

»RECHTES UFER«

Am Ostufer der Garonne entsteht überwiegend Merlot, der mit Cabernet Franc verschnitten wird. Die Weine schmecken nach Leder, Erdbeere, Feige, Pflaume, Vanille, gegrillten Mandeln und Rauch mit seidig veredelten Tanninen. Manche Weine können 30 Jahre lagern.

ROSÉ UND CLAIRET

Volle und kräftig gefärbte Rosés mit Noten von roter Johannisbeere, Walderdbeere, Pfingstrose und Hagebutte. Der Clairet war der ursprüngliche Bordeaux-Stil im 18. und 19. Jahrhundert.

CÔTES DE BORDEAUX

Lagen in Flussnähe nennt man »Côtes« – »Hanglagen«. Die Weine sind meist Merlot-Cuvées mit griffigem Tannin, die nach würzigen roten Früchten, grüner Paprika und Kräutern schmecken. Sie lagern bis zu zehn Jahre.

SAUTERNES

Eine Art von Dessertweinen, die entlang der Garonne entstehen. Die größte Appellation ist Sauternes, die ölige, honig- und pfirsichtönige, wächserne Weine auf Sémillon-Basis produziert.

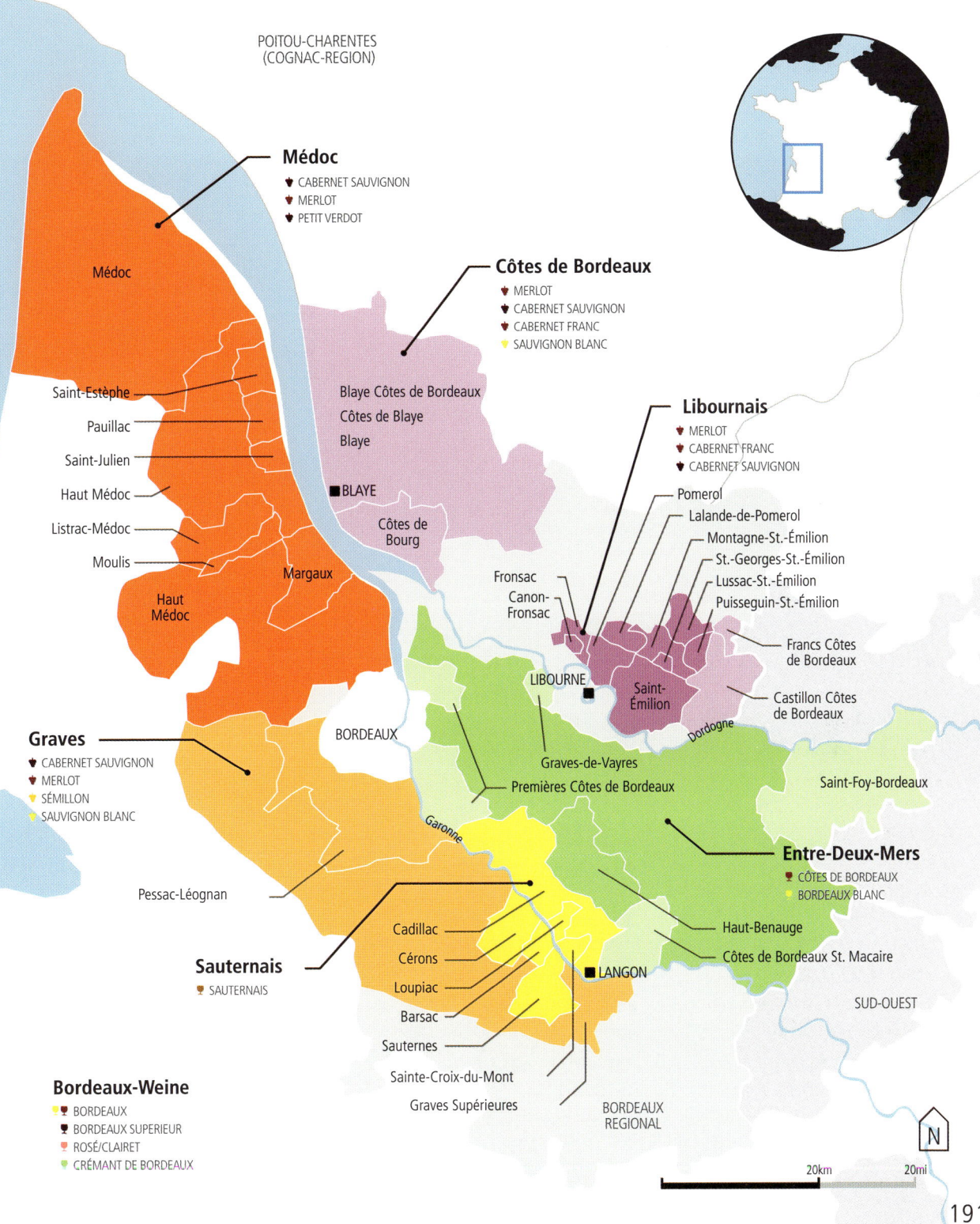

POITOU-CHARENTES
(COGNAC-REGION)

Médoc
- CABERNET SAUVIGNON
- MERLOT
- PETIT VERDOT

Médoc

Côtes de Bordeaux
- MERLOT
- CABERNET SAUVIGNON
- CABERNET FRANC
- SAUVIGNON BLANC

Saint-Estèphe

Pauillac

Saint-Julien

Haut Médoc

Listrac-Médoc

Moulis

Margaux

Haut
Médoc

Blaye Côtes de Bordeaux
Côtes de Blaye
Blaye

■BLAYE

Côtes de
Bourg

Libournais
- MERLOT
- CABERNET FRANC
- CABERNET SAUVIGNON

Pomerol
Lalande-de-Pomerol
Montagne-St.-Émilion
St.-Georges-St.-Émilion
Lussac-St.-Émilion
Puisseguin-St.-Émilion

Fronsac
Canon-
Fronsac

Francs Côtes
de Bordeaux

Saint-
Émilion

Castillon Côtes
de Bordeaux

LIBOURNE
■

Dordogne

Graves
- CABERNET SAUVIGNON
- MERLOT
- SÉMILLON
- SAUVIGNON BLANC

BORDEAUX

Graves-de-Vayres

Premières Côtes de Bordeaux

Saint-Foy-Bordeaux

Garonne

Entre-Deux-Mers
- CÔTES DE BORDEAUX
- BORDEAUX BLANC

Pessac-Léognan

Cadillac

Cérons

Loupiac

Barsac

Sauternes

Sainte-Croix-du-Mont

Graves Supérieurs

Haut-Benauge

Côtes de Bordeaux St. Macaire

■LANGON

SUD-OUEST

Sauternais
- SAUTERNAIS

BORDEAUX
REGIONAL

Bordeaux-Weine
- BORDEAUX
- BORDEAUX SUPERIEUR
- ROSÉ/CLAIRET
- CRÉMANT DE BORDEAUX

N

20km   20mi

191

FRANKREICH: BURGUND

Aus der Bourgogne kommen Chardonnay und Pinot Noir. Es entstehen zwar zu 60% Chardonnays, aber berühmt ist Burgund für einen blumigen und erdigen Pinot Noir.

BURGUNDER-KLASSIFIZIERUNG

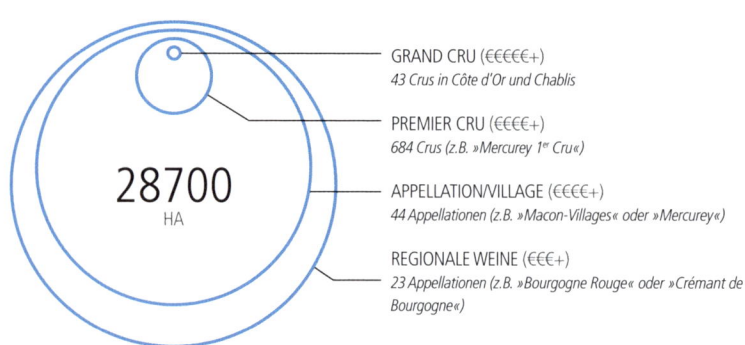

28700 HA

GRAND CRU (€€€€€+)
43 Crus in Côte d'Or und Chablis

PREMIER CRU (€€€€+)
684 Crus (z.B. »Mercurey 1ᵉʳ Cru«)

APPELLATION/VILLAGE (€€€€+)
44 Appellationen (z.B. »Macon-Villages« oder »Mercurey«)

REGIONALE WEINE (€€€+)
23 Appellationen (z.B. »Bourgogne Rouge« oder »Crémant de Bourgogne«)

TERMINOLOGIE

Domaine: Ein Weingut mit Weingärten.

Negociant: Ein Händler, der Trauben oder Weine aufkauft.

Clos: Ein umfriedeter Weingarten.

Lieu-dit/Climat: Auf dem Etikett benannte Weinlage.

GUTE JAHRGÄNGE:
2013, 2012, 2011, 2010, 2009, 2005

DIE WICHTIGSTEN WEINE BURGUNDS

CHABLIS

Chablis produziert meist ungeeichten Chardonnay. Die Weine mit hoher Säure schmecken nach gelbem Apfel, Passionsfrucht und Zitrus. Chablis auf Grand-Cru-Niveau besitzt Röst- und Eichennoten.

PINOT NOIR (CÔTES D'OR)

Weine auf Village-Niveau schmecken rustikal mit Noten von Pilzen, Blumenerde und sauren Beeren. Premiers und Grand Crus bieten moderates Tannin mit Noten von getrockneter Cranberry, kandiertem Hibiskus, Vanille und Rose.

CHARDONNAY (CÔTE D'OR)

Die Côte d'Or produziert vor allem geeichten Chardonnay, der nach gelbem Apfel, Lemon Curd, Quittenkuchen, Vanille und Haselnuss schmeckt. Die Côte de Beaune bietet hochwertige Chardonnays in diesem Stil.

CHARDONNAY (MÂCONNAIS)

Das Mâconnais produziert leichten, ungeeichten Chardonnay mit Noten von reifem gelbem Apfel mit Spuren von Zitronenschale und Aprikose, der im Abgang frisch-sauer schmeckt. Die größten Gemeinden sind Pouilly-Fuissé, Saint-Véran und Viré-Clessé.

CRÉMANT DE BOURGOGNE

Eine Schaumwein-Appellation, die weiße und roséfarbene Perlweine nach der Champagnermethode herstellt. Die regionale Appellation bietet viel Qualität für das Geld.

PINOT NOIR (WEITERE REGIONEN)

Die Côte Chalonnaise produziert ebenfalls Pinot Noir mit pflaumiger Frucht, Boysenbeere und Gewürznelke sowie rustikal erdigen Noten von trockenem Laub und Blumenerde. Givry und Mercurey lohnen die Suche.

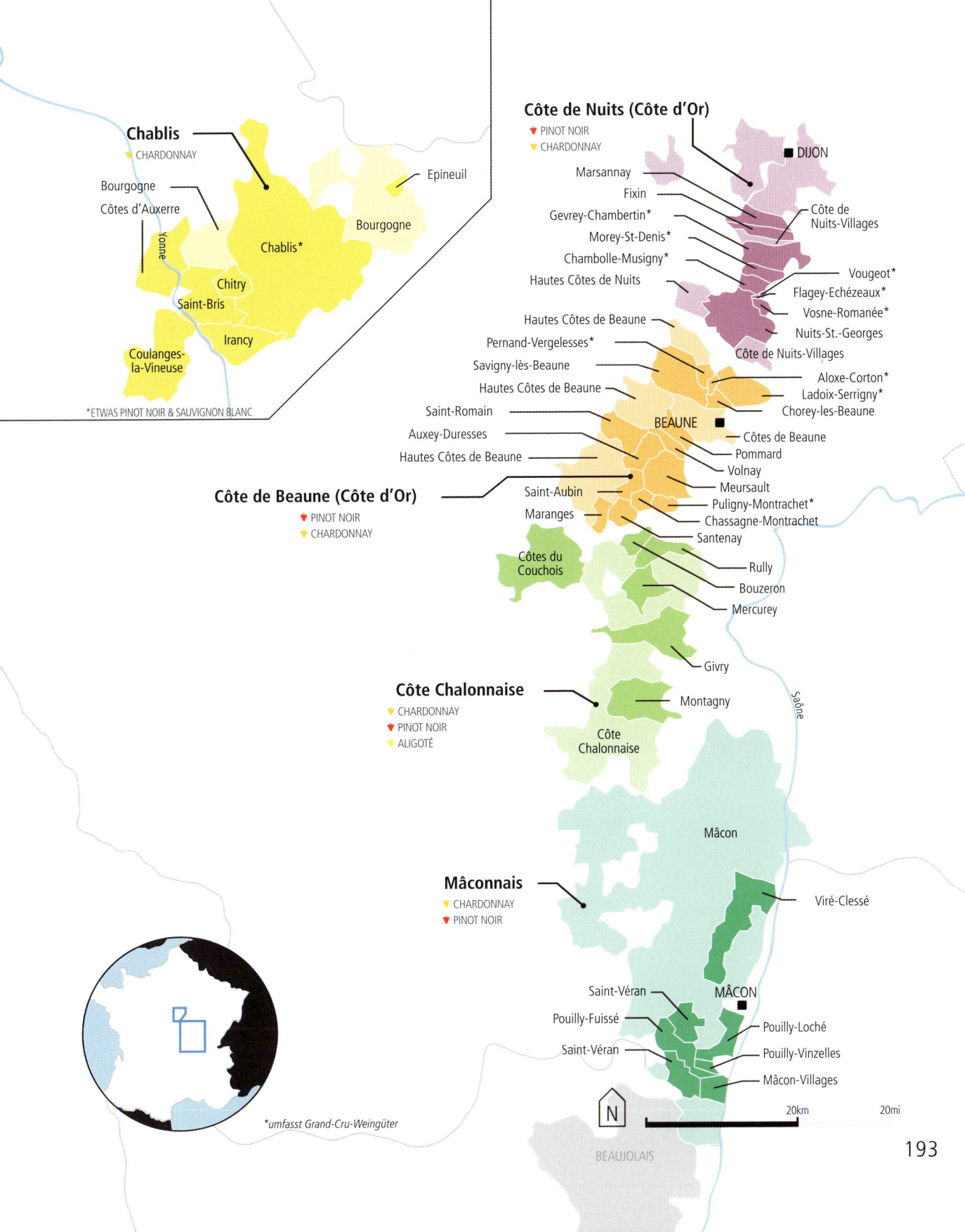

Chablis
▼ CHARDONNAY

Epineuil

Bourgogne
Côtes d'Auxerre

Bourgogne

Yonne

Chablis*

Chitry

Saint-Bris

Irancy

Coulanges-
la-Vineuse

*ETWAS PINOT NOIR & SAUVIGNON BLANC

Côte de Nuits (Côte d'Or)
♥ PINOT NOIR
▼ CHARDONNAY

DIJON

Marsannay

Fixin

Gevrey-Chambertin*

Morey-St-Denis*

Chambolle-Musigny*

Hautes Côtes de Nuits

Côte de
Nuits-Villages

Vougeot*

Flagey-Echézeaux*

Vosne-Romanée*

Nuits-St.-Georges

Côte de Nuits-Villages

Hautes Côtes de Beaune

Pernand-Vergelesses*

Savigny-lès-Beaune

Hautes Côtes de Beaune

Saint-Romain

Auxey-Duresses

Hautes Côtes de Beaune

Aloxe-Corton*

Ladoix-Serrigny*

Chorey-les-Beaune

BEAUNE

Côtes de Beaune

Pommard

Volnay

Meursault

Saint-Aubin

Puligny-Montrachet*

Maranges

Chassagne-Montrachet

Santenay

Côte de Beaune (Côte d'Or)
♥ PINOT NOIR
▼ CHARDONNAY

Rully

Bouzeron

Mercurey

Côtes du
Couchois

Givry

Côte Chalonnaise
▼ CHARDONNAY
♥ PINOT NOIR
▼ ALIGOTÉ

Montagny

Côte
Chalonnaise

Saône

Mâcon

Mâconnais
▼ CHARDONNAY
♥ PINOT NOIR

Viré-Clessé

Saint-Véran

MÂCON

Pouilly-Fuissé

Pouilly-Loché

Saint-Véran

Pouilly-Vinzelles

Mâcon-Villages

*umfasst Grand-Cru-Weingüter

N

20km   20mi

BEAUJOLAIS

FRANKREICH: RHÔNE-TAL

Das Rhône-Tal ist im Süden vor allem für ledrige und fruchtige Rotwein-Cuvées und im Norden für herzhaft kräutrige Syrahs bekannt.

KLASSIFIZIERUNG DER RHÔNE-WEINE

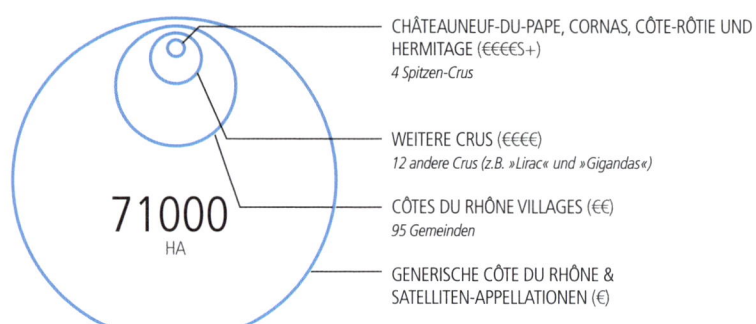

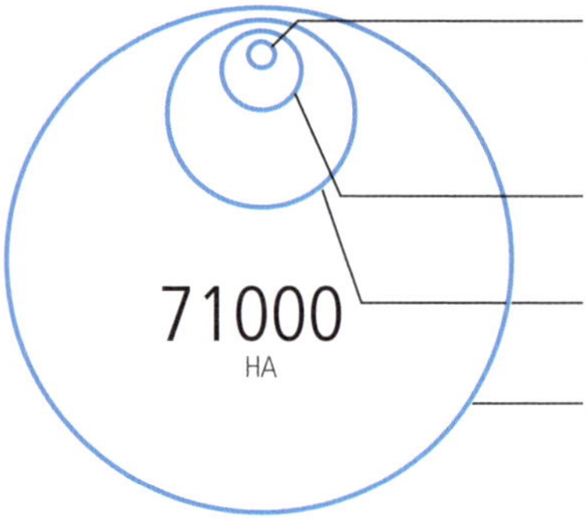
71000
HA
CHÂTEAUNEUF-DU-PAPE, CORNAS, CÔTE-RÔTIE UND HERMITAGE (€€€€S+)
4 Spitzen-Crus
WEITERE CRUS (€€€€)
12 andere Crus (z.B. »Lirac« und »Gigandas«)
CÔTES DU RHÔNE VILLAGES (€€)
95 Gemeinden
GENERISCHE CÔTE DU RHÔNE & SATELLITEN-APPELLATIONEN (€)

GUTE QUALITÄT

Preiswerte Weine variieren geschmacklich von Jahr zu Jahr, achten Sie also vor allem auf die Gesamtqualität eines Jahrgangs. Höherwertige Weine, vor allem von der nördlichen Rhône, zeigen weniger Variation und altern besser.

GUTE JAHRGÄNGE:
2012, 2010, 2009, 2007, 2005, 2001, 2000

DIE WICHTIGSTEN WEINE DES RHÔNE-TALS

ROTWEINE DER CÔTES DU RHÔNE

Einige der höchstgeschätzten roten Cuvées von der südlichen Rhône enthalten einen höheren Anteil an Grenache. Sie sind kräftig, aber selten geeicht. Die Noten reichen von süßen kandierten Himbeeren bis zu Leder und Schinkenspeck.

RHÔNE-ROSÉ & TAVEL-ROSÉ

Rhône-Rosés quellen über von Walderdbeeren- und roten Johannisbeerennoten. Die tief gefärbten Rosés aus Tavel sollen zu den Lieblingsweinen des Schriftstellers und Obermachos Ernest Hemingway gezählt haben.

WEISSWEIN DER CÔTES DU RHÔNE

Hier dominieren Marsanne und Viognier unter den Rebsorten. Die Weine sind oft zitrustönig mit Noten von Apfel, Bienenwachs und granitartigen Mineralien. Die nördliche Rhône liefert die kräftigsten Weine mit Noten von Mandel, weißem Pfirsich und Orangenblüte.

CHÂTEAUNEUF-DU-PAPE

Einer der kräftigsten lagerfähigen Weine von der südlichen Rhône mit nicht weniger als 13 Rebsorten, allen voran Grenache, Syrah, Mourvèdre und Cinsault.

SYRAH VON DER NÖRDLICHEN RHÔNE

Der Geburtsort des Syrah liefert volle und dichte Weine mit fleischiger Kante und reichlich schwarzer Johannisbeere, Süßholz, Pflaume und Oliven. Die besten Weine können 20 Jahre lagern.

MUSCAT BEAUMES DE VENISE

Die rare Muscat-Blanc-Traube wird zu »Vins doux Naturels« verarbeitet, aufgespriteten Süßweinen mit vollen Aromen von Orchideen, kandierter Orange, Honig und Tropenfrüchten.

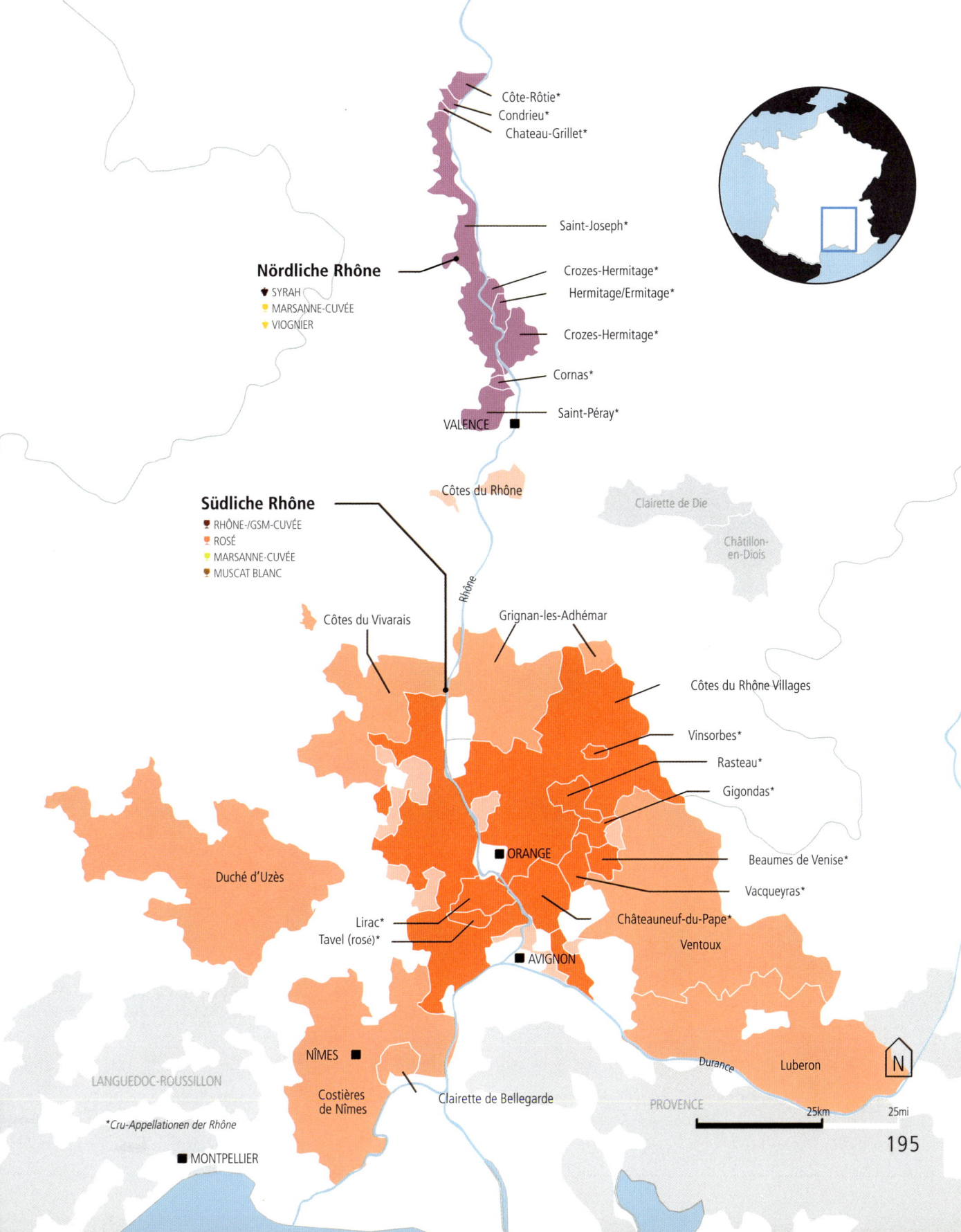

Côte-Rôtie*
Condrieu*
Chateau-Grillet*

Saint-Joseph*

Nördliche Rhône
🍷 SYRAH
🍷 MARSANNE-CUVÉE
🍷 VIOGNIER

Crozes-Hermitage*
Hermitage/Ermitage*

Crozes-Hermitage*

Cornas*

VALENCE ■   Saint-Péray*

Côtes du Rhône

Clairette de Die

Châtillon-
en-Diois

Südliche Rhône
🍷 RHÔNE-/GSM-CUVÉE
🍷 ROSÉ
🍷 MARSANNE-CUVÉE
🍷 MUSCAT BLANC

Rhône

Côtes du Vivarais

Grignan-les-Adhémar

Côtes du Rhône Villages

Vinsorbes*

Rasteau*

Gigondas*

Beaumes de Venise*

ORANGE ■

Vacqueyras*

Duché d'Uzès

Châteauneuf-du-Pape*

Lirac*

Ventoux

Tavel (rosé)*

AVIGNON ■

Durance

Luberon

N

NÎMES ■

LANGUEDOC-ROUSSILLON

Costières
de Nîmes

Clairette de Bellegarde

PROVENCE

25km   25mi

*Cru-Appellationen der Rhône

■ MONTPELLIER

195

Italien

Italien ist für seine konzentrierten rustikalen Weine bekannt. Das Land lässt sich klimatisch in drei unterschiedliche Regionen unterteilen.

ANBAUGEBIETE NACH GRÖSSE

625700
HA

◄ SICILIA
◄ PUGLIA
◄ VENETO
◄ TOSCANA
◄ EMILIA-ROMAGNA
◄ PIEMONTE
◄ ABRUZZO

◄ CAMPANIA
◄ LOMBARDIA
◄ FRIULI-VENEZIA GIULIA
◄ SARDEGNA
◄ MARCHE
◄ LAZIO
◄ TRENTINO-ALTO ADIGE

◄ UMBRIA
◄ CALABRIA
◄ MOLISE
◄ BASILICATA
◄ LIGURIA
◄ VALLE D'AOSTA

NORDEN

☁ KÜHLES KLIMA

Norditalienische Weine haben mehr Säure, saure Frucht und Kräuternoten.

REGIONALE WEINE:

- PROSECCO
- MOSCATO D'ASTI
- PINOT GRIGIO
- SOAVE
- BARBERA
- VALPOLICELLA
- BAROLO (NEBBIOLO)

MITTE

⛅ WARMES KLIMA

Mittelitalienische Weine haben hohe Säure, reife Frucht und Tonnoten.

REGIONALE WEINE:

- LAMBRUSCO
- VERMENTINO
- CHIANTI (SANGIOVESE)
- SUPERTOSKANER (BORDEAUX-CUVÉE)
- MONTEPULCIANO
- VIN SANTO

SÜDEN/INSELN

☀ HEISSES KLIMA

Süditalienische Weine haben einen mittleren Säuregehalt, süße Frucht- und Ledernoten.

REGIONALE WEINE:

- VERMENTINO
- CANNONAU (GRENACHE)
- PRIMITIVO
- NEGROAMARO
- NERO D'AVOLA
- MARSALA

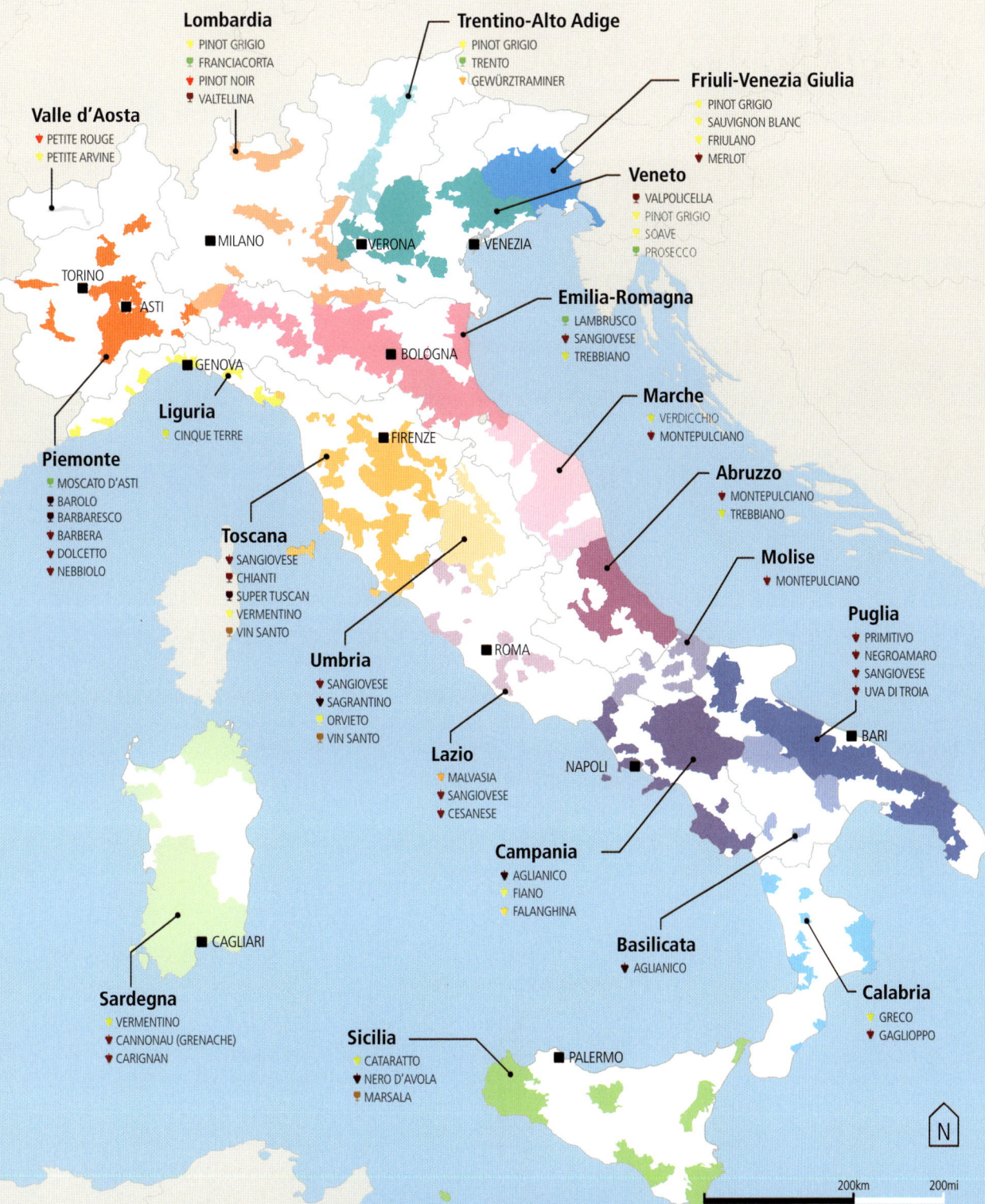

Valle d'Aosta
- 🍷 PETITE ROUGE
- 🍷 PETITE ARVINE

Lombardia
- 🍷 PINOT GRIGIO
- 🍷 FRANCIACORTA
- 🍷 PINOT NOIR
- 🍷 VALTELLINA

Trentino-Alto Adige
- 🍷 PINOT GRIGIO
- 🍷 TRENTO
- 🍷 GEWÜRZTRAMINER

Friuli-Venezia Giulia
- 🍷 PINOT GRIGIO
- 🍷 SAUVIGNON BLANC
- 🍷 FRIULANO
- 🍷 MERLOT

Veneto
- 🍷 VALPOLICELLA
- 🍷 PINOT GRIGIO
- 🍷 SOAVE
- 🍷 PROSECCO

Emilia-Romagna
- 🍷 LAMBRUSCO
- 🍷 SANGIOVESE
- 🍷 TREBBIANO

Marche
- 🍷 VERDICCHIO
- 🍷 MONTEPULCIANO

Abruzzo
- 🍷 MONTEPULCIANO
- 🍷 TREBBIANO

Molise
- 🍷 MONTEPULCIANO

Puglia
- 🍷 PRIMITIVO
- 🍷 NEGROAMARO
- 🍷 SANGIOVESE
- 🍷 UVA DI TROIA

Liguria
- 🍷 CINQUE TERRE

Piemonte
- 🍷 MOSCATO D'ASTI
- 🍷 BAROLO
- 🍷 BARBARESCO
- 🍷 BARBERA
- 🍷 DOLCETTO
- 🍷 NEBBIOLO

Toscana
- 🍷 SANGIOVESE
- 🍷 CHIANTI
- 🍷 SUPER TUSCAN
- 🍷 VERMENTINO
- 🍷 VIN SANTO

Umbria
- 🍷 SANGIOVESE
- 🍷 SAGRANTINO
- 🍷 ORVIETO
- 🍷 VIN SANTO

Lazio
- 🍷 MALVASIA
- 🍷 SANGIOVESE
- 🍷 CESANESE

Campania
- 🍷 AGLIANICO
- 🍷 FIANO
- 🍷 FALANGHINA

Basilicata
- 🍷 AGLIANICO

Calabria
- 🍷 GRECO
- 🍷 GAGLIOPPO

Sardegna
- 🍷 VERMENTINO
- 🍷 CANNONAU (GRENACHE)
- 🍷 CARIGNAN

Sicilia
- 🍷 CATARATTO
- 🍷 NERO D'AVOLA
- 🍷 MARSALA

MILANO
TORINO
ASTI
GENOVA
VERONA
VENEZIA
BOLOGNA
FIRENZE
ROMA
NAPOLI
BARI
CAGLIARI
PALERMO

200km 200mi

197

ITALIEN: TOSKANA

Die Toskana hat sich auf den Anbau der meist kultivierten Rebe Italiens spezialisiert: Sangiovese. Die jungen Weine sind würzig und kräutrig, ältere Weine feigentönig.

REBSORTEN DER TOSKANA

60000
HA

◀ SANGIOVESE

◀ MERLOT, CABERNET SAUVIGNON, CABERNET FRANC & SYRAH

◀ CANAIOLO NERO

◀ VERMENTINO

◀ MALVASIA *(FÜR VIN SANTO)*

◀ CHARDONNAY

◀ ANDERE

GUTE JAHRGÄNGE:
2010, 2009, 2006, 2004
2001, 2000, 1999, 1997

CHIANTI-ALTERSSTUFEN

2½ JAHRE: »GRAN SELEZIONE«
ausschließlich Chianti Classico

2 JAHRE: »RISERVA«
Riserva-Weine aus allen 8 Subzonen

1 JAHR: CLASSICO, FIORENTINI, RUFINA
Plus weitere, als »Superiore« etikettierte Subzonen

9 MONATE: CHIANTI MONTESPERTOLI

6 MONATE: CHIANTI
Chianti, Ch. Colli Arentini, Ch. Colline Pisane, Ch. Colli Senesi und Ch. Montalbano

DIE WICHTIGSTEN TROCKENEN WEINE DER TOSKANA

🍷 CHIANTI

Von Sangiovese dominierte Cuvée. Reifer Chianti schmeckt nach Kirsche, Oregano, Tontopf, süßem Balsamico, Espresso und Tabak. Preiswerte Chiantis schmecken pikant und kräutrig mit Noten von Wild, roten Früchten und Tomate.

🍷 BRUNELLO DI MONTALCINO

Sortenreiner Sangiovese von einem regionalen Klon namens Prugnolo Gentile. Brunello reift mehr als vier Jahre und schmeckt nach Süßholz, Zeder, Vanille, Feige und süßen roten Beeren, unterstützt von würziger Säure und moderatem Tannin.

🍷 WEITERE SANGIOVESES AUS DER TOSKANA

Chianti- und Brunello sind die bekanntesten Sangiovese-Erzeugnisse der Toskana, aber es gibt noch einige andere hervorragende regionale Weine aus dieser Traube:

CARMIGNANO
Mit 10–20% Cabernet Franc/ Cabernet Sauvignon verschnitten.

MONTECUCCO
18 Monate gereift; Riservas reifen 34 Monate.

VINO NOBILE DI MONTEPULCIANO
24 Monate gereift; Riservas reifen 34 Monate.

MORELLINO DI SCANSANO
8 Monate gereift; Riservas reifen 24 Monate.

🍷 SUPERTOSKANER

Sammelbegriff für einen Verschnitt aus nicht-heimischen Rebsorten, wie Merlot und Cabernet Franc. Die Weine unterscheiden sich von anderen Toskanern durch ihre fantasievollen Namen.

🍷 VERNACCIA DI SAN GIMIGNANO

Die »Fiore«-Vernaccias sind trocken und mineralisch, mit Noten von Zitrone, Apfelblüte und Birne. »Tradizionale«-Weine ähneln den »Fiores«, haben aber meist eine Bittermandelnote im Abgang.

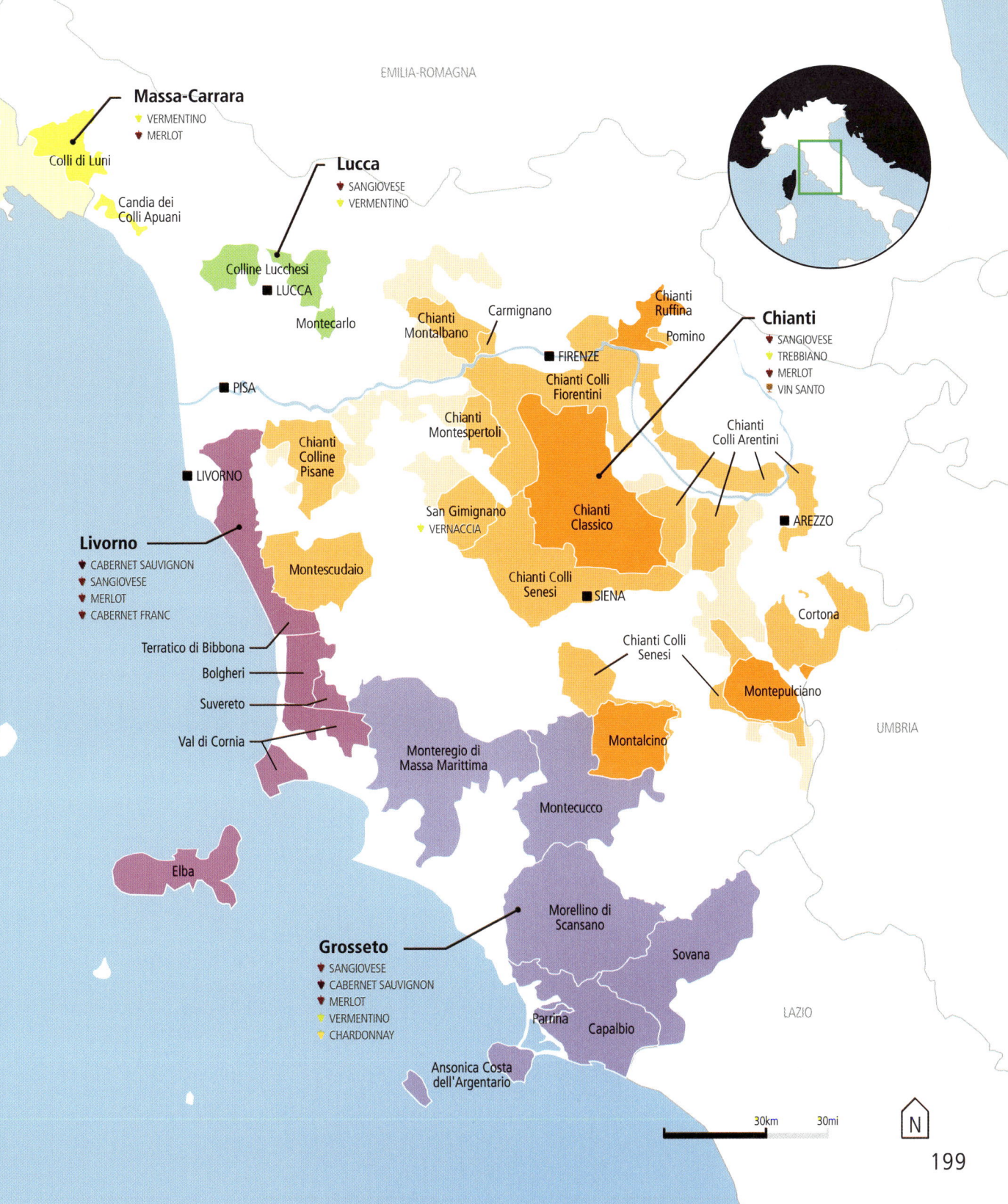

EMILIA-ROMAGNA

Massa-Carrara
▼ VERMENTINO
▼ MERLOT

Colli di Luni

Candia dei
Colli Apuani

Lucca
▼ SANGIOVESE
▼ VERMENTINO

Colline Lucchesi
■ LUCCA

Montecarlo

Carmignano

Chianti
Montalbano

Chianti
Ruffina

Pomino

Chianti
▼ SANGIOVESE
▼ TREBBIANO
▼ MERLOT
▼ VIN SANTO

■ FIRENZE

Chianti Colli
Fiorentini

■ PISA

Chianti
Montespertoli

Chianti
Colli Arentini

Chianti
Colline
Pisane

■ LIVORNO

San Gimignano
▼ VERNACCIA

Chianti
Classico

■ AREZZO

Livorno
♥ CABERNET SAUVIGNON
♥ SANGIOVESE
♥ MERLOT
♥ CABERNET FRANC

Montescudaio

Chianti Colli
Senesi

■ SIENA

Cortona

Chianti Colli
Senesi

Terratico di Bibbona

Bolgheri

Montepulciano

Suvereto

Montalcino

UMBRIA

Val di Cornia

Monteregio di
Massa Marittima

Montecucco

Elba

Morellino di
Scansano

Grosseto
♥ SANGIOVESE
♥ CABERNET SAUVIGNON
♥ MERLOT
▼ VERMENTINO
▼ CHARDONNAY

Sovana

LAZIO

Parrina

Capalbio

Ansonica Costa
dell'Argentario

30km   30mi

N

199

Neuseeland

Neuseeland mit seinem kühlen Klima ist vor allem für seine intensiven Sauvignon Blancs bekannt, die gerne herb, leicht und elegant schmecken.

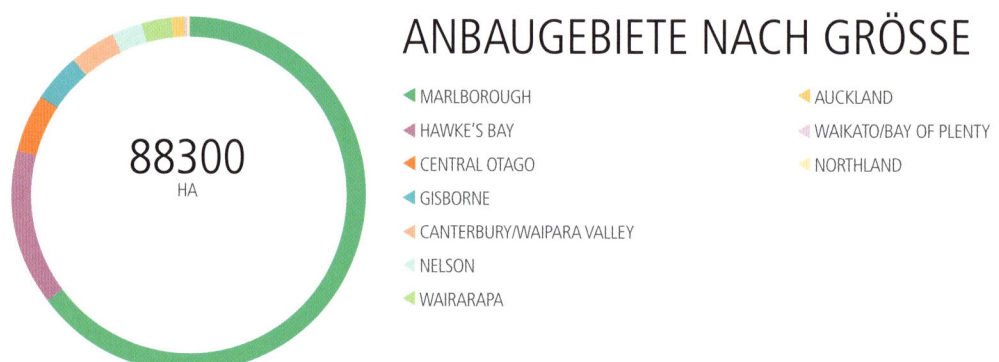

ANBAUGEBIETE NACH GRÖSSE

88300 HA

- ◀ MARLBOROUGH
- ◀ HAWKE'S BAY
- ◀ CENTRAL OTAGO
- ◀ GISBORNE
- ◀ CANTERBURY/WAIPARA VALLEY
- ◀ NELSON
- ◀ WAIRARAPA
- ◀ AUCKLAND
- ◀ WAIKATO/BAY OF PLENTY
- ◀ NORTHLAND

DIE WICHTIGSTEN WEINE NEUSEELANDS

🍷 SAUVIGNON BLANC

Der wichtigste neuseeländische Wein prahlt mit Noten von Stachelbeere, Passionsfrucht, Limette, Tomatenstiel und Grapefruit.

- ● MARLBOROUGH
- ● NELSON
- ● HAWKE'S BAY

🍷 PINOT NOIR

Marlborough bietet herbe rote Fruchtnoten, während Central Otago Weine mit reifen Himbeernoten produziert.

- ● CENTRAL OTAGO
- ● WAIRARAPA
- ● MARLBOROUGH

🍷 CHARDONNAY

Kräftige Zitronen- und Tropenfruchtnoten mit knackiger Säure und meist einer Spur Eiche, die Karamell- und Vanillenoten beisteuert.

- ● HAWKE'S BAY
- ● GISBORNE
- ● MARLBOROUGH

🍷 PINOT GRIS

Trockene und halbtrockene Stile mit Noten von Apfel, Birne, Geißblatt und Pfefferkuchen.

- ● GISBORNE
- ● CANTERBURY/WAIPARA VALLEY
- ● NELSON

🍷 RIESLING

Die Weine variieren von knochentrocken mit Limettennoten bis zu saftig süß mit Aprikose und Honig.

- ● MARLBOROUGH
- ● CENTRAL OTAGO
- ● NELSON

🍷 BORDEAUX-CUVÉE

Ein leichter, fruchtiger Stil mit saftigen Aromen von reifer Schwarzkirsche, Kuchengewürzen und Kaffee.

- ● HAWKE'S BAY
- ● NORTHLAND
- ● AUCKLAND

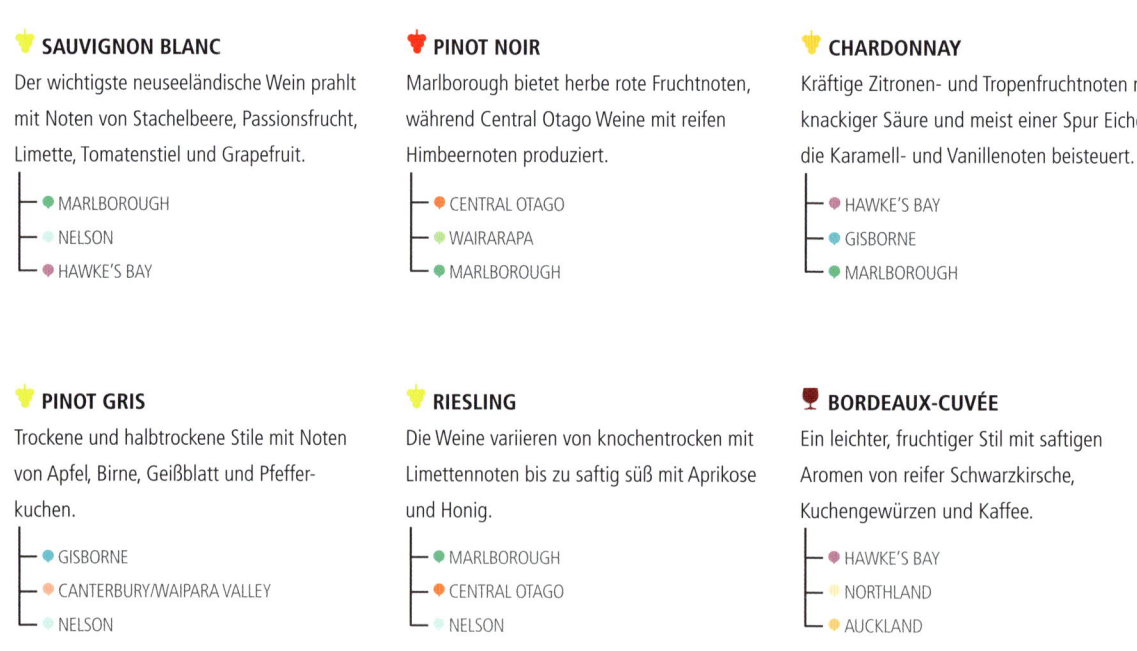

Northland
- 🍷 CHARDONNAY
- 🍷 BORDEAUX-CUVÉE

Auckland
- 🍷 BORDEAUX-CUVÉE
- 🍷 CHARDONNAY

Matakana

AUCKLAND

West Auckland

Waiheke Island

Waikato / Bay of Plenty
- 🍷 CHARDONNAY
- 🍷 BORDEAUX-CUVÉE

Ormond
Patutahi
Manutuke

Gisborne
- 🍷 CHARDONNAY
- 🍷 PINOT GRIS

Coastal Areas

Hillsides

Alluvial Plains

Hawke's Bay
- 🍷 CHARDONNAY
- 🍷 SAUVIGNON BLANC
- 🍷 PINOT NOIR
- 🍷 RIESLING

Masterton

Nelson
- 🍷 SAUVIGNON BLANC
- 🍷 PINOT GRIS
- 🍷 RIESLING

Moutere Hills

Gladstone
Martinborough

WELLINGTON

Waimea Plains

Wairarapa
- 🍷 PINOT NOIR
- 🍷 PINOT GRIS

Wairu Valley
Southern Valleys
Awatere Valley

Marlborough
- 🍷 SAUVIGNON BLANC
- 🍷 CHARDONNAY
- 🍷 PINOT NOIR
- 🍷 PINOT GRIS

Waipara Valley

Canterbury Plains

CHRISTCHURCH

Canterbury / Waipara Valley
- 🍷 PINOT NOIR
- 🍷 RIESLING
- 🍷 PINOT GRIS

Wanaka

Gibbston
Bendigo

QUEENSTOWN

Waitaki Valley

Cromwell

Alexandra

Bannockburn

Central Otago
- 🍷 PINOT NOIR
- 🍷 RIESLING

N

200km   200mi

Österreich

Österreich mit seinem kühlen Klima ist berühmt für seinen Grünen Veltliner und produziert allgemein mineralische Weiß- und würzige Rotweine.

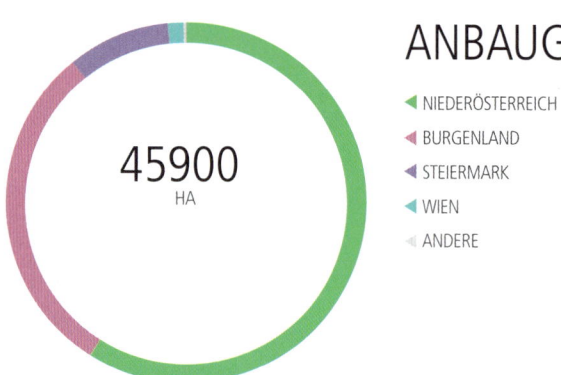

ANBAUGEBIETE NACH GRÖSSE

◀ NIEDERÖSTERREICH
◀ BURGENLAND
◀ STEIERMARK
◀ WIEN
◀ ANDERE

45900
HA

DIE WICHTIGSTEN WEINE ÖSTERREICHS

🍾 GRÜNER VELTLINER

Der berühmteste Wein des Landes rangiert von leichten, pfeffrigen Zitrusnoten bis hin zu vollmundigen Reserven mit Eichen- und Tropfenfruchttönen.

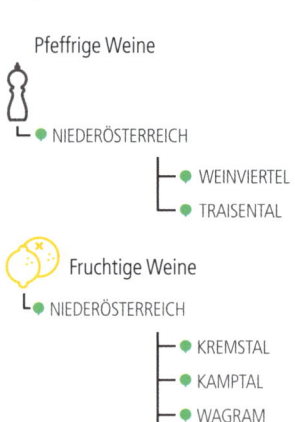

Pfeffrige Weine

└─ ● NIEDERÖSTERREICH
　　　└─ ● WEINVIERTEL
　　　└─ ● TRAISENTAL

Fruchtige Weine

└─ ● NIEDERÖSTERREICH
　　　├─ ● KREMSTAL
　　　├─ ● KAMPTAL
　　　├─ ● WAGRAM
　　　└─ ● WACHAU

🍷 ZWEIGELT

Ein leichter Rotwein mit kräftigen Kirschnoten und leicht kräutrig-bitteren Tönen im Abgang. Die Rosés sind meist fruchtig.

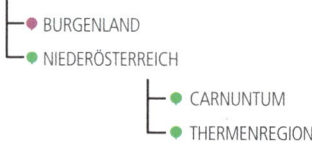

├─ ● BURGENLAND
└─ ● NIEDERÖSTERREICH
　　　├─ ● CARNUNTUM
　　　└─ ● THERMENREGION

🍷 BLAUER PORTUGIESER

Einfache, leichte Rotweine mit Noten von roten Beeren und holzigen Kräutern sowie leichtem Tannin und Säure.

└─ ● NIEDERÖSTERREICH
　　　├─ ● THERMENREGION
　　　└─ ● WEINVIERTEL

🍇 BLAUFRÄNKISCH

Ein würziger, mittelschwerer Rotwein mit Noten von roten Waldbeeren und trockenem Tannin.

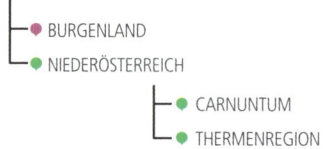

├─ ● BURGENLAND
└─ ● NIEDERÖSTERREICH
　　　├─ ● CARNUNTUM
　　　└─ ● THERMENREGION

🍾 WEISSBURGUNDER

Die auch Pinot Blanc genannte Traube liefert florale Aromen und einen trocken kräutrigen, mineralischen Geschmack.

├─ ● NIEDERÖSTERREICH
└─ ● LEITHABERG (BURGENLAND)

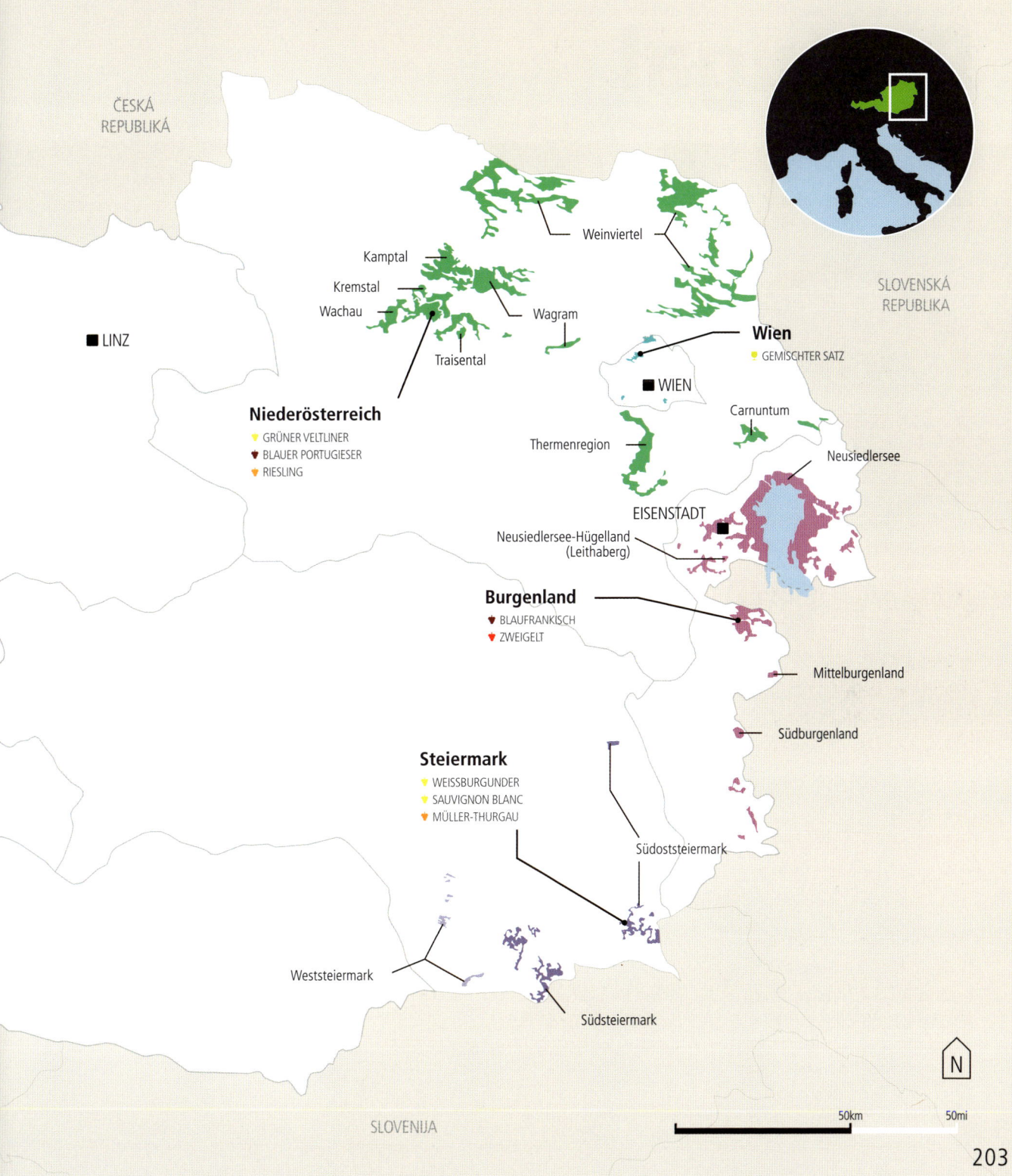

ČESKÁ
REPUBLIKÁ

SLOVENSKÁ
REPUBLIKA

■ LINZ

Weinviertel

Kamptal

Kremstal

Wachau

Wagram

Traisental

Niederösterreich
🔻 GRÜNER VELTLINER
🔻 BLAUER PORTUGIESER
🔻 RIESLING

Wien
🔻 GEMISCHTER SATZ

■ WIEN

Thermenregion

Carnuntum

Neusiedlersee

EISENSTADT ■

Neusiedlersee-Hügelland
(Leithaberg)

Burgenland
🔻 BLAUFRÄNKISCH
🔻 ZWEIGELT

Mittelburgenland

Südburgenland

Steiermark
🔻 WEISSBURGUNDER
🔻 SAUVIGNON BLANC
🔻 MÜLLER-THURGAU

Südoststeiermark

Weststeiermark

Südsteiermark

SLOVENIJA

50km   50mi

N

Portugal

Portugal ist vor allem für Portwein bekannt, produziert aber auch aus mehr als 200 heimischen Rebsorten herausragende trockene Weine.

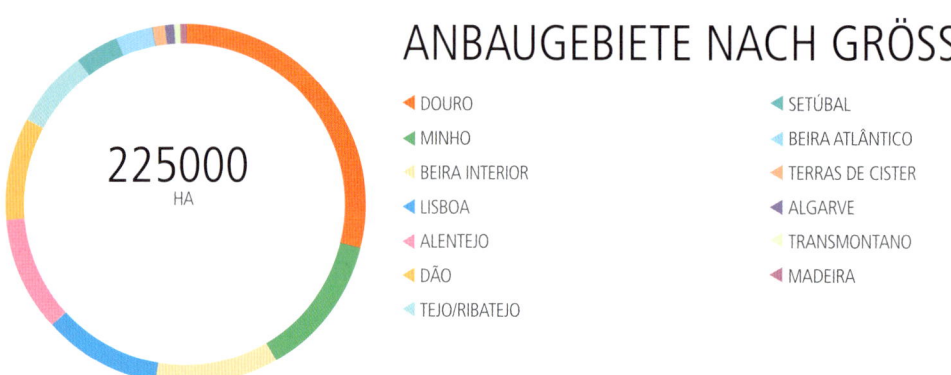

ANBAUGEBIETE NACH GRÖSSE

225000 HA

◀ DOURO
◀ MINHO
◀ BEIRA INTERIOR
◀ LISBOA
◀ ALENTEJO
◀ DÃO
◀ TEJO/RIBATEJO

◀ SETÚBAL
◀ BEIRA ATLÂNTICO
◀ TERRAS DE CISTER
◀ ALGARVE
◀ TRANSMONTANO
◀ MADEIRA

DIE WICHTIGSTEN WEINE PORTUGALS

🍇 TOURIGA NACIONAL

Vermutlich die bedeutendste Traube des Landes, sowohl für Portwein als auch für trockene Rote. Noten von Pflaume, Brombeere, Minze und Veilchen.

├─● DOURO
└─● DÃO

🍇 TEMPRANILLO

Tempranillo wird in Südportugal als »Aragonez« und im Norden als »Tinta Roriz« bezeichnet. Die Weine bieten rauchige Noten von roten Früchten, Zimt und Zartbitterschokolade.

└─● GANZ PORTUGAL

🍇 ALICANTE BOUSCHET

Eine seltene Traube mit roter Schale und rotem Fruchtfleisch. Die Weine schmecken nach dunklen Früchten, schwarzem Pfeffer und Tabak im Abgang.

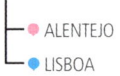

├─● ALENTEJO
└─● LISBOA

🍇 TRINCADEIRA

Einzigartig holztönige Weine mit Noten von roten Früchten, Grillrauch, Hickory, Pflaumensoße, Kerosin und Schokolade.

├─● ALENTEJO
└─● LISBOA

🍋 ARINTO

Junge Weine sind schlank mit Zitrusmarknoten. Mit zunehmendem Alter entwickeln sie Noten von Zitrone, Mandel und Honigwabe. Arinto wird gelegentlich in Eiche ausgebaut.

└─● GANZ PORTUGAL

🍇 FERNÃO PIRES

Ein aromatischer Wein mit duftig-floralen Aromen. Die Weine sind manchmal mit Viognier verschnitten, der sattere Noten von Pfirsich und Geißblatt beisteuert.

├─● LISBOA
└─● TEJO

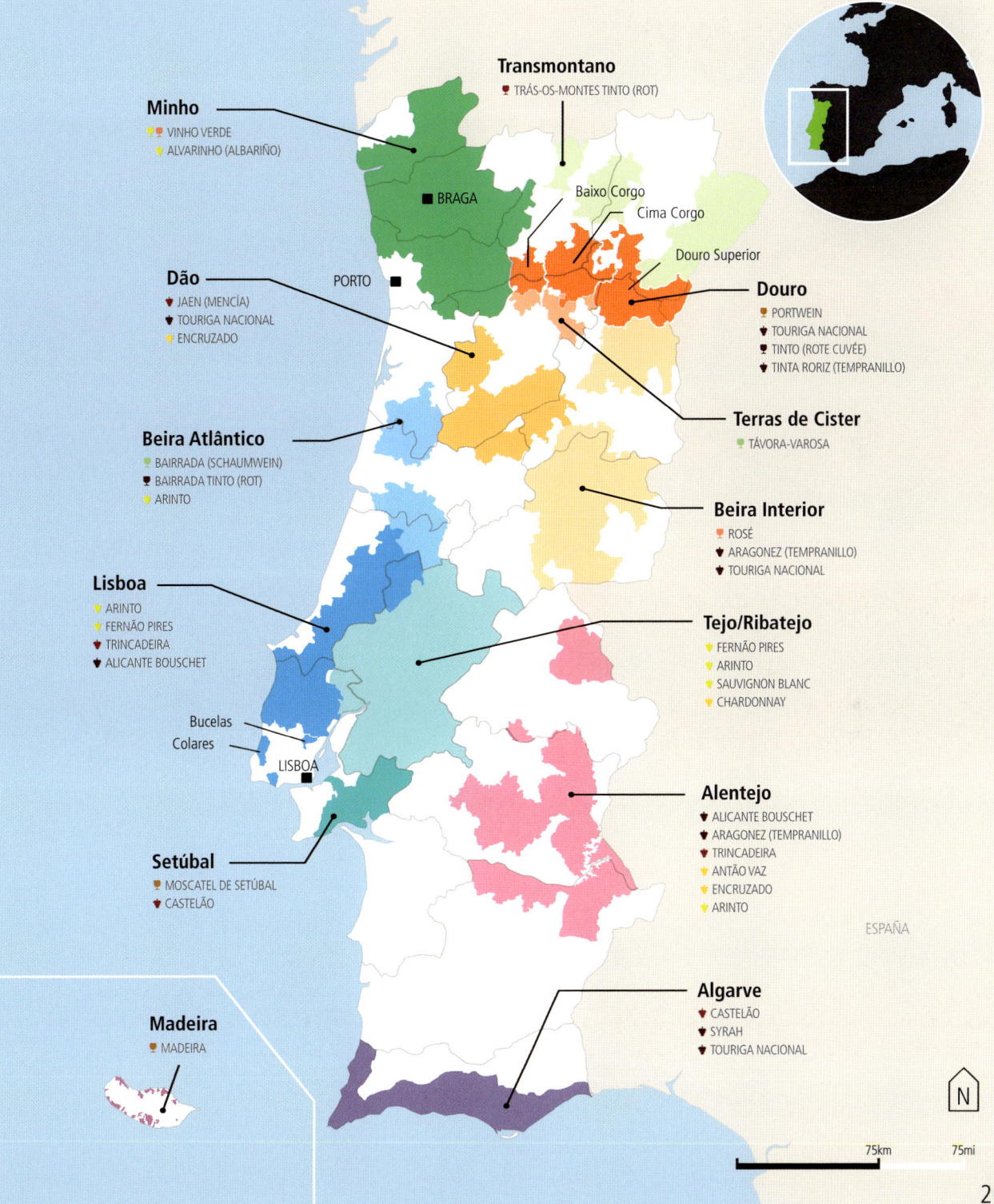

Transmontano
- 🍷 TRÁS-OS-MONTES TINTO (ROT)

Minho
- 🍷 VINHO VERDE
- 🍷 ALVARINHO (ALBARIÑO)

Baixo Corgo
Cima Corgo
Douro Superior

Dão
- 🍷 JAEN (MENCÍA)
- 🍷 TOURIGA NACIONAL
- 🍷 ENCRUZADO

■ BRAGA

PORTO ■

Douro
- 🍷 PORTWEIN
- 🍷 TOURIGA NACIONAL
- 🍷 TINTO (ROTE CUVÉE)
- 🍷 TINTA RORIZ (TEMPRANILLO)

Terras de Cister
- 🍷 TÁVORA-VAROSA

Beira Atlântico
- 🍷 BAIRRADA (SCHAUMWEIN)
- 🍷 BAIRRADA TINTO (ROT)
- 🍷 ARINTO

Beira Interior
- 🍷 ROSÉ
- 🍷 ARAGONEZ (TEMPRANILLO)
- 🍷 TOURIGA NACIONAL

Lisboa
- 🍷 ARINTO
- 🍷 FERNÃO PIRES
- 🍷 TRINCADEIRA
- 🍷 ALICANTE BOUSCHET

Tejo/Ribatejo
- 🍷 FERNÃO PIRES
- 🍷 ARINTO
- 🍷 SAUVIGNON BLANC
- 🍷 CHARDONNAY

Bucelas
Colares

■ LISBOA

Alentejo
- 🍷 ALICANTE BOUSCHET
- 🍷 ARAGONEZ (TEMPRANILLO)
- 🍷 TRINCADEIRA
- 🍷 ANTÃO VAZ
- 🍷 ENCRUZADO
- 🍷 ARINTO

Setúbal
- 🍷 MOSCATEL DE SETÚBAL
- 🍷 CASTELÃO

ESPAÑA

Algarve
- 🍷 CASTELÃO
- 🍷 SYRAH
- 🍷 TOURIGA NACIONAL

Madeira
- 🍷 MADEIRA

N

75km   75mi

Spanien

Spanien ist vor allem für körperreiche, fruchtige Weine mit subtilen erdigen Tonnoten bekannt. Das Land lässt sich in drei Klimazonen unterteilen.

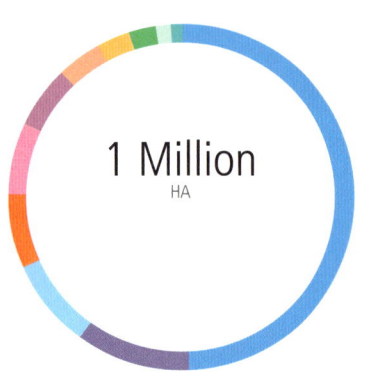

1 Million
HA

ANBAUGEBIETE NACH GRÖSSE

◄ CASTILLA-LA MANCHA
◄ VALENCIA
◄ EXTREMADURA
◄ RIOJA Y NAVARRA
◄ CASTILLA Y LEON
◄ CATALUÑA
◄ ARAGON

◄ ANDALUCÍA
◄ GALICIA
◄ PAÍS VASCO
◄ INSELN

GRÜNES SPANIEN

 KÜHLES KLIMA

Weine aus dem Nordwesten haben viel Säure, herbe Frucht- und mineralische Noten.

REGIONALE PRODUKTE:

♥ ALBARIÑO
♥ MENCÍA

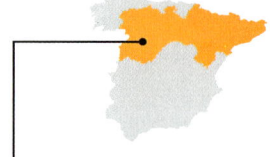

NORDSPANIEN

 WARMES KLIMA

Weine aus dem Norden haben mittlere Säure, reife Frucht- und mineralische Noten.

REGIONALE PRODUKTE:

♥ CAVA
♥ VERDEJO
♥ GARNACHA (GRENACHE)
♥ CARIGNAN
♥ PRIORAT (GSM-CUVÉE)
♥ RIOJA (TEMPRANILLO)
♥ RIBERA DEL DUERO (TEMPRANILLO)

SÜDSPANIEN

 HEISSES KLIMA

Weine aus dem Süden haben einen mittlere Säuregehalt, süße Frucht- und rustikale Tonnoten.

REGIONALE PRODUKTE:

♥ GARNACHA (GRENACHE)
♥ MONASTRELL (MOURVÈDRE)
♥ SHERRY

206

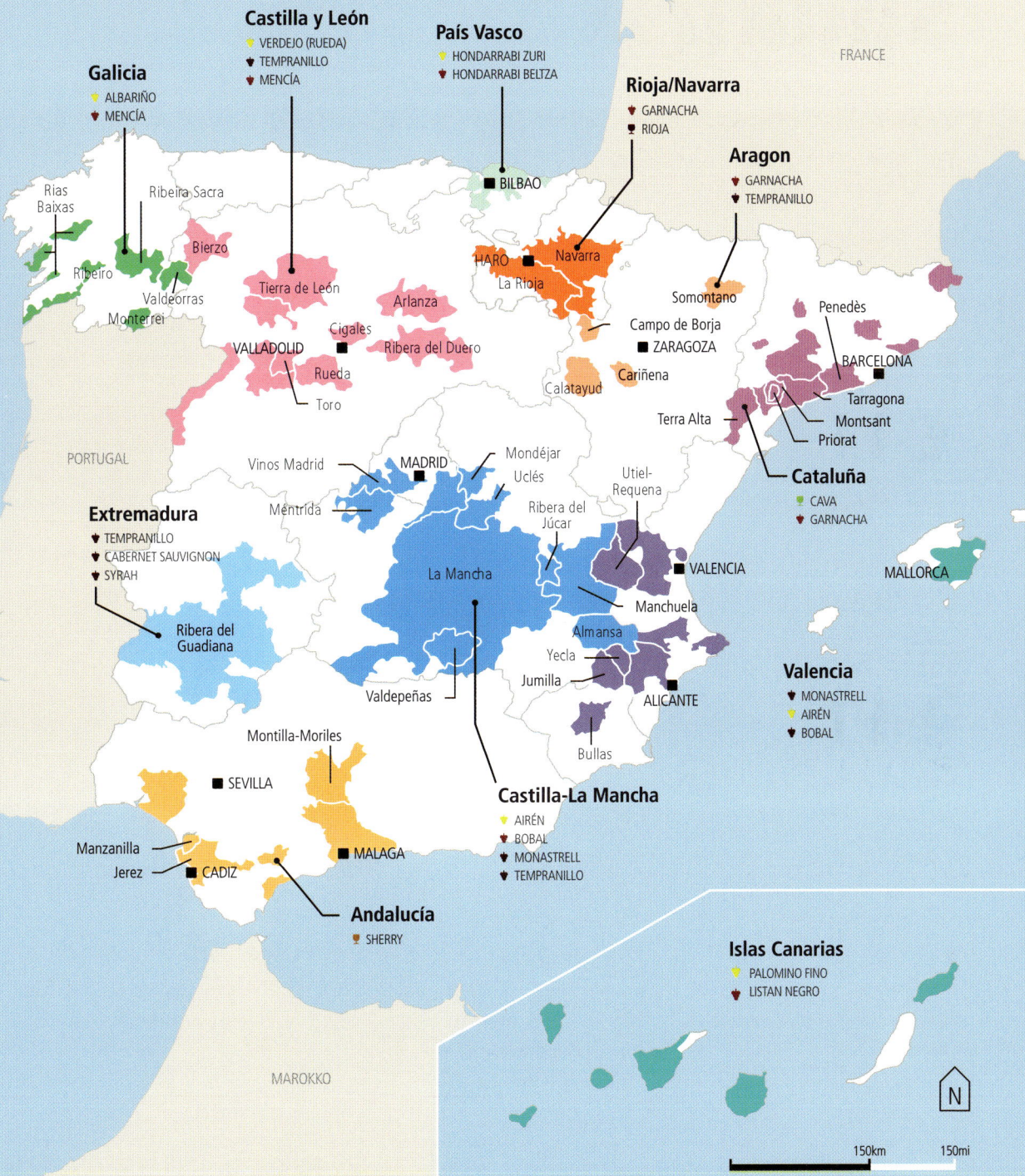

Galicia
- ● ALBARIÑO
- ● MENCÍA

Rias Baixas

Ribeira Sacra

Ribeiro

Valdeorras

Monterrei

Bierzo

Castilla y León
- ● VERDEJO (RUEDA)
- ● TEMPRANILLO
- ● MENCÍA

Tierra de León

Arlanza

Cigales

VALLADOLID ■

Ribera del Duero

Rueda

Toro

País Vasco
- ● HONDARRABI ZURI
- ● HONDARRABI BELTZA

BILBAO ■

Rioja/Navarra
- ● GARNACHA
- ⚱ RIOJA

HARO
Navarra
La Rioja

Aragon
- ● GARNACHA
- ● TEMPRANILLO

Somontano

Campo de Borja

ZARAGOZA ■

Cariñena

Calatayud

Penedès

BARCELONA ■

Tarragona

Montsant

Terra Alta

Priorat

Cataluña
- ● CAVA
- ● GARNACHA

Extremadura
- ● TEMPRANILLO
- ● CABERNET SAUVIGNON
- ● SYRAH

Vinos Madrid

MADRID ■

Mondéjar

Uclés

Méntrida

Ribera del
Júcar

Utiel-
Requena

Ribera del
Guadiana

La Mancha

Valdepeñas

VALENCIA ■

Manchuela

Almansa

Yecla

Jumilla

ALICANTE ■

Bullas

Valencia
- ● MONASTRELL
- ● AIRÉN
- ● BOBAL

MALLORCA

Castilla-La Mancha
- ● AIRÉN
- ● BOBAL
- ● MONASTRELL
- ● TEMPRANILLO

Montilla-Moriles

SEVILLA ■

Manzanilla

Jerez

CADIZ ■

MALAGA ■

Andalucía
- ⚱ SHERRY

Islas Canarias
- ● PALOMINO FINO
- ● LISTAN NEGRO

FRANCE

PORTUGAL

MAROKKO

N

150km   150mi

207

Südafrika

Das heiße Südafrika ist bekannt für körperreiche, herzhafte Rot- und schwere, fruchtige Weißweine. Ein großer Teil der Trauben wird zu Branntwein verarbeitet.

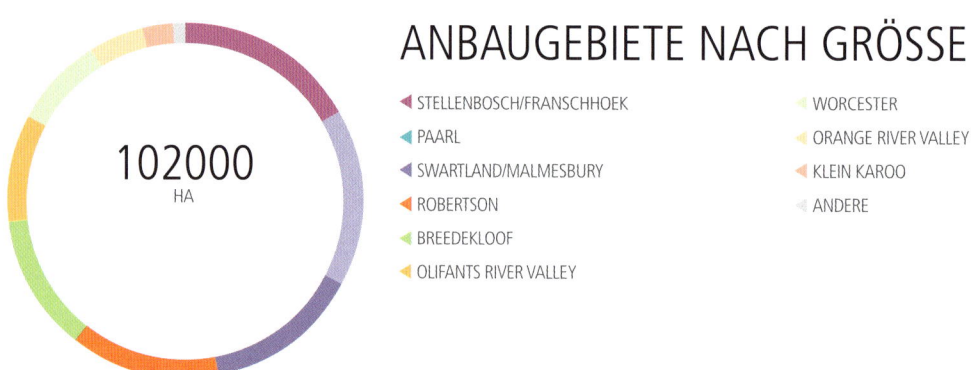

ANBAUGEBIETE NACH GRÖSSE

102000 HA

◄ STELLENBOSCH/FRANSCHHOEK
◄ PAARL
◄ SWARTLAND/MALMESBURY
◄ ROBERTSON
◄ BREEDEKLOOF
◄ OLIFANTS RIVER VALLEY

◄ WORCESTER
◄ ORANGE RIVER VALLEY
◄ KLEIN KAROO
◄ ANDERE

DIE WICHTIGSTEN WEINE SÜDAFRIKAS

 CHENIN BLANC

Der Spitzenwein des Landes kennt sechs Hauptstile: frisch & fruchtig, schwer & ungeeicht, schwer & geeicht, schwer & lieblich, süß und den Schaumwein Cap Classique.

  ├─ ● PAARL
  ├─ ● SWARTLAND
  └─ ● STELLENBOSCH

 CABERNET SAUVIGNON

Kräftige, kräutrige Weine mit Noten von schwarzem Pfeffer, schwarzer Johannisbeere und erdigem Grafit und Ton.

  ├─ ● STELLENBOSCH
  └─ ● PAARL

 PINOTAGE

Hervorragende Erzeuger machen Weine mit Noten von Brombeere, Himbeere und Pflaumensauce sowie rauchigem Tabak im Abgang.

  ├─ ● PAARL
  ├─ ● STELLENBOSCH
  └─ ● SWARTLAND

 SHIRAZ/SYRAH

Kräftigere Syrahs mit pikanten Noten von schwarzem Pfeffer, Süßholz, Himbeere und Pflaumensauce.

  ├─ ● STELLENBOSCH
  ├─ ● PAARL
  └─ ● SWARTLAND

 CHARDONNAY

Chardonnay gedeiht im kühleren Süden gut. Die Weine haben Noten von Bratapfel, Zitronenschale und, durch den Ausbau in Eiche, von Vanille.

  ├─ ● WALKER BAY
  └─ ● ELGIN (NW VON WALKER BAY)

 SÉMILLON

Schwere und körperreiche Weine mit Noten von Meyer-Zitrone, gelbem Apfel, Wax Lips und cremiger Haselnuss.

  ├─ ● FRANSCHHOEK
  └─ ● STELLENBOSCH

Orange River Valley
(AUSSERHALB DER KARTE)
🍷 BRANNTWEINTRAUBEN

Olifants River Valley
🍷 BRANNTWEINTRAUBEN
🍷 SYRAH

Swartland/Malmesbury
🍷 CABERNET SAUVIGNON
🍷 SYRAH
🍷 PINOTAGE

Breedekloof
🍷 BRANNTWEINTRAUBEN
🍷 CHENIN BLANC
🍷 CHARDONNAY

Paarl
🍷 CHENIN BLANC
🍷 CABERNET SAUVIGNON
🍷 SYRAH
🍷 PINOTAGE

Worcester
🍷 BRANNTWEINTRAUBEN
🍷 SAUVIGNON BLANC

Wellington

CAPE TOWN ■

Constantia

Franschhoek

Stellenbosch
🍷 CABERNET SAUVIGNON
🍷 SYRAH
🍷 BORDEAUX-CUVÉE
🍷 PINOTAGE

Elgin

Walker Bay

Cape Agulhas

Robertson
🍷 CHENIN BLANC
🍷 BRANNTWEINTRAUBEN
🍷 CHARDONNAY

■ GEORGE

Klein Karoo
🍷 BRANNTWEINTRAUBEN

Walker Bay/Cape Agulhas
🍷 PINOT NOIR
🍷 CHARDONNAY
🍷 SYRAH

N

100km   100mi

USA

Die USA sind vor allem für ihre kräftigen, fruchtigen Rot- und Weißweine bekannt. Drei Regionen produzieren das Gros der US-Weine.

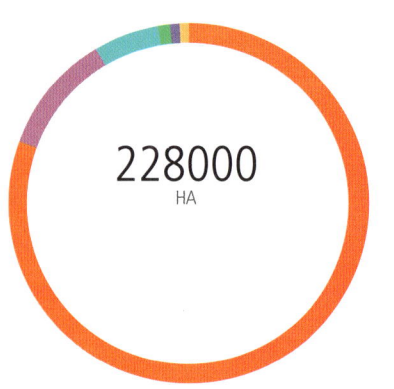

228000
HA

ANBAUGEBIETE NACH GRÖSSE

◄ CALIFORNIA
◄ NORTHWEST
◄ NORTHEAST
◄ MIDWEST
◄ SOUTHEAST
◄ SOUTHWEST

WAS IST EINE AVA?

American Viticultural Areas (AVA) sind Weinanbauregionen mit charakteristischen Eigenschaften, die es dem Käufer erlauben sollen, Qualität, Geschmack und andere Eigenschaften der Weine ihrer geografischen Herkunft zuzuordnen. Es gibt über 200 AVAs.

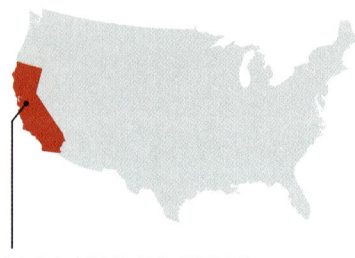

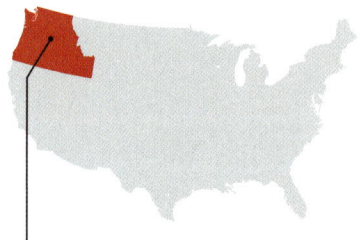

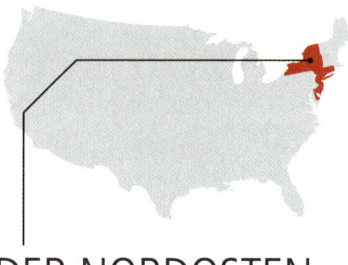

KALIFORNIEN

 WARMES/HEISSES KLIMA

Kalifornische Weine zeigen Noten von reifen Früchten und mittlere Säure. Die Küsten sind kühl genug für Pinot Noir und Chardonnay.

- 🍷 CHARDONNAY
- 🍷 CABERNET SAUVIGNON
- 🍷 MERLOT
- 🍷 PINOT NOIR
- 🍷 ZINFANDEL

DER NORDWESTEN

 WARMES/KÜHLES KLIMA

Eine etwas kühlere Region als Kalifornien, die Rotweine mit mehr Säure und reifen Fruchtnoten produziert.

- 🍷 BORDEAUX-CUVÉE
- 🍷 PINOT NOIR
- 🍷 CHARDONNAY
- 🍷 RIESLING
- 🍷 PINOT GRIS

DER NORDOSTEN

 KÜHLES KLIMA

Eine kühle Region, die am ehesten für ihre autochthonen, frostresistenten Hybride bekannt ist. Rotweine rangieren von leicht lieblich bis rustikal. Weißweine sind fruchtig-frisch.

- 🍷 CONCORD
- 🍷 NIAGARA
- 🍷 ROSÉ
- 🍷 MERLOT
- 🍷 RIESLING

SEATTLE

CANADA

Northwest

BOSTON

California

CHICAGO

NYC

SAN FRANCISCO

Northeast

Midwest

LOS ANGELES

Southwest

Southeast

DALLAS

MIAMI

MEXICO

N

750km   750mi

DIE USA IM DETAIL

Okanagan Valley

Similkameen Valley

Washington
- BORDEAUX-CUVÉE
- RIESLING
- SYRAH

CANADA

SEATTLE

Yakima Valley

Horse Heaven Hills

PORTLAND

Columbia Valley

Walla Walla

Willamette Valley

Oregon
- PINOT NOIR
- PINOT GRIS
- CHARDONNAY
- RIESLING

Umqua Valley

Snake River Valley

Mendocino County

Lake County

Napa Valley

Sonoma County

Sierra Foothills

Lodi

California
- CHARDONNAY
- CABERNET SAUVIGNON
- ZINFANDEL
- PINOT NOIR
- SYRAH

Grand Valley

DENVER

West Elks

Southwest
- BORDEAUX-CUVÉE
- RIESLING
- SCHAUMWEIN
- VIOGNIER

SAN FRANCISCO

Madera

Monterey

Paso Robles

Santa Barbara

LOS ANGELES

Temecula Valley

ALBUQUERQUE

Middle Rio
Grande Valley

PHOENIX

Texoma

SAN DIEGO

Sonoita

Texas High Plains

Escondido Valley

Texas Hill Country

Texas
- BORDEAUX-CUVÉE
- TEMPRANILLO
- MOURVÈDRE

MEXICO

212

Michigan

🍷 RIESLING
🍷 PINOT NOIR
🍷 PINOT GRIS

New York

🍷 CONCORD
🍷 ROSÉ
🍷 MERLOT
🍷 RIESLING
🏆 EISWEIN

Lake Michigan Shore

Niagara Escarpment

Finger Lakes

Hudson River

North Fork

The Hamptons

Lake Wisconsin

Lake Erie

NEW YORK

CHICAGO

CLEVELAND

PHILADELPHIA

Outer Coastal Plain

WASHINGTON, DC

Ohio River Valley

Augusta

Middleburg

Upper Mississippi River Valley

Shenandoah Valley

Monticello

Virginia

🍷 CHARDONNAY
🍷 BORDEAUX-CUVÉE
🍷 VIOGNIER

Midwest

🍷 NORTON
🍷 CHAMBORCIN
🍷 VIDAL
🍷 CHARDONEL

Yadkin Valley

Ozark Mountain

CHARLOTTE

Southeast

🍷 SCUPPERNONG

ATLANTA

JACKSONVILLE

N

300km   300mi

MIAMI

213

USA: KALIFORNIEN

Der größte Teil der kalifornischen Weine stammt aus drei Regionen, die für sehr unterschiedliche Produkte bekannt sind.

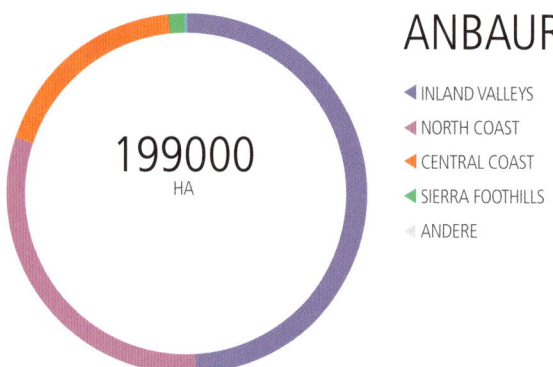

ANBAUREGIONEN NACH GRÖSSE

199000 HA

◄ INLAND VALLEYS
◄ NORTH COAST
◄ CENTRAL COAST
◄ SIERRA FOOTHILLS
◄ ANDERE

DIE WICHTIGSTEN KALIFORNISCHEN ANBAUGEBIETE

● NORTH COAST

Die Nordküste umfasst Napa und Sonoma und lässt sich in zwei Klimazonen einteilen: die kühlere Küste und das wärmere Binnenland.

 WARMES KLIMA
Die Inlandsregionen von Napa, Sonoma & Lake County.

🍇 CABERNET SAUVIGNON
🍇 ZINFANDEL
🍇 SYRAH

 KÜHLERES KLIMA
Die Küstenregionen von Sonoma, Napa & Mendocino County.

🍇 PINOT NOIR
🍇 CHARDONNAY
🍇 MERLOT

● CENTRAL COAST

Die Zentralküste lässt sich in zwei Klimazonen unterteilen: Küstentäler, die vom Morgennebel profitieren, und heiße, trockene Binnenregionen.

 HEISSES KLIMA
Inlandsregionen wie Santa Barbara & Paso Robles.

🍇 CABERNET SAUVIGNON
🍇 SYRAH
🍇 ZINFANDEL

 KÜHLERES KLIMA
Küstenregionen von San Luis Obispo & Santa Barbara.

🍇 PINOT NOIR
🍇 CHARDONNAY
🍇 SYRAH

● INLAND VALLEYS

Die Binnentäler sind heiß und trocken und produzieren vorwiegend für den Massenmarkt. Die AVAs Madera und Lodi liefern 75% der regionalen Weinproduktion. In der Region gibt es viele alte Anpflanzungen von Zinfandel, Petite Sirah sowie portugiesischen Sorten wie Touriga Nacional und Muscat of Alexandria, die Potential besitzen.

🍇 ZINFANDEL
🍇 PETITE SIRAH
🍇 MUSCAT OF ALEXANDRIA
🍷 BRANNTWEINTRAUBEN

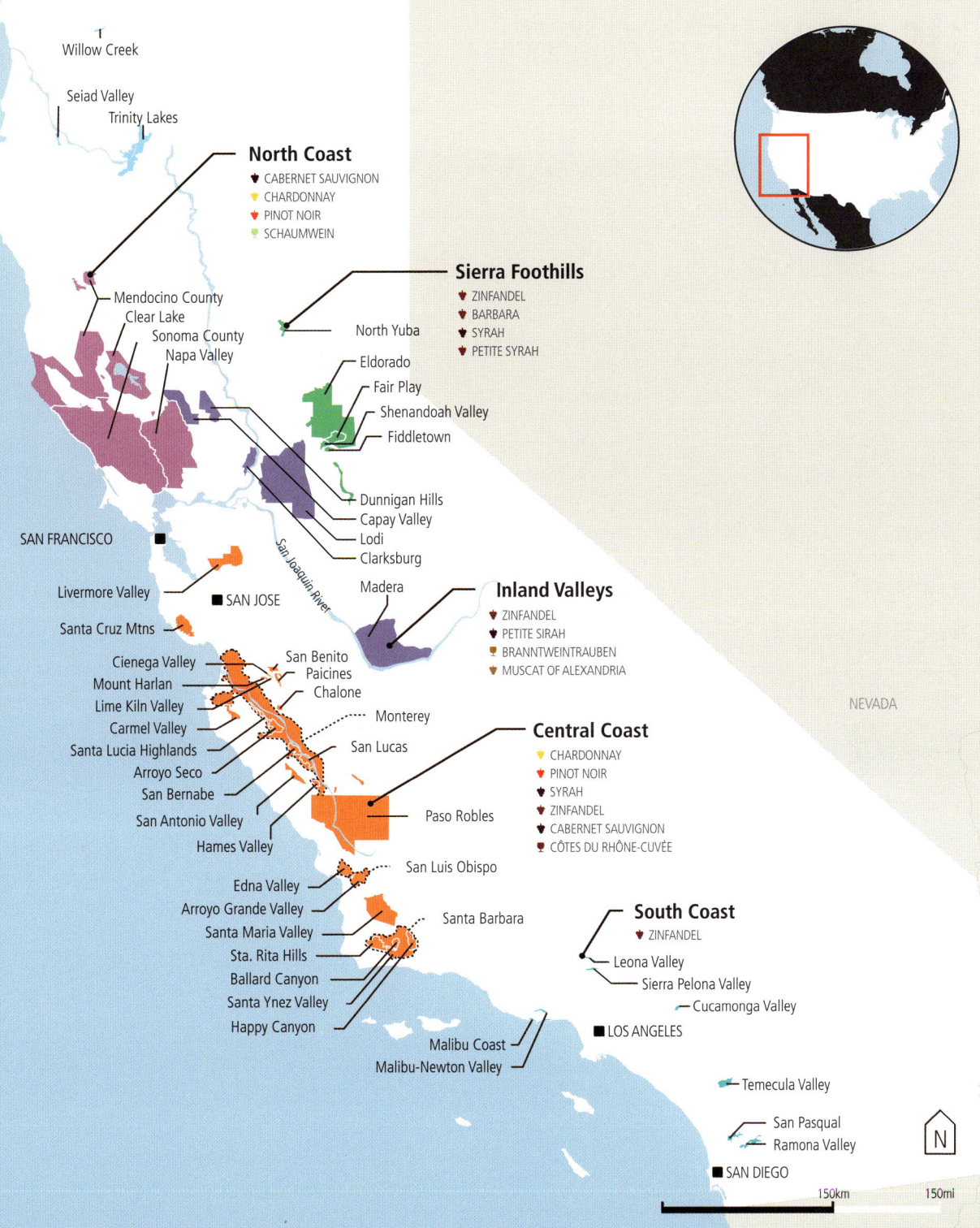

Willow Creek

Seiad Valley
Trinity Lakes

North Coast
- CABERNET SAUVIGNON
- CHARDONNAY
- PINOT NOIR
- SCHAUMWEIN

Sierra Foothills
- ZINFANDEL
- BARBARA
- SYRAH
- PETITE SYRAH

Mendocino County
Clear Lake
Sonoma County
Napa Valley

North Yuba

Eldorado
Fair Play
Shenandoah Valley
Fiddletown

Dunnigan Hills
Capay Valley
Lodi
Clarksburg

SAN FRANCISCO

San Joaquin River

Livermore Valley

Madera

SAN JOSE

Santa Cruz Mtns

Inland Valleys
- ZINFANDEL
- PETITE SIRAH
- BRANNTWEINTRAUBEN
- MUSCAT OF ALEXANDRIA

Cienega Valley
Mount Harlan
Lime Kiln Valley
Carmel Valley
Santa Lucia Highlands
Arroyo Seco
San Bernabe
San Antonio Valley
Hames Valley

San Benito
Paicines
Chalone

Monterey

San Lucas

Paso Robles

Central Coast
- CHARDONNAY
- PINOT NOIR
- SYRAH
- ZINFANDEL
- CABERNET SAUVIGNON
- CÔTES DU RHÔNE-CUVÉE

Edna Valley
Arroyo Grande Valley
Santa Maria Valley
Sta. Rita Hills
Ballard Canyon
Santa Ynez Valley
Happy Canyon

San Luis Obispo

Santa Barbara

South Coast
- ZINFANDEL

Leona Valley
Sierra Pelona Valley
Cucamonga Valley

Malibu Coast
Malibu-Newton Valley

LOS ANGELES

Temecula Valley

San Pasqual
Ramona Valley

SAN DIEGO

NEVADA

N

150km   150mi

215

USA: NORDWESTEN

Der Nordwesten produziert meist fruchtige Weine mit moderater Säure. Die Region lässt sich in zwei große Klimazonen unterteilen.

WASHINGTON

 WARMES KLIMA

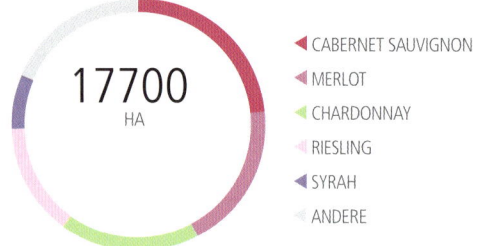

17700 HA

◀ CABERNET SAUVIGNON
◀ MERLOT
◀ CHARDONNAY
◀ RIESLING
◀ SYRAH
◀ ANDERE

OREGON

KÜHLES KLIMA

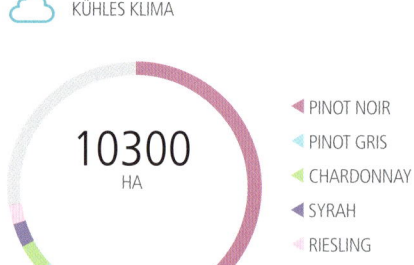

10300 HA

◀ PINOT NOIR
◀ PINOT GRIS
◀ CHARDONNAY
◀ SYRAH
◀ RIESLING
◀ ANDERE

DIE SPITZENWEINE WASHINGTONS

🍷 BORDEAUX-CUVÉE

Bordeaux-Cuvées aus dem trockenen und sonnigen Columbia Valley schmecken meist nach Himbeere, Brombeere, Milchschokolade und Minze. Sie besitzen meist mehr Säure und schmecken dadurch leichter.

🍷 RIESLING

Die von trocken bis lieblich rangierenden Rieslinge Washingtons bieten adstringierende Säure und Noten von gelbem Pfirsich, Honig und Zitronenlimonade.

🍷 SYRAH

Die besten Syrahs Washingtons schmecken kräftig nach Brombeeren mit Noten von Olive, schwarzem Pfeffer, Vanille, Gewürznelke und Speck. Die Region produziert auch rote Rhône-Cuvées aus Grenache und Mourvèdre.

DIE SPITZENWEINE OREGONS

🍷 PINOT NOIR

Die besten Pinot Noirs Oregons bieten volle, würzige Noten von Cranberry, Kirsche, Vanille und Piment mit subtilen Estragontönen. Die Sub-Appellationen des Willamette Valley liefern die besten Weine.

🍷 PINOT GRIS

Pinot Gris aus Oregon besitzen zarte Aromen von Birne, weißer Nektarine und Pfingstrose. Die Weine sind meist trocken, herb-spritzig und erfrischend.

🍷 CHARDONNAY

Das kühlere Klima des Willamette Valley ermöglicht Chardonnay mit Noten von gelbem Apfel, Zitrone und Ananas sowie einer hohen Säure und cremigen Noten des Fassausbaus. Ungeeichter Chardonnay bietet Noten von Honigtau, Birne und Apfel.

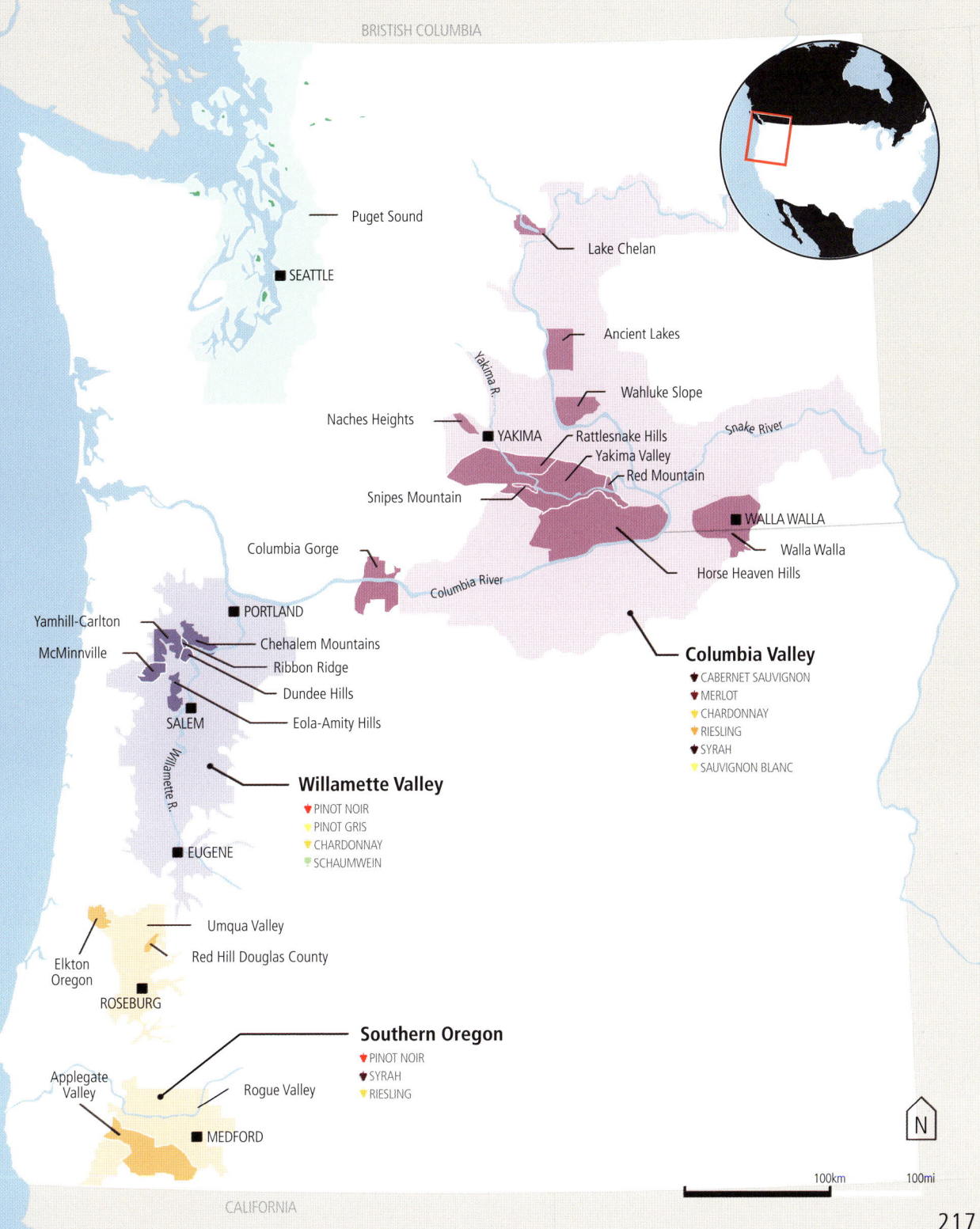

BRITISH COLUMBIA

Puget Sound

Lake Chelan

■ SEATTLE

Ancient Lakes

Wahluke Slope

Yakima R.

Naches Heights

Snake River

■ YAKIMA

Rattlesnake Hills

Yakima Valley

Red Mountain

Snipes Mountain

■ WALLA WALLA

Walla Walla

Columbia Gorge

Horse Heaven Hills

Columbia River

Yamhill-Carlton

■ PORTLAND

Chehalem Mountains

McMinnville

Ribbon Ridge

Dundee Hills

SALEM

Eola-Amity Hills

Columbia Valley

🔻 CABERNET SAUVIGNON

🔻 MERLOT

🔻 CHARDONNAY

🔻 RIESLING

🔻 SYRAH

🔻 SAUVIGNON BLANC

Willamette R.

Willamette Valley

🔻 PINOT NOIR

🔻 PINOT GRIS

🔻 CHARDONNAY

🔻 SCHAUMWEIN

■ EUGENE

Umqua Valley

Red Hill Douglas County

Elkton
Oregon

■ ROSEBURG

Southern Oregon

🔻 PINOT NOIR

🔻 SYRAH

🔻 RIESLING

Applegate
Valley

Rogue Valley

■ MEDFORD

CALIFORNIA

N

100km   100mi

217

GLOSSAR

 ### Acetaldehyd

Eine giftige Verbindung, die im Körper bei der Verstoffwechselung von Äthanol gebildet wird. Verursacht Alkoholvergiftung.

Adstringierend

Ein austrocknendes Mundgefühl, das meist dadurch entsteht, dass Tannine die Eiweiße im Speichel binden. Das führt zu einem »Löschpapiergefühl« im Mund.

Aminosäuren

Organische Verbindungen, die die Bausteine von Proteinen bilden. Rotwein enthält 300–1300 mg/l Aminosäuren, davon bis zu 85% Prolin.

Appellation

Gesetzlich kontrollierte geografische Herkunftsbezeichnung für einen Wein.

Aromastoffe

Chemische Verbindungen mit sehr geringem Molekulargewicht, die leicht in die Nase aufsteigen können. Sie stammen aus den Trauben und dem Gärprozess und werden vom verdunstenden Alkohol in die Luft transportiert.

Aufgespriteter Wein

Ein Wein, der durch die Zugabe von Spirituosen (meist ein geschmacksneutraler Traubenbrand) stabilisiert wird. So enthält Portwein bis zu 30% Destillat, das den Alkoholgehalt auf bis zu 20% anhebt.

Azidifizierung

Die in warmen Anbauregionen übliche Erhöhung des Säuregehalts von Most oder Wein durch Wein- oder Zitrussäure. Die Azidifizierung ist in den USA, Australien und Argentinien verbreiteter als in den EU-Ländern.

Brix (Symbol °Bx)

Maßeinheit der relativen Dichte einer Flüssigkeit. So kann man den Traubenzuckergehalt von Most messen und den möglichen Alkoholgehalt eines Weins vorhersagen, der etwa 55–64% des Brix-Werts beträgt. 27 °Bx bringen bei einem trockenen Wein beispielsweise 14,9–17,3 Vol.-%. (In Europa sind eher die Maßeinheiten Oechsle oder Baumé gebräuchlich.)

Chaptalisation

Die in kühlen Anbauregionen verbreitete Zugabe von Zucker zum Most, um den Alkoholgehalt des Weins zu erhöhen. Die Chaptalisation ist in den USA verboten.

Cru

Das französische Wort für »Gewächs«. Bezeichnet ein Anbaugebiet anerkannter Qualität.

Diacetyl

Eine organische Verbindung im Wein, die nach Butter schmeckt. Diacetyl entsteht beim Fassausbau und während der Milchsäuregärung.

Edelfäule

Ein Pilzbefall durch *Botrytis cinerea,* der in Regionen mit hoher Luftfeuchtigkeit auftritt. Gilt bei roten Trauben und Weinen als Fehler, wird aber bei Weißweinen dafür geschätzt, dass er Noten von Honig, Ingwer, Orangenmarmelade und Kamille beiträgt und den Wein süßer macht.

Eiche: Amerikanische Eiche

Weißeiche (*Quercus alba*) ist in den Vereinigten Staaten heimisch und wird vor allem in der Bourbon-Industrie verwendet. Sie trägt Geschmacksnoten von Kokosnuss, Vanille, Zeder und Dill bei. Da Weißeiche eine losere Faser besitzt, bringt sie eher robuste Geschmacksnoten mit sich.

Eiche: Europäische Eiche

Stieleiche (*Quercus robur*) kommt vor allem aus Frankreich und Ungarn. Je nach Herkunft hat sie eine mittlere bis sehr feine Faser. Stieleiche verleiht Geschmacksnoten von Vanille, Gewürznelke, Piment und Zeder.

Essigsäure

Essigsäure ist eine flüchtige Säure im Wein, die ihn in Essig verwandelt. In geringen Mengen trägt sie zur geschmacklichen Komplexität bei, in hohen Konzentrationen lässt sie den Wein umgehen.

Ester

Aromastoffe, die dadurch entstehen, dass der Alkohol im Wein mit Säuren reagiert.

♙

Glyzerin

Eine farb- und geruchlose, ölige, süß schmeckende Flüssigkeit, die als Nebenprodukt bei der Fermentierung entsteht. Rotweine enthalten etwa 4–10 g/l, edelsüße Weine bis zu 20 g/l. Glyzerin soll für ein positives, öliges Mundgefühl sorgen, allerdings haben Studien gezeigt, dass andere Faktoren, wie Alkoholgehalt und Restsüße, das Mundgefühl stärker beeinflussen.

♀ Halbtrocken

Eine Bezeichnung für einen leicht süßen Wein.

⊖ Hefesatzlagerung

Methode zur Weinbereitung, bei der der Wein auf dem Hefesatz liegen bleibt.

⊖ Klären/Schönen

Ein Arbeitsschritt, bei dem nach der Gärung Proteine und tote Hefezellen entfernt werden. Dazu gibt man ein Protein, wie Kasein (aus Milch), und Eiklar oder vegane Alternativen, wie Bentonit oder Kaolin, in den Wein, die Trüb- und Schwebstoffe binden und den Wein so klären.

♈ Klon

Wie andere landwirtschaftliche Produkte, werden auch Weinreben wegen ihrer positiven Eigenschaften geklont. Es gibt z.B. mehr als 1000 registrierte Klone des Pinot-Kultivars.

⊖ Kohlensäuremaischung

Eine Weinbereitungsmethode, bei der ganze Trauben in einem versiegelten Behälter mit Kohlendioxid bedeckt werden, das den Sauerstoff verdrängt. Unter Sauerstoffausschluss vergorene Weine haben wenig Tannin und Farbe, aber saftige Fruchtnoten und kräftige Hefearomen. Diese Methode ist bei einfachen Beaujolais-Weinen üblich.

⊖ Milchsäuregärung

Die Milchsäuregärung ist technisch gesehen keine Gärung, sondern die bakterielle Umwandlung einer Säureart (Apfelsäure) in eine andere (Milchsäure). Sie ist bei nahezu allen Rot- und manchen Weißweinen (Chardonnay) üblich. Dabei entsteht Diacetyl, das wie Butter schmeckt und riecht.

♀ Mineralität

Der mineralische Geschmack geht wohl nicht auf Spuren von Mineralien im Wein zurück, sondern auf Schwefelverbindungen, die manchmal nach Kalk, Feuerstein oder Kies schmecken.

♀ Oxidation

Hat ein Wein zu viel Kontakt mit Sauerstoff, kommt es zu einer Reihe chemischer Reaktionen, die ihn verändern. Eine der Folgen ist ein erhöhter Gehalt an Acetaldehyd, das in Weißwein nach angestoßenen Äpfeln riecht und in Rotwein nach künstlichem Himbeeraroma und Nagellackentferner schmeckt. Oxidation ist das Gegenteil von Reduktion.

♙ Phenole

Eine Gruppe von mehreren Hundert chemischen Verbindungen, die Geschmack, Farbe und Mundgefühl beeinflussen. Tannin ist eine Polyphenol genannte Phenolart.

♙ pH-Wert

Ein Maß für den sauren oder basischen Charakter einer Flüssigkeit zwischen 1 und 14, wobei 1 sauer, 14 basisch und 7 neutral ist. Der Durchschnittswert für einen Wein liegt bei 2,5–4,5. Ein Wein mit einem pH-Wert von 3 ist zehn Mal saurer als ein Wein mit einem pH-Wert von 4.

♀ Reduktion

Erhält ein Wein bei der Gärung nicht ausreichend Sauerstoff, ersetzt die Hefe ihren Bedarf an Stickstoff durch Aminosäuren (aus den Trauben). Dadurch entstehen Schwefelverbindungen, die nach faulen Eiern, Knoblauch, abgebrannten Streichhölzern, faulem Kohl oder manchmal auch nach Passionsfrucht oder nassem Schiefer riechen. »Sulfite« im Wein lösen keine Reduktion aus.

♀ Restsüße (RS)

Der nach Ende der Gärung im Wein verbleibende unvergorene Zucker. Manche Weine fermentieren vollständig trocken, bei anderen stoppt man die Gärung, bevor der Zucker komplett in Alkohol umgewandelt ist, um süßen Wein zu erhalten. Die Restsüße reicht von 0 bis zu etwa 220 g/l (ölig beziehungsweise sirupsüß).

219

⚗ Schwefelverbindungen

Schwefelverbindungen beeinflussen Geruch und Geschmack eines Weins. In geringen Mengen geben sie positive Aromen von Mineralien oder Tropenfrüchten, in hoher Konzentration riechen sie nach faulen Eiern, Knoblauch oder faulem Kohl.

⚗ Sulfite

Sulfite oder Schwefeldioxid ist ein Konservierungsmittel, das entweder dem Wein zugegeben wird oder den Trauben anhaftet. Weine können zwischen 10 und 400 mg/l SO_2 enthalten. Enthält ein Wein Sulfite, muss das auf dem Etikett angegeben werden.

♀ Terroir

(»Terroahr«) Ein französischer Begriff, der beschreibt, wie Klima, Boden, Lage und Weinbereitungsmethode den Geschmack eines bestimmten Weins beeinflussen.

♡ Traubenmost

Frisch gepresster Traubensaft, der noch Kerne, Stiele und Schalen enthält.

♀ Typenechtheit

Eigenschaft eines Weins, der typisch für seine Region oder seinen Stil ist.

⚗ Vanillin

Der Hauptaromastoff der Vanilleschote, der sich auch in Eiche findet.

♀ Vinifizierung

Die Weinbereitung durch Vergärung (Fermentation) von Traubensaft.

♀ Vol.-%

Die Abkürzung für Volumenprozent auf dem Flaschenetikett, die den Alkoholgehalt angibt, z.B. 13,5 Vol.-%.

REGISTER

222

▤ Quellen

Ahn, Y., Ahnert, S. E., Bagrow, J. P., Barabási, A., "Flavor network and the principles of food pairing" *Scientific Reports.* 15 Dec. 2011. 20 Oct. 2014. <http://www.nature.com/srep/2011/111215/srep00196/full/srep00196.html>.

Anderson, Kym. *What Winegrape Varieties are Grown Where? A Global Empirical Picture.* Adelaide: University Press. 2013.

Klepper, Maurits de. "Food Pairing Theory: A European Fad." Gastronomica: *The Journal of Critical Food Studies.* Vol. 11, No. 4 Winter 2011: pp. 55-58.

Lipchock, S V., Mennella, J.A., Spielman, A.I., Reed, D.R. "Human Bitter Perception Correlates with Bitter Receptor Messenger RNA Expression in Taste Cells 1,2,3." *Am. Jour. of Clin. Nutrition.* Oct. 2013: pp. 1136–1143.

Pandell, Alexander J. "How Temperature Affects the Aging of Wine" *The Alchemist's Wine Perspective.* 2011. 1 Nov. 2014. <http://www.wineperspective.com/STORAGE%20TEMPERATURE%20&%20AGING.htm>.
"pH Values of Food Products." *Food Eng.* 34(3): pp. 98-99.

"Table 3: World Wine Production by Country: 2009-2012 and % Change 2012/2009" *The Wine Institute.* 2014. 3 March 2015. <http://www.wineinstitute.org/files/2012_Wine_Production_by_Country_cCalifornia_Wine_Institute.pdf>.

♡ Dank

🔒 **Kym Anderson**
Director of Wine Economics, University of Adelaide

🔒 **Andrew L. Waterhouse**
Professor of Enology, UC, Davis

🔒 **Luke Wohlers**
Sommelier

🔒 **Tony Polzer**
Experte für italienische Weine

🔒 **Geoff Kruth**
Master Sommelier

🔒 **Beth Hickey**
Sommelière

🔒 **Rina Bussell**
Sommelière

🔒 **Sam Keirsey**
Winzer in Washington

🔒 **Cristian Ridolfi**
italienischer Winzer

🔒 **Jeffrey und Sandy**

🔒 **Margaret und Bob**

🔒 **Chad Wasser**
Weinkritiker

🏛 **University of Adelaide**

🏛 **University of California, Davis**

GUTER WEIN,
GUTE BÜCHER, GUTES LEBEN!

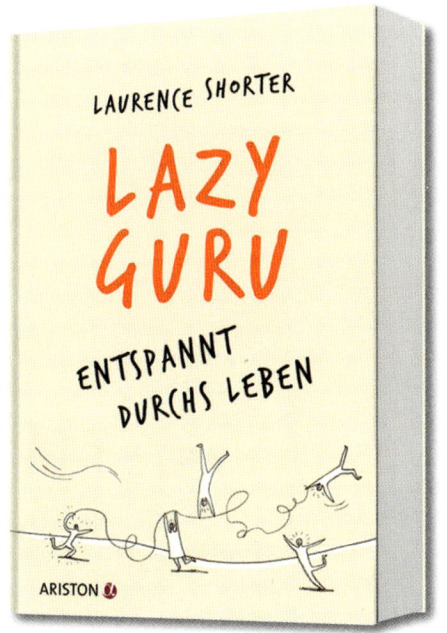

Immer hektisch, immer gestresst? Kann man denn nicht ganz entspannt ans Ziel kommen? Doch, es gibt einen Weg: Beobachten, zurücklehnen und sehen, was passiert. »Sei lazy!«, sagt Laurence Shorter und zeigt uns, wie wir eine neue innere Haltung, Freiheit und Gelassenheit gewinnen, wenn wir aufhören, das Leben zu ernst zu nehmen. Vom Crazy Guru zum Lazy Guru, der weiß, dass alles besser klappt, wenn man den Dingen ihren Lauf lässt.

ISBN 978-3-424-20149-9 · Auch als E-Book erhältlich
Leseprobe unter ariston-verlag.de

ARISTON

Ein altes Segelboot und ein erster langer Sommer darauf – so fing alles an. Seither lebt und arbeitet Marc Bielefeld auf dem Wasser – jenseits von Lärm, Hast und Überfluss der Stadt – und segelt, wohin er will. Überall begegnet er Menschen, die seine Leidenschaft für Wind und Meer, seine Suche nach Freiheit und einem Dasein fernab von Konsum und Geschwindigkeit teilen. Ein Buch, das zeigt, dass der Traum vom selbstbestimmten Leben Wirklichkeit werden kann – inspirierend, spannend und unterhaltsam.

ISBN 978-3-641-18979-2 · Auch als E-Book erhältlich
Leseprobe unter ludwig-verlag.de

LUDWiG
BÜCHER FÜR DAS WAHRE LEBEN